아름다운 혼례음식

문화관광부
우수
학술도서

한국전통음식연구소 윤숙자 교수가
정성의 씨실과 날실로 짜내려간 아름다운 혼례음식 이야기

지구문화
JIGU CULTURE

정성의 씨실과 날실로 짜내려간 한국의 전통혼례와 혼례음식 이야기

'아름다운 혼례음식' 개정판을 펴내며

혼례(婚禮)란 한 쌍의 남녀가 혼인(婚姻)을 함으로써 인연을 맺어 가정이라는 사회적 조직체를 형성하는 의례(儀禮)절차입니다. 즉 젊은 남녀가 하나로 합침으로써 위로는 조상을 공경하고 아래로는 자손을 후세에 존속시켜 조상의 대를 끊기지 않게 하기 위해 치르는 혼인(婚姻)의 예(禮)로서 개인의 입장에서는 성인식과 같은 의미를 갖고, 가족에게는 가족구성원을 새로이 맞이하는 의례입니다.

백년가약(百年佳約)을 맺는 혼례에서의 음식은 부부의 화합과 가정의 영원한 복을 기원하는 의미를 담아 정성을 다하였는데, 최근 여러 가지 생활양식이 변화하면서 현대의 혼례는 품위있고 아름다움이 느껴지는 전통혼례문화의 의미가 조금씩 변질되면서 혼례음식도 변화되었습니다. 이에 우리 전통혼례문화의 우수성과 혼례음식의 다양성을 알리고 혼례정신을 되살려 내기 위해 〈혼례음식〉을 발간하였습니다.

'음식'이라는 주제는 사람과 사람, 나라와 나라를 이어주는 매개체입니다. 그중에서도 혼례음식은 새로운 가족의 탄생에 있어서 빠지지 않는 혼례의 완성품이라 할 수 있습니다. 혼례에 차려지는 음식에는 옛 조상들의 숨결과 삶이 담겨있으며, 음식을 통해 과거의 삶과 의미가 현재까지 이어지고 있으며, 앞으로도 지속적으로 후세에 전달해야 할 귀중한 문화유산입니다. 특히 우리 한국의 혼례음식에는 아름다운 이야기가 숨어 있습니다. 혼례때 올리는 봉채떡은 부부의 연이 찹쌀처럼 끈끈하게 이어지라는 뜻으로 찹쌀을 사용하며, 단 두켜를 안쳐 부부를 상징합니다. 위에는 대추 일곱개와 둥근 밤을 번갈아가며 장식하여 이는 자손을 뜻합니다.

결혼식 때 폐백에서 신랑신부가 절을 하면 대추와 밤을 던져주어 다산(多産)을 기원하는데 대추의 붉은 빛은 양기를 뜻하며 대추 속에 들어있는 씨앗이 아들을, 흰색의 밤은 풍요와 다산을 뜻하며 순수함과 새로운 출발을 축하합니다. 가족을 만드는 중요한 혼례와 혼례음식, 그 의미와 가치를 따라가고 기억해보시길 바랍니다.

2001년 〈한국의 혼례음식〉을 처음 출간하여 이 책은 문화관광부 선정 우수학술도서가 된 후, 혼례음식을 널리 대중화 하는 계기가 마련되었습니다.

이 책이 20여년 동안 '한국의 전통혼례음식'을 연구하고 가르치면서 모은 자료와 혼례음식 연구프로젝트, 국내외 혼례음식 특별전을 수행하면서 오랜 시간과 정성을 들여 연구, 집대성한 결과물로 〈아름다운 혼례음식〉을 개정하고 보완하여 펴내면서 그 사이 한국의 전통혼례의 의의와 정신을 되살릴 수 있는 좋은 기회였습니다.

이 책의 제 1부에는 한국의 전통혼례이야기, 제 2부에는 8도 지방별 혼례이야기, 제 3부에는 한국의 혼례음식-폐백음식과 이바지음식이 소개되어 있습니다. 또한 우리 전통혼례의 모든 과정과 절차가 사진으로 재현되어 있어 한국 전통혼례의 흐름을 한눈에 이해할 수 있게 정리하였습니다.

혼례음식 만드는 부분은 구전으로 전해지던 혼례음식을 과학적으로 개량하고 정확한 레시피로 재현하기 위해 수차례 실험조리를 거치면서 상세한 재료 및 분량과 함께 만드는 방법의 조리과정 사진을 넣어 일반인들도 쉽게 이해하고 따라 할 수 있도록 하였습니다. 이를 통해 한국의 전통음식의 일부인 혼례음식에 관심있는 모든 분들에게 이 책이 작은 길잡이가 되길 바라는 마음입니다.

끝으로 이 책이 나오기까지 열정과 정성어린 마음을 다해주신 (사)한국전통음식연구소 이명숙원장님을 비롯하여 자료조사와 실험조리에 함께 힘써주었던 사랑하는 제자들과 지구문화사의 주병오 사장님에게 진심으로 감사의 마음을 전합니다.

2013년 7월

(사)한국전통음식연구소장 **윤 숙 자**

윤 숙 자

배화여자대학 전통조리학과 교수 역임

전국 대학조리학과 교수협의회 회장 역임

대한민국 명장(조리부문) 심사위원

전통식품명인 심사위원장(농림수산식품부)

(사)한국전통음식연구소장 · 떡박물관장

1988 서울 올림픽 급식 전문위원

1999 제3차 ASEM 식음료공급자문위원회 위원

2002 고품질 쌀 생산 소비추진 공로 대통령 표창

2005 APEC 정상회담 한국궁중음식특별전 개최

2005 독일 퀼른식품박람회 궁중음식 특별홍보관 운영

2007 뉴욕 UN본부 한국음식페스티벌 주최

2007 남북 정상회담 만찬 자문 위원

2007 한국농식품 수출기여 공로 대통령훈장 '철탑산업훈장' 수상

2007, 2009 덴마크 코펜하겐 · 오후스 A Taste of Korea 페스티벌 운영

2008 프랑스 파리 Korea Food Festival in UNESCO 운영

2008, 2009, 2011 영국 런던 Thames Festival 한식홍보관 운영

2009 중앙아시아 3개국 Silk Road 한국문화 페스티벌 운영

2009 주홍콩대한민국총영사관 개설60주년 및 국경일기념한식만찬행사

2009 중화인민공화국 건국60주년 기념 '한국미식의 밤' 운영

2010 베트남 · 태국 국경일 기념 한식세계화 홍보행사 운영

2010 헝가리 · 아르헨티나 Taste of Korea 한식홍보관 운영

2011 상해국제식품박람회 한국식문화홍보관 운영

2011 서울국제외식산업박람회 '8도 반가 · 명가 내림음식 특별전'

2011 해외 7개국(일본,중국,뉴욕,L.A,파리,런던,홍콩) 한식요리강사 업그레이드교육

2011 평창 동계올림픽 내외신 취재기자단 초청 궁중음식 특별전

2012 한국외식산업 식자재박람회 혼례음식 특별전

2012 서울국제식품산업대전 '궁중음식 특별전-임금님의 건강밥상'

· 차례 ·

제 2부 8도 지방별 혼례이야기

제 3부 한국의 혼례음식 - 폐백음식

한국의 혼례음식 - 이바지음식

서울·경기도 폐백음식

육포, 고명닭, 구절판, 곶감오림, 약주

지역별 폐백이바지 음식

서울·경기도 이바지음식

약식, 해산물찜(민어, 도미, 조기), 엿, 장어구이, 각색전, 전복찜, 구름떡, 삼색경단, 너비아니, 꽃송편, 밑반찬(장과, 명란젓, 소라젓), 강정, 약주

개성 폐백음식

육포, 대추고임, 오색편포, 구절판, 편포, 곶감오림, 꽃다식, 약주

개성 이바지음식

산자, 갈비찜, 모약과, 개성우메기, 해산물찜(대합, 대하, 소라), 인삼 · 더덕 · 도라지정과, 해산물찜(민어, 도미, 조기), 오쟁이떡, 각색전, 각색적, 개성식강정, 젓갈, 홍해삼, 해산물초

강원도 폐백음식

고명닭, 대추고임, 육포, 수박오림, 곶감오림, 구절판, 약주

강원도 이바지음식

인절미, 문어찜, 밤초 · 대추초, 북어포, 용떡, 약과, 모둠부각, 절육, 너비아니, 열기양념구이, 장아찌, 각색전

충청도 폐백음식

육포, 약주, 대추고임, 꽃다식, 곶감오림, 구절판

충청도 이바지음식

약식, 밑반찬, 엿, 섭산삼, 적, 전, 떡갈비, 오색인절미

전라도 폐백음식

대추고임, 곶감오림, 오징어오림닭, 한지오림닭, 구절판, 약주

전라도 이바지음식

약식, 산자, 엿, 돼지뒷다리찜, 오색인절미, 낙지호롱, 민어구이, 굴비, 홍어찜, 강정, 각색전, 장아찌, 북어구이 · 북어찜

경상도 폐백음식

고명닭, 대추고임, 곶감오림, 인삼폐백, 구절판, 엿, 수박오림, 약주

경상도 이바지음식

약식, 문어찜, 돼지뒷다리찜, 인절미, 대추징조, 조기찜, 돔배기산적, 각색전, 오품냉채, 쇠고기산적, 밑반찬, 증편

오림 폐백

문어오림, 오징어오림닭, 한지오림닭, 곶감오림, 사지꼬지

문어오림

婚禮

제 1부 한국의 전통혼례 이야기

한국의 전통혼례는 단아하면서도 품위가 있으며 각 지방마다 가문마다 매우 고유한 전통과 풍습을 지니고 있는 아름다운 문화입니다.
제 1부에서는 우리 전통 혼례의 모든 과정과 절차를 사진으로 재현함으로써 사진만으로도 한국 전통혼례의 흐름을 한 눈에 이해할 수 있게 정리하였습니다. 또한 각 지방과 가문마다 다른 혼례문화와 풍습을 함께 서술하여 다양한 혼례문화를 살펴 볼 수 있게 하였습니다.

혼 례(婚禮)

혼례(婚禮)란 한 쌍의 남녀가 혼인(婚姻)을 함으로서 개인 간의 결합과 양가(兩家)라는 가족의 집단이 인연을 맺어 가정이라는 사회적 조직체를 형성하는 공인의 성격을 가진 의례(儀禮)절차이다. 즉, 젊은 남녀가 하나로 합침으로써 위로는 조상을 공경하고 아래로는 자손을 후세에 존속시켜 조상의 대를 끊기지 않게 하기 위해 치르는 혼인(婚姻)의 예(禮)이다. 개인의 입장에서는 성인식과 같은 의미를 갖고, 가족에게는 가족구성원을 새로이 맞이하는 의례(儀禮)이며, 가족의 증식과 번영을 예측하는 의례(儀禮)이기 때문에 관혼상제(冠婚喪祭) 중에서 가장 중요한 사회적 의미를 갖는다. 그래서 옛 사람들은 혼인을 일러 '인륜 도덕의 시원(始原)이며 만복(萬福)의 근원' 이라 하였다.

1. 혼례(婚禮)의 어원

혼례(婚禮)의 '혼(婚)'은 원래 '혼(昏)'이며, 해가 저무는 시간에 올리는 예(禮)라는 뜻이다. '인(姻)'은 여자가 사람으로 말미암아 성례한다는 뜻이다. 혼인과 저녁의 관계는 그 역사가 중국의 주(周)대로부터 시작되었다. 당시의 혼례형식은 남자가 해가 진 후 어두울 때, 여자 집에 가서 예를 올렸는데, 그 뜻은 양(陽)과 음(陰)이 만나는 시간 즉, 양인 낮과 음인 밤이 교차하는 시간인 해가 저무는 때가 합당하다는 의미이다. 그것을 예서(禮書)에서는 "양이 가고 음이 오는 까닭을 취한 것(取陽往陰來之義)"이라고 했다.

〈백호통(白虎通, 중국 후한(後漢)시대, 반고(班固)편찬, AD79년)〉에 "해가 저무는 시간에 예를 올리므로 혼례라 한다(昏時成禮故日昏禮)"라고 기록되어 있다. 이를 통해 '혼(婚)'자의 기원을 '저녁에 여자의 집에 가다'라는 의미에서 '혼인하다'라는 뜻이 생겨났다고 보여진다.

중국의 관혼상제 및 사회적의식이 기록된〈의례(儀禮)〉〈사혼례(士昏禮)〉에는 신랑의 옷이 이는 혼례(婚禮)가 우주의 섭리에 맞추어 남자와 여자의 만남, 즉 양(陽)과 음(陰)이 합하여 하나가 되는 의식임을 의미한다.

2. 혼례의 특징

첫째, 결혼식은 여자 집에서 행하는 것이니, 이것을 남귀여가(男歸女家)라 하기도 하고, 결혼식을 신부집에서 행하고 해를 묵히거나 또는 달을 묵혀서 시가(媤家)로 간다고 하여 '해묵이' 또는 '달묵이'라 불렀다.

둘째, 상고시대부터 조선시대 중기(1700년대)까지는 혼인을 하면 부인의 집에서 생활하는 부처제(婦處制)가 있어서 부인의 집에서 생활하다가 남편의 집으로 옮겨서 생활하는 제도가 있었으나 1700년 중기 이후에는 지금처럼 남편의 집에서 생활하는 부처제(夫處制)가 되었다.

3. 혼례의 의의(意義)

첫째, 혼인은 육체적(肉體的)인 관계를 갖는다는 의미로서 성년이 되면 먹고 입고 자려는 욕망처럼 성(性)적인 욕망을 갖게 되는데 이때, 함부로 관계를 맺어서는 안 된다. 그래서 한 남자와 한 여자 사이에 일부일처(一夫一妻)의 혼인관계를 이루게 되었다.

둘째, 혼인은 고유한 정신적(精神的) 관계를 갖는다. 즉, 혼인은 사랑으로 결합하여 부부가 서로 공경하고 참아가며 서로 간의 도리를 지키고 평생 동안 고락(苦樂)을 같이 하면서 인생의 보금자리를 마련하여 일생을 함께 사는 것이다.

셋째, 혼인은 가정이라는 하나의 공동사회 생활을 함께 한다. 사회생활의 첫 바탕이 바로 가정이며, 부부는 여기서 자녀를 낳아서 기르고 모두 함께 평안하게 사는 공동생활을 영위해야 한다.

넷째, 혼인은 혼인신고를 함으로서 하나의 법적제도(法的制度)를 따르는 것이다. 제도란 관습(慣習), 도덕(道德), 법률(法律) 등 사회의 종합적 규범(規範)을 말한다. 규범이란 우리의 사상이나 행실이 일정한 이상(理想)의 모든 목적을 이루기 위해 마땅히 지켜야 할 법칙이며 원리이다.

4. 혼례(婚禮)의 정신

1) 삼서정신(三誓精神)

혼례(婚禮)에 임하여 하는 세 가지 서약을 의미한다.

첫째는 서부모(誓父母)로 신랑과 신부가 혼인예식을 거행하기 전에 부모에게 서약하는 것이다. 이것은 자기를 있게 하신 조상과 부모에게 은혜의 고마움을 기리며 자식의 도리를 다할 것을 서약하는 것이다.

둘째는 서천지(誓天地)이다. 혼인이 천지의 음양이치, 즉 대자연의 섭리에 순응하는 것이므로 음양의 표본이며 창조의 절대자인 초능력자, 하늘과 땅에 대해 서약하는 것으로 부부의 무궁하고 불변하는 사랑과 천지의 이치에 따르겠음을 서약하는 것이다.

셋째는 서배우(誓配偶)로 서로가 배우자에게 사랑과 신뢰로 일생을 살아가면서 남편과 아내로서의 도리를 다할 것을 서약하는 것이다.

2) 평등정신(平等情神)

전통혼례에 의하면 "혼인이란 남녀가 몸을 합하는 데에 참뜻이 있는데, 남녀가 몸을 합쳐 부부가 되면 남편이 높으면 아내도 높고 남편이 낮으면 아내도 낮다"고 해서 완전 동권 평등임을 규정하고 있다. 그러므로 부부는 서로 존중하고 공경하는 말씨로 대화하며, 호칭도 대인칭이 아닌 거처칭(居處稱)이고, 남편이 출세하면 아내도 함께 작위(爵位)가 올라갔고, 부인을 대우하기 위해 부인과 첩은 차별이 있고, 부정(不貞)을 막기 위해 혼인 외 출생자의 출세의 길을 제한하는 제도적 장치도 있었다.

혼인은 남녀 두 사람의 즐거움일 뿐만 아니라, 가정이라는 공동생활을 통해 사회 발전의 원동력이 된다는 측면에서 예로부터 일생일대의 경사(慶事)로서 축복을 받아 온 것이다.

5. 혼례의 유래와 변천

중국 전한(前漢)의 대덕(戴德)이 지은〈대대례(大戴禮)〉에 보면, 관혼(冠婚)은 사람의 시작이라고 했다. 혼인은 곧 인륜의 시초라는 뜻이다.
또〈공자가어(孔子家語)〉에 보면, 얼음이 녹으면 농상(農商)이 시작되고 혼례를 치르면 사람의 일이 시작된다고 했다. 이로 미루어, 혼인 제도는 기원전부터 시작되었던 것으로 보인다.

1) 원시사회의 혼인(婚姻)

원시인들은 어머니의 존재만 알 뿐 아버지의 존재는 알지 못했다. 그 까닭은 원시인들의 생활이 잡혼(雜婚)·난혼(亂婚)형태를 취했기 때문이다. 원시인들의 사회구성과 생활상은 유물을 통해서 알 수 있으나, 그들의 혼인에 대한 기록은 없으므로 신화를 통해서 짐작할 뿐이다. 어느 민족이나 신화를 가지고 있으며, 그 신화는 그 민족이 어떻게 기원하여 번창했는가를 말해준다. 따라서 신들의 결합, 곧 혼인에 관한 상징적인 표현이 신화에 나타난다. 우리의 신화인 단군 신화·동명성왕 신화·김수로왕 신화·박혁거세 신화·삼성혈 신화·견훤 신화·왕건 신화 등 대부분의 신화도 개국신화인 동시에 혼인신화라고 볼 수 있다. 신화를 통해서 보이는 혼인풍속에는 모계사회의 흔적이 남아 있다.

2) 옥저(沃沮, B.C. 1세기~A.D. 3세기)의 민며느리제

옥저의 혼인풍속은 일종의 매매혼(賣買婚)에 의한 민며느리 제도였다. 예부제(豫婦制)라고도 부르는 이 혼인제도는 여자의 나이 10살이 되면 남자와 혼인할 것을 약속하고 남편 될 사람이 여자를 자기 집으로 데려가 길러서 여자가 성숙하게 되면 다시 여자의 집으로 보내서, 여자 집에서 요구하는 일정 금액의 돈을 지불하고 다시 여자를 되돌려 받는 제도이다. 이 민며느리 제도는 조선조까지도 존속해왔던 풍속으로〈화령군지〉에 보면 이곳에서는 오히려 가정 형편이 어려운 집의 여자를 쪽지지 않은 민머리인 채 데려다가 어릴 때부터 길러 15~15세가 되면 하는 혼인하는 혼인법이 있었다고 한다.

3) 고구려의 서류부가(留婦家)

고구려의 혼인풍속 가운데 독특한 것은 서류부가(留婦家)의 혼속이다. 고구려에서는 혼인을 정하면 여자의 집에서 큰 집 뒤에 서옥(屋)이라는 작은집을 지어 사위가 우선 처가에 머물러 살았으며, 사위가 처가에 산다는 뜻에서 '서류부가의 혼속'이라 하였다. 따라서 혼인한 여자가 낯선 시댁으로 즉시 가지 않고, 익숙한 친가에서 아기의 출생기와 육아기를 거쳤으므로 여자의 생애에서 상당히 오랜 기간 친가에서 생활하였고, 남자도 처가에서 오랜 기간을 함께 생활하였음을 알 수 있다. 이 때문에 장인(丈人)의 집으로 간다는 뜻의 '장가(丈家)든다', '장가(丈家)간다'는 말이 생겼다는 설도 있다.

고구려 혼속 가운데 폐백과 잔치음식에 관한 기록을 살펴보면 〈삼국지위지동이전(三國志魏志東夷傳, 진수(陳壽)편찬)〉〈고구려 편〉에는 "혼인 풍속은 혼인의 연을 맺은 사위가 여자 집 뒤에 서옥이라는 작은 집을 짓고 여자의 집 문 밖에서 꿇어 여자를 부인으로 맞이할 것을 청한다. 이렇게 세 번 청하면 여자의 부모는 그 청을 들어 서옥에 거하는 것을 허락한다. 신랑은 조아려 돈과 비단을 내 놓는다. 아기가 태어나 자라면 남자는 부인과 자신의 집으로 돌아간다. 基俗作婚姻, 言語已定, 女家作小屋於大屋后, 名屋, 壻暮室女家戶外, 自名拜, 乞得就女宿, 如是者再三, 女父母乃聽使就小屋中宿, 傍頓錢帛, 至生子已長大, 乃將婦歸家"는 기록이 있고, 〈수서(隋書, 위징(魏徵)편찬)〉에는 "고구려의 서옥에서 남녀가 서로 상열(相悅)한 다음, 남자의 집에서 돼지와 술을 보낸다. 이 이외의 재물을 받으면 수치로 안다" 고 하였다.

위의 기록에서 혼례를 위한 폐백이나 의례음식의 성격은 부부결연 징표의 의미, 남자 집안과 여자 집안의 집단결연의 의미, 양면으로 구분할 수 있다. 그 중 남자 집에서 여자 집으로 돼지와 술을 보내는 것은 집단결연의 징표이며, 동시에 사위가 처가로 합체하는데 대한 통과의례적인 의미가 있다. 또한 부부결연을 공인받기 위한 잔치 음식을 남자 집에서 여자 집으로 보냈다는 사실은 혼인이 서류부가의 관행이면서도 가족의 형태가 부계우위(父系優位)였음을 뜻한다. 즉, 생활은 당분간 처가에서 하지만 결혼을 하면 가족체계로서는 부가의 일원이 된다는 것에 감사의 뜻으로 해석할 수 있고, 또한 부(婦)의 생산력에 대한 원시종교적인 존중의 의미도 있음을 알 수 있다.

4) 백제의 혼속(婚俗)

기록상 나타난 바에 의하면 백제는 일부다처제의 성격을 가졌고, 여인들은 정절을 지켰다는 설화가 전한다. 대표적으로 백제 '개루왕' 때의 사람인 '도미의 처'의 설화가 전해지며, 이와 비슷한 이야기가 〈고려사악지(高麗史樂志)〉에도 기록되어 있다.

백제는 나라를 보존하기 위해 이웃나라인 신라 · 중국 · 왜국과 정략적으로 혼인을 하기도 했는데, 개루왕(盖婁王)은 맏딸을 왜국의 웅략천황(雄略天皇)에게로 시집보냈고, 왕족이었던 사아군의 후손인 신립공주는 광인천황이 아직 왕위에 오르기 전 그에게 시집가서 나중에 황후가 되어 환무(桓武)천황을 낳았다. 의자왕(義慈王)의 아들 풍장은 왜국에 인질로 가 있는 동안 다신장부의 누이와 혼인을 하는 등 백제와 일본 사이에 정략혼이 있었음을 알 수 있다.

5) 신라의 혼속(婚俗)

우리나라의 서류부가 혼인풍속은 고구려, 신라시대를 거쳐 고려, 조선 초기까지 계속되었다. 신라의 왕위계승에서 박씨, 석씨, 김씨의 세 성씨가 번갈아 왕이 된 사실은 세 성씨가 서로 통혼을 하였고 왕위를 계승할 때 아들과 사위, 친손과 외손

을 차별하지 않았음을 뜻한다. 이러한 가족형태는 혼인을 한 부부의 거주처 제도가 신부집인 부처(婦處)에서 신랑집인 부처제(夫處制)를 기본으로 한 것에서 비롯된다.
골품(骨品)과 두품(頭品)제도가 엄격했던 신라사회에서는 특히 그 상류 귀족층에서 친족 혼이 많이 행해졌다. 특히 성골(聖骨)은 그 부모가 동성(同姓)왕족의 근친 간이었다. 왕실뿐 아니라 민간에서도 근친혼을 하는 풍속이 성행했다. 그래서 문종 35년(1081년)이후로는 4촌 이내의 근친혼을 금하고, 대공친(상을 당해서 9개월간 상복을 입는 가까운 친척인 종형제·자매·증자부·증손녀·질부·시조부모·시질부)과 혼인하여 낳은 자손은 벼슬에 나가지 못하게 했으며, 숙종 원년(1314년)에는 공신들의 동성혼인을 금했다. 신라의 혼례음식에 관하여 〈삼국사기(三國史記, 1145년)〉신라본기 신문왕 3년에서는 "신라에서는 혼가의 예로서 오로지 술과 음식이 있을 뿐이고, 그 경중(輕重)은 빈부의 형편에 따른다. 한편, 신문왕 3년에 김흠운의 딸을 왕비로 맞이하기로 정하고 납채를 보내는데 폐백이 50수레이고 미(米), 주(酒), 유(油), 밀(蜜), 장(醬), 포(脯), 시(豉), 혜(醯)가 135수레이며 조곡이 150수레였다"고 한다. 신문왕 때 폐백의 예로 미루어 보면 남자 집에서 여자 집으로 보내는 것이 관례이고, 폐백음식이 일상의 기본식품이었음을 알 수 있다.

6) 고려의 혼속(婚俗)

고려시대에도 서류부가의 혼속이 관행으로 이어지고 있었다. 고려시대의 혼인풍속의 특징을 크게 구분하면 근친혼·일부다처혼·족외혼(族外婚)이라고 말할 수 있다. 혈족 내의 근친혼인은 왕실 내에서도 비난하는 한편 원나라에서조차 동성혼을 비난하게 되어 충선왕은 동성혼을 금하는 교서를 내리기에 이르렀다. 왕실의 근친혼은 신라 때부터 있었으며 고려도 개국 초부터 왕실의 기반을 튼튼히 하고, 왕통을 순수하게 유지할 목적으로 용(龍)의 후손이라는 용종설(龍種說)이 근거가 되었다.
고려의 혼례음식에 대한 기록은 다음과 같다. 〈계림유사(鷄林類事, 손목(孫穆)지음)〉에는 "고려에서는 사위집에서 재물을 받지 않고 음식을 차릴 뿐이다"라는 기록이 있고, 〈고려도경(高麗圖經, 서긍(徐兢)지음, 1123년)〉에는 "귀인, 사족(士族)은 혼가에서 대부분 폐(幣)를 하고 있으나, 민가에서는 오직 술과 쌀로 기쁨을 나눌 뿐이다."라고 하였다.
고려에서 행해진 폐백관습은 옛 문헌이 매우 적어서 단언하기 어렵지만, 위의 사례에서 볼 때 신라와 같았을 것이다. 혼례음식이나 폐백에 관한 일정한 규범은 없었으며, 형편에 따라 잔치를 열어 혼인을 공인 받는 의례로 삼았다. 단 왕가나 상류층에서는 폐백을 보냈으며, 폐(幣)라고 쓰여 있는 것으로 보아 포폐(布幣) 또는 옥폐(玉幣)등의 예물이 중심 물품이었다고 여겨진다.

7) 조선시대 혼속(婚俗)

조선시대 초기까지는 전대(前代)의 혼속이 이어지고 있는 것을 볼 수 있는데 〈세종실록(世宗實錄), 1472년〉권40 세종10년 4월조에는 "우의정, 형조판서, 예조판서, 참의 등이 아뢰기를 우리나라에서는 남자가 여자의 집에 왕래하므로 모지손(母之孫)이 한방에 함께 거처하여 서로 친애하는 풍속이 매우 두텁다", 동권63 세종16년 3월조에는 "혼례는 인륜의 대사(大事)이고 음양에 따르는 바이다. 남귀여가(男歸女家)의 풍습이 오랫동안 내려오는 터라 인정이 여기에 따르고 있어 급격변화는 쉽지 않다."고 하여 서류부가의 혼속이 계속 이어지고 있음을 알 수 있다. 이렇게 서류부가 혼속이 이어지고 있는 한편으로는 서류부가의 혼속이 빚어내는 문제점을 거론하고, 〈주자가례(朱子家禮)〉에 따라서 친영의 예로 혼례의 규정을 변경하고자 하는 논의가 제청 되었다. 그 후 200여 년간의 논의 과정을 거쳐 18세기 중엽에는 혼례를 치르면 여자가 남자의 집으로 옮겨 살도록 규정이 바뀌었다. 그러나 천여년을 이어온 서류부가 혼속은 사회 저변에 토착된 풍속이었으므로 쉽게 변경되지 않았다. 1469년에 완성된 〈경국대전(經國大典)〉의 〈예전조(禮典條)〉를 보면, 상례에 관해서는 상세한 준행규칙을 구체적으로 엄격하게 규정하고 있는 데 반하여 혼례에 관하여는 연령만을 언급하고 있을 뿐 친영례의 준행규정은 없다. 친영례(親迎禮)는 오랜 시일에 걸쳐 먼저 왕가에서 선도한 이후로 차차 양반가정으로 시행되고, 18세기에 이르러 전면적으로 시행된다. 그러나 전적인 친영의 예로 변경되지 않고 반친영(半親迎)의 예로 자리 잡게 된다. 반친영의 예는 신랑이 신부의 집으로 가서 혼례를 행하되 신부집에서 3일 머문 후에 신랑은 신부를 데리고 신랑의 집으로 가는 것이다. 신부가 시댁으로 가는 절차를 신부우귀(新婦于歸) 또는 신행(新行)이라 하였다. 3일 만에 신행을 하지 않고 남자가 여자의 집으로 왕래하는 경우가 있었으나 이는 특별한 경우에 속하였다.

우리나라 전통 사회에서 행한 관혼상제는 중국 송나라의 〈주자가례(朱子家禮)〉를 기본으로 한 것이다. 따라서 조선조에서 사용한 예서(禮書)는 〈주자가례(朱子家禮)〉의 기본적 절차를 기준으로 하고, 그것에 약간의 내용을 수정한 것이다. 〈예기(禮記)〉의 육례(六禮)에 따르면 의혼(議婚), 문명(問名), 납길(納吉), 납징(納徵), 청기(請期), 친영(親迎)의 여섯 절차가 있다. 〈주자가례(朱子家禮)〉를 본받아, 조선조 숙종때 도암 이재(李縡, 숙종 때의 6년 서기 1680년 출생)가 편찬한 〈사례편람(四禮便覽), 1844년〉에서는 혼례를 의혼(議婚), 납채(納采), 납폐(納幣), 친영(親迎)의 사례(四禮)로 설명하였다. 그러나 당시의 혼속은 유교적 이상을 바탕으로 하여 조선 사회에 맞게 토착화한 육례(六禮)가 행해졌다. 전통육례는 혼담(婚談), 사주(四柱), 택일(擇日), 납폐(納幣), 예식(禮式), 우귀(于歸)의 절차를 말한다. 이와 같이 혼례의식은 인류의 역사와 함께 다양하게 변천해 왔다.

육례혼례제(六禮婚禮制)

육례혼례제(六禮婚禮制)는 중국 주(周)나라의 종법제도(宗法制度) 아래 마련된 혼례 절차로 납채(納采) · 문명(問名) · 납길(納吉) · 납징(納徵) · 청기(請期) · 친영(親迎)의 6단계로 이루어진다. 육례에서는 혼인이 인륜의 바탕이므로 엄숙한 형식이 필요하고, 혼인이 당사자간의 합의 즉, 남녀의 애정을 기반으로 한 연애혼이 아니라, 중매를 거쳐 양가(兩家)의 어른인 주혼자(主婚者)가 주도하여 혼인이 성립되어야 하며, 인간관계의 기본단위인 남성과 여성의 관계는 천지(天地), 음양(陰陽)의 원리에 따른 남녀 유별을 강조하고 있다.

1. 납채(納采)

신랑집에서 신부집에 중매인을 보내어 혼인 의사를 확인한 뒤에 신부집으로 예물을 보내는 예이다.

2. 문명(問名)

주인이 서식을 갖추어 사자(使者)를 보내서 신부 생모(生母)의 성(姓)씨를 묻고 신부가 될 규수의 생년월일시(生年月日時)를 알아보는 예이다.

3. 납길(納吉)

신부의 생년월일시로 점을 쳐서 길흉(吉凶)의 판단을 얻은 신랑집에서 사자(使者)를 보내 그 결과를 신부집에 전하고 처음으로 구체적인 혼인에 관한 일을 정하는 예이다.

4. 납징(納徵)

혼약의 징표(徵表)를 바친다는 뜻이다. 폐백으로써 징표를 삼아 보내기 때문에 납폐(納幣)라고도 한다.
신랑집에서 신부의 집으로 함에 예물을 담아 보내는데, 이를 '봉채(封采)' 또는 '봉치'라고도 한다. 오늘날에 있어서 함(函)의 원형이다.

5. 청기(請期)

혼인의 기일을 청한다는 말이며, 신랑집에서 좋은 날짜를 정하여 신부집에 보내 승낙을 청하는 예이다.

6. 친영(親迎)

혼인날 신랑이 여가(女家)에 가서 신부를 맞이하여 남가(男家)에 돌아와서 신랑은 신부에게 읍하고 안으로 들어가 한 술잔으로 같이 마시는 공뢰합근(共牢合巹)의 예를 행하면 성혼(成婚)되는 것이다.

사례혼례제(四禮婚禮制)

사례혼례제(四禮婚禮制)는 〈주자가례(朱子家禮)〉의 혼례 절차인 육례(六禮)와 그 시대에 이미 변하여진 시속의 예를 참작하여 네 단계로 축소한 혼례 절차이다. 〈주자가례(朱子家禮)〉를 본받아, 조선조 숙종 때 도암 이재(李縡)가 편찬한 〈사례편람(四禮便覽), 1844년〉에서는 혼례를 의혼(議婚), 납채(納采), 납폐(納幣), 친영(親迎)의 사례(四禮)로 설명하였다.

궁중혼례	전통육례	주 육례	주자 사례
납채(納采)	혼담(婚談)	납채(納采)	의혼(議婚)
납징(納徵)	사성(四聖)	문명(問名)	납채(納采)
고기(告期)	연길(涓吉)	납길(納吉)	
책비(冊妃)	납폐(納幣)	납징(納徵)	납폐(納幣)
친영(親迎)	초례(醮禮)	청기(請期)	
동뢰(同牢)	우귀(于歸)	친영(親迎)	친영(親迎)

'궁중과 사대부가의 혼례풍속비교연구' , 문명연지 제16집, 2006

우리나라 전통혼례는 유교적인 혼례 이전의 내용과 절차에다 주자가례 도입 이후의 유교적(儒教的)인 혼례를 융화시켜서 지역에 따라 다양하게 관행되어 왔다. 우리나라의 혼인관행은 남가에서 예를 올리는 중국의 혼례구조와는 달리 여가에서 혼례가 치뤄졌으며, 그 밖에도 유교적인 요소 이외의 재래의 가치관을 그대로 유지시키고 다양한 혼례 요소를 지속시키면서 변천되어 왔다.

1. 의혼(議婚)

남녀가 혼인할 나이에 이르면, 신랑집과 신부집에서 서로 혼사에 관하여 의논하는 절차를 의혼이라 한다. 가문과 가풍을 중시한 한국의 전통 혼례식에서는 양가(兩家)에서 중매인을 세워 상대방의 가문, 학식, 인품 등을 조사하고 두 사람의 궁합(宮合)을 본 다음에 허혼(許婚) 여부를 결정했다.

대개 신랑집의 청혼 편지에 신부집이 허혼 편지를 보냄으로서 의혼이 이루어진다. 이 과정에서 양가 부모들만이 신랑 또는 신부의 선을 보았으며, 당사자들은 서로 얼굴을 보지 못했다.
남녀가 혼인할 수 있는 적령기로, 고대(古代)에는 남자가 30세까지 여자는 20세까지로 되어 있으며, 근세(近世)에 와서 〈사례편람(四禮便覽), 1844년〉에는 남자가 16세로부터 30세 사이에, 여자는 나이 14세로부터 20세 사이에 의혼(議婚)한다고 되어 있다. 〈경국대전(經國大典)〉에도 남자는 15세 이상, 여자는 사정이 있으면 12세 이상도 혼인을 할 수 있다 하였으나, 실제로 세간의 풍속은 이러한 규정이 잘 지켜지지 않았던 것 같다.

상대(上代) 옥저에서는 여자의 나이 10세 때에 이미 약혼을 허락하여 일종의 민며느리로 데려다가 키우기도 한 제도가 있었고, 영조 때 사도세자는 9세에 10세인 혜경궁 홍씨와 혼례를 올린 일도 있었다. 또 대대로 교분이 있던 가정끼리는 태아와 갓난아기를 부모가 마음대로 미리 정혼해 두는 일도 있었다.

하지만 아기가 자라나면서 혹 어리석거나 몸에 병이 있어도 양반이라는 체면 때문에 '울며 겨자 먹기'식으로 신의를 저버릴 수 없는 고통을 맛보아야 할 어려움이 있었는가 하면, 때로는 그러한 약속을 저버림으로써 관계가 돈독했던 양가(兩家)가 졸지에 원수지간처럼 되어 버린 경우도 있었다.

1) 중매(中媒)

대개 혼기(婚期)에 이른 여자가 있는 가정에서는 부모가 믿을 수 있는 사람으로 중매인을 놓게 된다. 이 중매인이 남자인 경우에 보통 '중신애비', '중신잡이'라고 부르며, 여자인 경우는 '중신애미', '중신할미' 또는 '매파'라고도 부르고 있다. '꾼', '쟁이'와 같은 칭호로 보아서 직업적으로 중매만 하고 다니던 사람이 있었다고 보여진다. 또한 이들은 지방마다 다르게 불렀다. 나주에서는 '중매꾼', 강진은 '매쟁이', 제주에서는 '새악시새'라고 하였다. 제주에서는 여자가 중매하면 혼인이 잘 성사가 안 된다고 하여 여자중매를 피했는가 하면 서울에서는 남자보다 여자가 중매를 하고 다녔다.

중매인은 비교적 나이가 지긋하고 양가의 사랑방 출입을 자주하는 사람으로 양가의 사정을 잘 아는 사람이거나 한쪽 가정을 잘 아는 사람이어야 한다. 때로는 가까운 친척이 중매인이 될 수도 있으며, 당사자와 직접 관계되는 사람도 할 수 있었으니, 욕심나는 신랑감이나 규수감이 있으면 누구라도 중매인 노릇을 하려고 했다. 본시 중매인은 혼인 성사를 목적으로 하기 때문에 과장이 있기 마련이다. 가까운 친척일 경우는 그래도 믿을 수 있다고 하지만, 자주 집안을 출입하는 중매인이라 할지라도 때로는 한쪽의 부탁을 받고서 지나치게 편파적일 수도 있기 때문에 곧이곧대로 믿기가 어렵다.

중매인이 양가(兩家)를 왕래하면서 중매를 시작하면 양가에서는 직접 상대방의 사정을 수소문하게 된다. 믿을 만한 사람을 과객으로 변장시켜 상대 쪽의 부락에 가서 신부가 될 사람의 품행을 알아보는 방법도 있고, 장차 시어머니나 시고모가 될 분들이 직접 그 집을 찾아가서 신부감을 만나보기도 하며, '간선(簡選)'이라고 해서 지나가는 사람인 체하면서 신부감의 생김새와 행동을 엿보는 수도 있다.

며느리는 그 집안의 성쇠(盛衰)를 좌우하게 된다. 만일에 한때의 부귀만을 탐내서 혼인을 한다면 여자는 그 부귀를 미끼로 남편을 얕보고 시부모에게도 공손치 못하게 되기 쉽다. 혹시 며느리의 재물로 부자가 되고 며느리 집의 세력을 빌어서 귀하게 될지라도, 진정한 장부다움이 있다면 이것을 부럽게 여기지 않을 것이다. 어쨌든 가능한 방법을 다 써서 나중에 후회

되는 일이 없도록 충분히 탐문을 한 다음에 혼인을 성사시킨다.
중매할 때 중요하게 여기는 조건으로는, 신랑의 경우 보통 당사자의 용모, 문벌, 학력, 생활력, 성품 등을 살펴보고, 신부의 경우는 성격, 문벌, 생활력, 생활정도 등을 본다.
혼인할 때는 먼저 성씨를 살펴보는데, 예전에는 동성동본은 혼인의 성립이 안 되었다.

이와 같이 불혼성 여부를 알아본 후, 당사자가 마음에 들고 양가의 조건도 비슷한 처지라면 서로가 결정을 하기 전에 궁합을 보고 혼사를 준비하게 된다.

***강원도** : 혼인처는 대관령을 넘지 않는 지역을 선호하였는데 북으로는 양양 남대천, 남으로는 동해망상지역을 넘지 않았다. 지역적 특성으로 인해 겹사돈(중혼)현상이 두드러졌다. 동성동본 혼은 가급적 피했으나 동성이본인 강릉최씨의 경우 혼인을 하고, 강릉김씨는 수성최씨나 김천김씨와 혼례를 올리지 않았다. 외가 쪽으로 10촌이 넘어야 혼담이 오갔다.

***전라도** : 전통사례혼례 대신에 의혼, 대례, 후례 등으로 혼례가 치러지는 경우가 많다. "남의 집 식구가 잘 들어와야 집안이 불꽃처럼 일어난다." 그리고 "혼인치례 말고 팔자치례 하라"는 말이 있듯이 전북 옥구 지방에서 신랑보다는 신부의 인성에 비중을 두어 가문을 중시했다. 신부의 선은 시어머니와 손윗동서 될 사람이 보고, 신랑의 선은 신부의 오빠나 삼촌 등 남자들이 신부나 신랑의 집으로 가서 살림규모, 사는 모습을 보고 혼례당사자들을 만나본다. 혼담이 깨지는 것을 걱정하여 선보러 가는 날 아침에는 미역국이나 계란을 깨서 쪄 먹지 않았다.

***제주** : 일반적으로 신랑쪽 부모가 신부감을 물색하며 진주 안씨(晋州安氏)와 남양 홍씨(南陽洪氏)는 화성(火星)과 수성(水星)지간이라 하여 혼인을 삼간다. 중산간촌 사람들은 어촌 지역과의 혼인을 기피했고, 제주도 사람들은 육지 사람과의 혼사를 꺼렸다. 중매인은 동네 유지격인 나이 지긋한 남성이 주로 맡으며 신부의 사주를 신랑쪽에서 받아 궁합을 보고 택일을 한다. 이 때 궁합이 맞지 않으면 신부 쪽에 사주를 되돌려 준다. 사주가 되돌아오면 혼인은 성사되지 않으나 일부 지역에서는 팔자 센 여성으로 취급받거나 무슨 흠이 있을 것이라는 소문에 첩실이 되는 경우도 있다.
바닷가 마을에서는 신부감을 두고 "지 사발에 메역이나 건질 줄 아는가" 하는 말이 있는데 이는 신부감의 물질 능력을 따지는 말로 바닷가 마을에서의 신부감은 반드시 물질 솜씨가 좋아야했다.

2) 궁합(宮合)

혼인할 신랑 · 신부의 사주(四柱)를 오행(五行)에 맞추어 길흉을 점치는 방술(方術)로서 궁합만을 전문으로 보는 이에게 가서 본다. 일부 지방에서는 궁합을 '겉궁합'과 '속궁합'으로 나누어서 보는데, '겉궁합'은 나이에 따른 십이지(十二支)를 기준으로 혼인문에 따라 맞추어 보는 것이며, '속궁합'은 신랑과 신부의 생년월일시(生年月日時)를 맞추어 보는 것이다.
이와 같이 궁합을 보아서 좋은 결과가 나오면 최종 결정은 당사자보다는 부모들이 하게 된다. 지금이야 서구사상이 들어와서 본인 위주가 되어 있으나, 과거에는 본인보다는 브모, 부모보다는 가문을 중시하였기 때문에 부모의 명령에는 무조건 순종해야 했다. 비록 당사자가 혼인할 생각이 없다고 해도 반대할 수가 없었다. 만일에 부모의 뜻을 거역하는 일이 있다면 불효로 여겼으며, 가문을 망신시키는 일이라 용납될 수도 없었다. 19세기 중엽에 우리나라로 온 선교사 '달레(Dallet)'의 글에도 이러한 혼인풍속의 한 단면이 잘 나타나 있다.

"아이들이 혼인할 나이가 되면 부모는 그들에게 상의하지도 않고 그들의 취미에도 개의치 않았으며, 흔히 그들의 뜻에 반해서까지도 정혼하여 혼인을 시킨다. 쌍방이 다 같이 염두에 두는 것은 다만 한 가지, 양가의 지체와 지위가 어울리느냐 하는 것뿐이다. 앞으로 부부가 될 당사자들의 재능, 성격, 육체적 특징 또는 결함 등은 별로 대수롭게 여기지 않는다. 총각 아버지는 처녀 아버지와 서로 가까이 살면 구두(口頭)로, 멀리 떨어져 있으면 서신으로 교섭을 시작한다. 약혼의 여러 가지 조건을 토의하되, 양가가 합의를 보면 점장이 또는 음양가(陰陽家)의 계산에 따라 가장 좋은 날을 택하고 그 혼담은 끝난다."

중매인의 끊임없는 노력으로 혼사가 이루어지면 혼인 후에 남자집에서 약간의 보답을 받게 된다. 속담에 '중매 잘하면 술이 석 잔, 잘못하면 뺨이 석 대'라는 말이 있듯이 고작 대접을 잘 받아 보아야 버선 한 켤레나 옷 한 벌 정도의 사례를 받기도 하고, 곡물이 귀한 제주에서는 쌀 한 말을 사례하기도 하며, 보답이 없는 경우도 있다.

그러나 흡족한 며느리감으로 인정받을 때 중매인은 약간의 금전도 받을 수 있고, 또 두고두고 그 집안의 단골 식객으로 왕래함은 물론, 노자 정도는 맡겨 놓은 사람처럼 줄 것으로 아는 얌체 중매인도 없지 않았다.

3) 의혼(議婚)

양가 집안 어른들의 혼인의사 타진의 단계를 의혼이라 한다. 즉, 혼담이 오고 가고 대개 신랑집의 청혼편지에 신부집의 허혼편지가 전해지면서 의혼이 이루어진다.

2. 납채(納采)

혼약이 이루어져서 사주(四柱 · 四星)를 보내고 연길(涓吉)을 청하는 절차이다. 신부집에서 허혼(許婚)편지나 전갈이 오면 신랑집에서는 신랑의 사주와 납채문을 작성하여 홍색보자기에 싸서 보낸다. 신부집에서는 사주를 받으면 신랑과 신부의 운세를 가늠해 보고 결혼식 날짜를 택하여 신랑 측에 통지한다.

양가에서 일단 정혼이 되면 성혼하기로 서신을 주고받은 후에 사주를 보내는 지방도 있고, 청서(請書)를 한 연후에 사주를 보내기도 하며, 곧바로 사주를 보내서 혼인을 정하기도 한다.

<table>
<tr><th colspan="2">서식 \ 사례</th><th>동래 정씨</th><th>한산 이씨</th><th>안동 김씨</th><th>전주 이씨</th><th>여흥 민씨</th></tr>
<tr><td colspan="2">사주보</td><td>1개(홍겹보)</td><td>1개(분홍겹보)</td><td>1개(홍겹보)</td><td>1개(분홍 · 연두겹보)</td><td>1개(청 · 홍겹보)</td></tr>
<tr><td colspan="2">연길보</td><td colspan="5">1개(청 · 홍겹보)</td></tr>
<tr><td colspan="2">혼서보</td><td>1개(흑겹보)</td><td>1개(흑홑보)</td><td>1개(흑겹보)</td><td>1개(흑 · 남겹보)</td><td>1개(흑겹보)</td></tr>
<tr><td rowspan="2">함</td><td>함 겉보</td><td>1개(분홍겹보)</td><td colspan="4">1개(홍겹보)</td></tr>
<tr><td>함 속보</td><td>1개(분홍겹보)</td><td colspan="4">1개(홍겹보)</td></tr>
<tr><td colspan="2">폐백보</td><td>3개(분홍겹보)</td><td colspan="4">3개(홍겹보)</td></tr>
</table>

[참고] 〈조선 후기 서울 반가의 혼례〉, 이길표, 2000.

1) 사주(四柱) 보내기

(1) 사주

사주(四柱)는 사성(四星)이라고도 하며, 정혼하기로 결정되면 신랑집에서 신부집으로 보내는 것을 말하는데, 이를 '단자 보낸다', '사주 보낸다' 또는 '주단거래'라고 한다. 이것은 의혼을 통해 양가의 혼인이 정해지면 신랑집에서는 신랑의 사주와 납채문을 쓴 다음 홍색보자기에 싸서 보낸다.

신랑집에서 사주와 납채문을 쓴다.

사주 쓰는 법

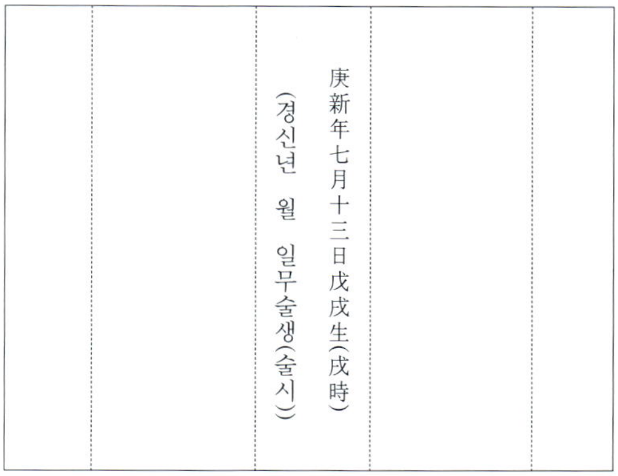

(내지 : 內紙)

봉투(앞)

봉투(뒤)

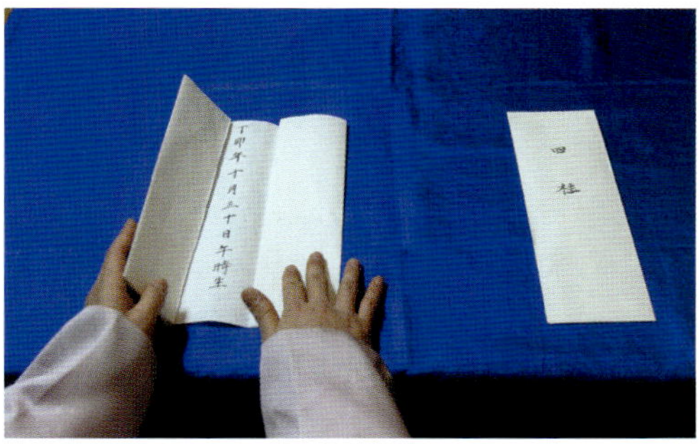

① 사주는 길이 1자 3치(40cm), 너비 9치 2푼(28cm) 정도의 백지를 5칸으로 접어서 그 한가운데에 생년월일과 출생시간을 쓴다.

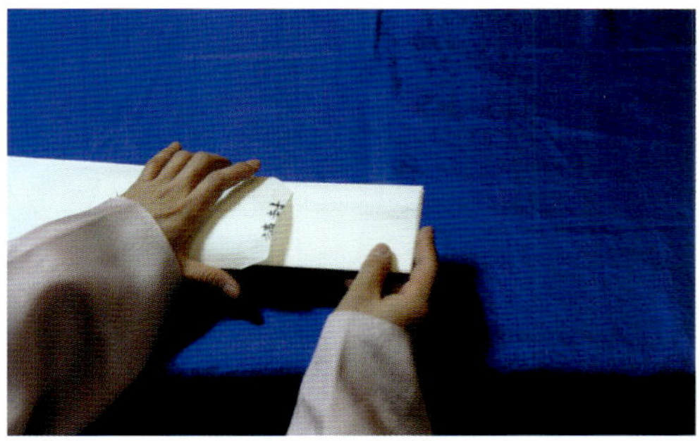

② 이것을 흰 봉투에 넣은 다음, 뒤를 풀로 봉하지 않은 채 뚜껑을 접은 다음 근봉(謹封)이라고 쓴다.

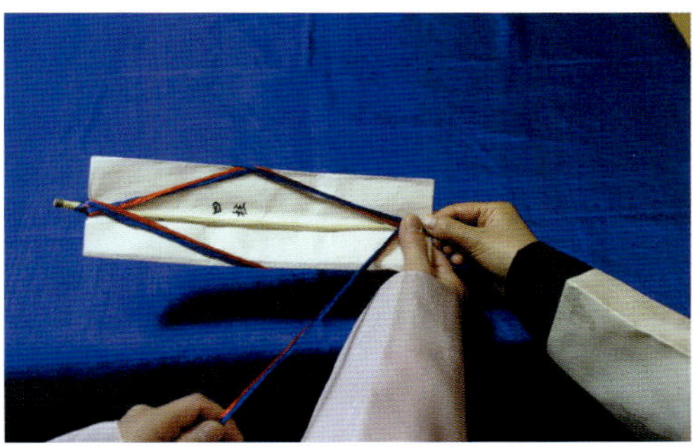

③ 사주봉투에 끼우는 대나무 가지는 봉투길이보다 아래 · 위로 각각 1cm 정도 길게 자른 다음, 중앙에 쪼갠 대가지를 끼우고 청실홍실의 둥근 타래실로 위쪽으로부터 아래로 매듭지지 않게 옭아 묶는다.

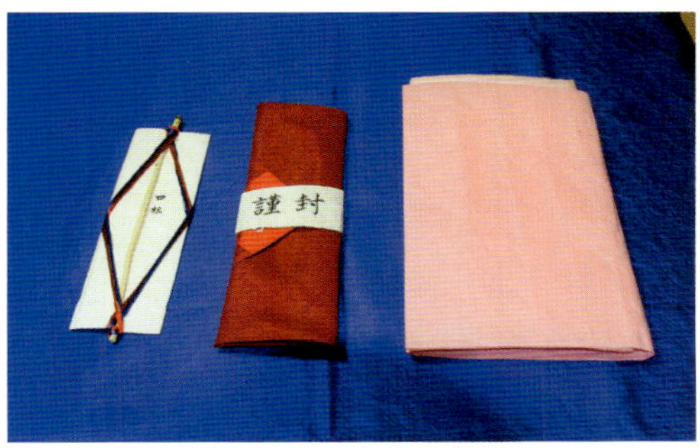

④ 이것을 사주보에 싼 뒤 삼가 봉한다는 의미로 '근봉(謹封)'이라고 쓴 띠를 두른다. 지방에 따라 근봉띠를 1개 또는 3개를 두르기도 한다.

(2) 납채문 (納采文)

정식으로 결혼을 신청하는 서장(書狀)으로 사주와 함께 홍색보자기로 싼 다음에 신랑집에서 신부집으로 보낸다. 사주를 신부집으로 보내는 방법은 지방에 따라 여러 가지다. 즉, 중매인이나 하인이 가져가기도 하고 그렇지 않을 경우는 일가 등에서 가장 복(福) 많은 사람이, 또는 동네 사람 중 혼인해서 첫아들을 낳았거나 정결하고 가정이 좋은 사람이 가져가기도 한다. 제주에서는 신랑의 부친이 직접 가지고 간다.

납채문 쓰는법

伏承
尊慈不鄙寒微 曲從媒議 許以
今愛 室僕之男某 玆有先人之禮
謹專人納采 伏惟
尊慈俯賜
鑑念不宣
某年某月某日 某郡 姓某白

(한문 납채문)

上狀
某郡 某官執事

봉투(앞)

謹封
(근봉)
某郡 姓某

봉투(뒤)

삼가 아뢰옵니다
존당의 만복을 비오며 이번 귀당의
○○양과 저희 둘째 아들 ○○와의
혼담이 성립됨은 저희 가문의
기쁨으로 생각하옵고 삼가
청혼하오니 허락하여 주시옵기
바라나이다
년 월 일 ○○○ 인
○○○ 귀하(신부측 어른이름)

(한글 납채문)

上狀
某郡 某官執事

봉투(앞)

謹封
(근봉)
某郡 姓某

봉투(뒤)

납채문은 정해진 사람이든지 선택된 사람이든지 간에 사주(지삼 : 持參)인은 될 수 있는 대로 〈천기대요(天機大要, 지일빈(池日賓)개간, 1763〉에 따라 신랑 · 신부의 나이를 고려하여 '살이 낀 날'을 제외하고, 일진(日辰)과 방위(方位)를 보아 손이 없는 날을 골라 신부집으로 가게 한다. 보통 가정에서는 10일 간격으로 1~2일에는 동쪽에, 3~4일에는 남쪽에, 5~6일에는 서쪽에, 7~8일에는 북쪽에 손이 있고, 9~10일은 손이 없는 날로 여기고 있다. 따라서 9일이나 10일이 사주 보내는 데 알맞은 날로 생각한다. 만약 신부집에서 혼사를 거절하려면 사성을 받지 말아야 하는 것은 물론이다.

신부집으로 사주를 가지고 가는 사람도 지방에 따라 다르다.

지역	사주전달	지역	사주전달
서울	중매인	전라남도	신부아버지
경기도	중매인, 신랑, 신랑아버지	경상북도	중신아비
강원도	중매인, 깨끗한 사람, 신랑어머니, 신랑아버지, 신랑형, 신랑	경상남도	중신아비, 복 많은 사람
충청북도	팔자 좋은 친척	함경도	신랑측 어른, 첫아들 낳은 사람, 중신아비
충청남도	신랑, 중신아비, 중신어미	평안도	매파
전라북도	중매쟁이, 복 많은 여자	황해도	중신아비

사주가 신부집에 도착하면 주인이 의관(衣冠)을 정제(整齊)하고 나와 대청이나 마루에 돗자리를 깐 다음, 그 위에 상을 놓고 받아들인다. 그리고 사당에 고한 후 편지에 답장을 써 준다.

이 때 사주를 가져온 사람은 아주 푸짐하게 많은 대접을 받고 실수 없이 그날로 돌아온다. 이 사주는 잘 보관했다가 혼수짐에 보내어 신부의 옷장 속에서 평생을 간수하게 된다.

***충청북도** : 사주를 받을 때 신부집에서 빈 소반에 물 한 그릇 떠놓고 사주를 받아 놓았다가 부모가 개봉한다.

2) 연길(涓吉)보내기

(1) 연길

사주를 받은 신부집에서 허혼(許婚)의 뜻으로 혼인 날짜를 받아 적은 것을 연길이라 하며, 연길서(涓吉書)와 함께 싸서 신랑집으로 보낸다. 그러나 지방에 따라 신랑집에서 택일하여 신부집에 보내는 경우도 있다. 또 양가에서 협의하여 택일하는 경우도 있고, 어느 지방에서는 택일하여 보낼 때 꺼릴 일이 있거나 피치 못할 사정이 있을 때는 서로 협의하여 날을 바꾸는 수도 있다.

이 택일만은 신부집에서 하는 것이라고 주장한 사람이 있는데, 그 이유로는 주기적으로 돌아오는 여자의 생리일을 피해야 하기 때문이라고 한다. 생리기간에 혼인을 하면 신랑이 죽거나 신부가 이혼을 당한다는 속신이 있어, 이를 피하기 위함이라 한다. 첫 택일을 연길(涓吉)이라 하는데, '날받이'라고도 부른다.

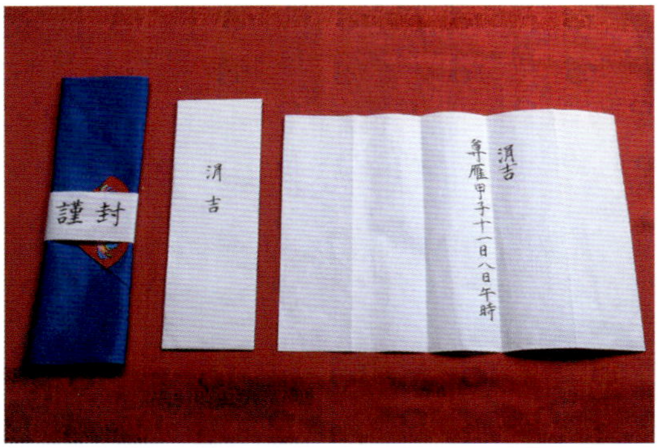

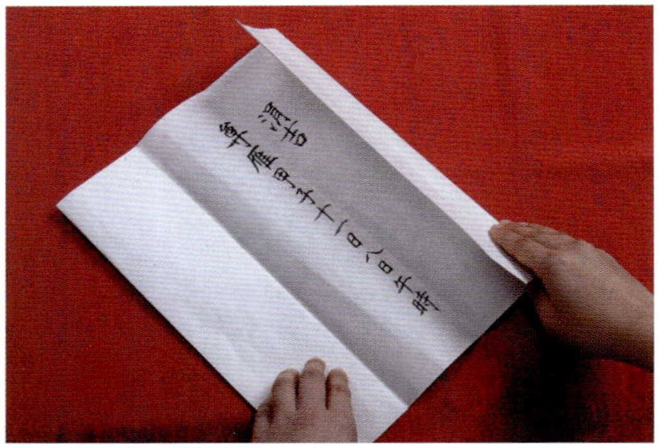

사주를 받은 신부집에서 허혼(許婚)의 뜻으로 혼인 날짜를 받아 적은 것을 연길이라 하며, 연길서(涓吉書)와 함께 싸서 신랑집으로 보낸다.

(2) 연길서(涓吉書)

연길서는 사주 올 때 받은 납채문의 회답편지로 연길단자와 함께 보낸다. 청혼에 대한 감사와 청혼을 받아들인다는 내용이 담겨있다.

***서울** : 혼인날을 정해놓고 그 며칠 전 좋은 날로 택일하여 관례(冠禮)를 한다.

***충청남도** : 해안지방에서는 물때가 택일의 중요한 기준이 된다. 이는 사리 때는 바닷물이 빠져나가 조업을 할 수 없으므로 이 때 주로 예식을 거행한다.

***제주도** : 신랑측에서 신부와 사주를 맞춰 궁합이 맞으면 택일하여 신부집에 알린다. 이 서식을 막편지라고 하며 중매인과 신랑 부친, 또는 신랑, 신랑 쪽 근친들이 동행하여 신부댁에 전달한다. 이 때 신랑 부친만 가면 아무런 물건도 가

저가지 않으나 신부 옷감 한 벌과 돼지다리 한 쪽, 술 한 되, 쌀 한 말 등을 가져가기도 한다. 막편지가 전달되면 양가는 정식 사돈 관계를 맺은 것으로 인식하여 서로 사돈으로 여긴다. 혼례에 사용될 물자(物資)를 신랑집에서 신부집으로 보내는 것을 '이바지'라고 한다. 보통 혼인 2~3일 전에 돼지 1마리, 닭, 달걀 등을 보낸다. 이바지 물품의 많고 적음에 따라 신랑집의 경제적인 형편을 알게 된다.

· **의제장(衣製狀)** : 연길편지를 받은 신랑집에서 신랑의복의 길이와 품을 적어 보내는 종이를 말하며 보낼 때에는 사주단자의 겉봉과 같이 한다. 앞면에는 의양동봉(衣樣同封)이라 쓴다.

연길 · 연길서

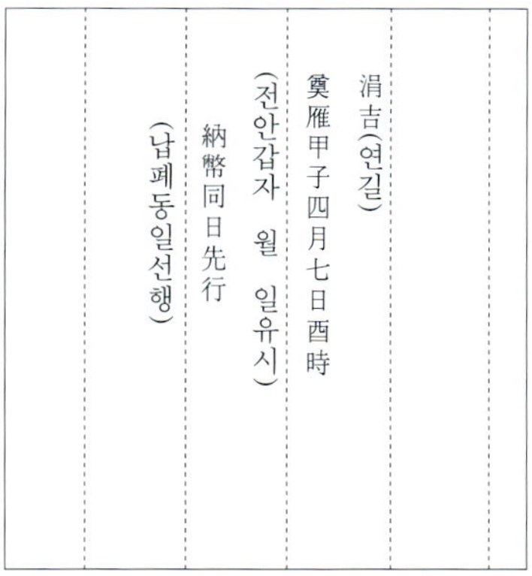

(연길)

봉투(앞)

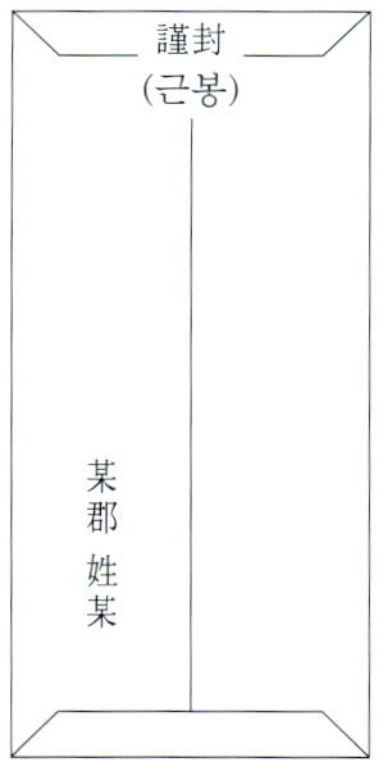

봉투(뒤)

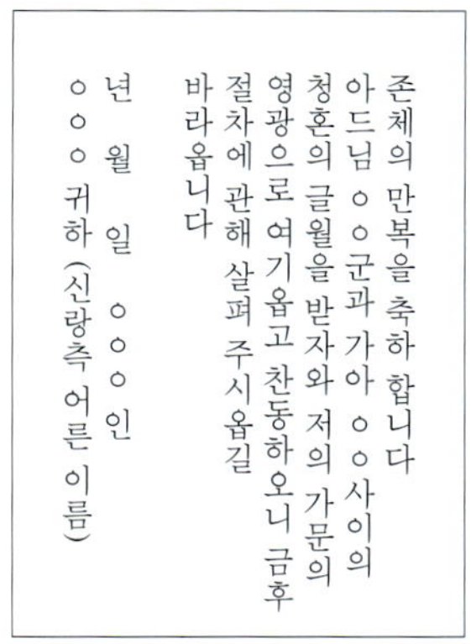

(연길서)

3. 납폐(納幣)

연길과 의제장을 보내는 절차가 끝난 뒤, 신랑집에서 보통 결혼식 전날 신부용 혼수(婚需)와 혼서(婚書=禮狀) 및 물목(物目)을 넣은 혼수함을 보낸다. 이것을 납폐라 한다.

폐(幣)를 봉채(封采), 봉치 또는 봉채함을 줄여서 함이라고도 하는데 〈가례(家禮)〉에 예물은 채단(采緞)으로 하고 빈부에 따라 적절히 할 것이며 적어도 두 가지는 되어야 하고 많아도 열 가지는 넘지 말아야 한다고 되어있다. 이외에 비녀, 팔지 따위의 패물(佩物)과 양(羊), 과일 등도 같이 보낼 수 있다 하였고, 〈국조오례의(國朝五禮儀)〉에는 이품이상은 현(玄, 우리나라에서는 청색계통) 세 가지, 훈(纁, 붉은 색 계통) 두가지의 비단이나 천을, 삼품이하 서민은 현, 훈 각각 한가지씩을 하고 색실로 채단(采緞)의 아래 위를 묶는다고 되어있다.

신랑집이 가난한 경우에는 혼서와 함께 채단(采緞)만을 보낸다. 납폐의 의례는 납채의례와 같으나 사당에 고하지 않은 것이 다르다.

혼서는 신부에게는 무척 소중한 것으로서 일부종사(一夫從事)의 의미로 일생동안 간직하였다가 죽을 때는 관 속에 넣어 가지고 간다고 한다.

1) 예물(채단) 보내기

(1) 채단 (采緞)

보통은 청색과 홍색의 치마 한 감에 저고리 두 벌이 아니면, 치마 두 벌에 저고리 세 감을 넣기도 한다. 또 그런 것에 관계없이 한 감 아니면 두어 감을 넣어, 푸른 옷감은 붉은 종이에 싸서 청색실로 묶고, 붉은 옷감은 푸른 종이에 싸서 홍색실로 묶는다. 그러나 지방에 따라 노란 저고리감을 넣기도 하고, 아들을 낳기 바라는 뜻에서 남자의 성품을 상징하는 물건이나 패물을 넣기도 한다.

채단(采緞)을 쌀 때는 홍색감은 청색 간지에 싸서 홍색실 동심결(同心結)을, 청색감은 홍색 한지로 싸서 청색실로 동심결(同心結)을 맺는다. 동심결(同心結) 매는 순서는 먼저, 명주실 타래를 두개의 원으로 만든 다음 두개의 원 사이로 채단을 끼워 넣는다. 실타래에 두 손을 넣어 손바닥이 보이도록 살짝 들어올린다. 그렇게 들어 올린 상태에서 살짝 돌려서 원을 만든다. 그리고 원안에 가로 질러있는 선을 잡는다. 그 선을 앞으로 당겨서 서로 엇갈리게 하여 잡는다. 마지막으로 옆으로 잡아당기면 자연스럽게 동심결이 맺어진다.

채단은 속에 들어 있는 옷감의 색과 반대색의 종이로 싼 뒤 타래실로 동심결을 맺어 함 속에 그 2가지를 함께 싸서 넣었다.

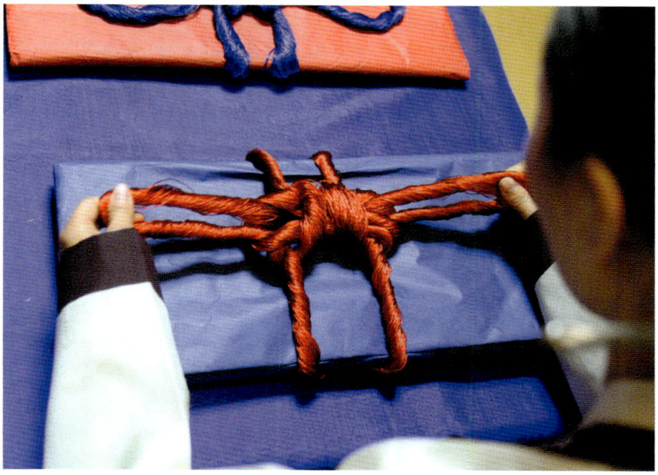

채단(采緞)을 쌀 때는 홍색감은 청색 간지에 싸서 홍색실로 동심결(同心結)을 맺고, 청색감은 홍색 한지로 싸서 청색실로 동심결(同心結)을 맺는다.

***경기도** : 옷과 버선, 간단한 예물, 신발을 선물로 보내면 신부가 그 신발을 신고 도망간다는 속설이 있다. 함을 보내는 날이 되면 청고사(廳告祀)를 올린다. '청고사'란 신부집에 함을 보내는 것을 성주신에게 고하는 의식이다. 성주 앞에 상을 차리고 떡을 시루 째 올리고 그 위에 함을 올려 놓는다.

***충청도** : 사대부가와 반가에서는 신부집으로 함을 보낼 때 이불과 옷은 짝을 맞추지 않고 보냈다. 옷감은 청・홍의 치마감을 보냈고, 저고리 감을 보내면 상놈이라하여 보내지 않았으며 치마감 이외에 쌍가락지와 옥양목 한필을 보내거나 분홍치마, 옥색치마, 옥색저고리 등을 보내기도 하였다.

***제주도** : 함을 '홍세함'이라 하며 예단지, 무명 두 필, 명주 등을 넣는다.

(2) 혼서지(婚書紙)

혼서는 혼인의 문서이다. 혼서지는 가로 72cm, 세로 40cm 정도의 간지를 9칸으로 접어서 내용을 쓴다. 금전지가 달린 검정색 비단 겹보자기에 혼서를 싼 다음 한문으로 '謹封(근봉)' 띠를 두른다.

혼서의 내용은 먼저 신랑 측 혼주가 자신의 이름과 본관을 밝히는 것에서 시작된다. 두 번째로는 일기(日氣)를 써서 계절에 대해서 명시한다. 세 번째는 귀댁의 따님을 자신의 아들 아무개의 아내로 주신 것에 대한 감사가 표현된다. 다음은 선인의 예로 삼가 납폐 의식을 행한다는 내용이 있다. 마지막으로 어른께서 잘 살펴주시기를 바란다는 내용과 겸손의 인사말로 글을 맺는다. 한편 혼서의 봉투는 사주(四柱)나 연길(涓吉)과는 달리 위, 아래가 트여있는 것이 특징이다. 봉투는 가운데를 붙여서 봉하고 수결(手決)을 한다. 붙임선을 기준으로 오른쪽에 '상장(上狀)'이라고 쓰고 왼쪽에는 편지를 받는 상대편인 신부댁 주혼자의 성(姓)과 직함(職銜)을 쓴다.

혼서지 서식 및 봉투

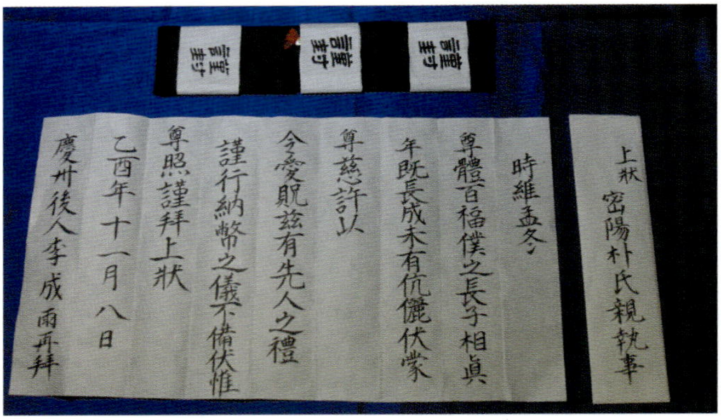

혼서는 혼인의 문서이다.
혼서지는 가로 72cm, 세로 40cm 정도의 간지를 9칸으로 접어서 내용을 쓴다.

時維孟春
尊體百福 僕之幾子某
年旣長成 未有伉儷 伏蒙
尊慈 許以
令愛 室 玆有先人之禮
謹行納幣之儀 不備 伏惟
尊照 謹拜 上狀
某年 某月 某日
某貫後人 姓某 再拜

上狀
某郡 某官 尊親 執事

(한문 혼서지)

上狀
某郡 某官 尊親 執事

봉투(앞)

謹封
(근봉)

添親姓某

봉투(뒤)

봄이 한창 무르익는 계절
삼가 존체의 만복을 비옵니다
저의 큰아들 ㅇㅇ가 이제 성장하여
귀하의 귀한 따님으로 아내를 삼게
되니 이는 우리 집안의 큰 영광
이옵니다 이제 삼가 납폐하는
의식을 올리오니 살펴 주시옵기
바랍니다

년 월 일 ㅇㅇㅇ 올림

(한글 혼서지)

上狀
某郡 某官 尊親 執事

봉투(앞)

謹封
(근봉)

添親姓某

봉투(뒤)

(3) 함(函)

함 속을 넣는 순서는 함 밑바닥 중앙에 황색염랑(黃囊)을 넣고, 네 귀퉁이에는 마분향(麻賁香)을 넣는다. 황낭 속에는 지방에 따라 약간의 차이가 있지만, 다복(多福)하고 다산(多産)을 축원하는 뜻에서 씨가 들어 있는 목화 1송이를 넣거나 콩, 팥 등을 넣기도 한다. 함의 네 귀퉁이에는 부정을 막는다는 의미에서 붉은 색종이에 마분향을 조금씩 싸서 넣는데, 이 마분향은 향기가 좋은 삼꽃의 꽃가루를 싼 것이다.

***동래 정씨 家** : 마분향을 홍색 종이에 싸서 함의 네 귀퉁이에 넣고, 가운데는 콩 1알 · 팥 5알 · 면화 1송이(씨가 7개나 9개)를 넣은 황낭(黃囊)을 놓았다. 그 위에 함속보로 싼 2가지 채단을 넣고 맨 위에는 흑색 겹보로 싸서 근봉 3개를 끼운 혼서를 올려놓았다. 그리고 함의 뚜껑을 덮은 뒤 자물쇠로 잠그지 않고 자물통을 끼워 놓은 채, 함 겉보로 함을 싸서 네 귀를 모아 위로 올려 근봉을 끼웠다. 붉은 색의 함질비는 무명 21자로 마련하여 3자는 땅에 끌리게 하고 나머지로 고리를 만들어 함을 지도록 하였다.

***서울 · 중부지방** : 오낭(五囊)을 넣기도 하는데, 중앙에는 황(黃)색, 북쪽은 검정(黑)색, 동쪽은 청(靑)색, 남쪽은 홍(紅)색, 서쪽은 흰(白)색의 오방(五方)주머니를 넣는다. 그리고 각각의 주머니에는 대추가 5개, 밤이 3개, 붉은 팥이 9개, 은행이 5개, 씨가 9개 들어 있는 목화 1송이, 그리고 설록차 씨나 오곡(五穀) 중에서 한 가지를 넣고 향나무 저민 것을 종이에 싸서 넣는다.

***충청도** : 함 속의 황랑에 벽사의 의미로 붉은 팥 3개, 식(食)의 근원의 의미로 흰콩 5개, 의(衣)의 근원이란 뜻으로 목화씨 3송이를 보냈다. 이외에도 대추, 곶감, 양초 등을 보냈는데 이는 다남, 시댁의 번창을 의미한다.

함상자

*전라도 : 함 밑바닥에 색종이를 깔고 함 네 귀퉁이와 중앙에 다섯 개의 주머니를 넣는데, 그 주머니 속에는 목화씨를 넣는다. 목화씨는 흘수로 자손 번창을 기원하는 것이다. 다른 주머니에는 부귀다산(富貴多産)을 상징하는 오곡(쌀, 보리, 조, 콩, 기장)을 넣는다. 고추와 숯은 벽사(邪)를 물리치라는 의미로 넣는다. 또 함 중앙에는 부자로 살기를 기원하며 동전을 넣는다. 함은 함 전용의 꼬리짝이나 오동나무로 만든 상자에 겉은 흑칠하고 안은 빨강 칠을 하였다.

혼수함을 보낼 때와 받을 때

봉채떡(봉치떡)은 납폐를 보내는 신랑집과 받는 신부집에서 각각 만든다.
신랑집은 함을 떡시루 위에 얹었다가 보낸다. 함진애비는 아들을 낳고 부부 금실이 좋은 사람이 지고 간다.

《신부집에서 함받기》

① 함을 받을 때는 마당에 멍석을 깔고 병풍을 친 다음, 돗자리를 펴고 상을 놓고 받거나, 대청마루에 상을 놓고 받기도 한다.
② 마루에 화문석을 깔고 상을 놓고 빨간보를 덮는다.
③ 그 위에 한 김 나간 시루를 떼어다가 큰 목판을 받쳐놓고 시루를 놓는다. 한지를 덮고 다시 빨간 보를 덮고 기다린다.
④ 함을 함진애비가 혼주에게 넘기면 받아서 시루 위에 가만히 얹고 맞절을 한다.
⑤ 함을 옆에 내려놓고 함을 싼 겹보자기를 벗긴 후, 신부어머니가 눈으로 보지 않고 손으로 함 속을 더듬어서 잡히는 채단을 가지고 신부의 앞날을 점치기도 한다. 청색종이에 싸여진 홍단을 꺼내면 첫아들을 낳는다고 한다.
⑥ 봉치떡 위에 얹은 밤과 대추는 떠서 신부에게 먹이고, 떡은 함을 받는 곳에 모인 사람들과 나누어 먹는다.
⑦ 함진애비는 술과 음식, 때로는 금전을 받기도 한다.

함은 홍색 겹보자기로 싸되, 네 귀퉁이를 맞추어 모은 뒤에 묶지 않고 '謹封'이라 쓴 종이로 감고 무명필로 어깨끈을 만든다. 함진애비가 함을 짊어지고 가는데, 혼인 전날 저녁에 신부집으로 들여 보내는 것이 원칙이었으나, 요즘에는 혼인 당일에 가기도 한다. 또 함을 '혼수함', '홍세함'이라고도 하며, 함에는 종이를 깔고 혼서지와 '함속'이라고 하여 예물을 넣는다.

함진애비가 함을 신부집에 전해 주려고 갈 때, 장수에서는 "함사세요", 원주에서는 "함들이요", 옥천에서는 "두부사려" 하면서 잠시 동안 뜸을 들이며 함을 쉽게 풀어주지 않으려고 실랑이를 한다. 이 때 시흥에서는 함진애비가 미리 얼굴에 검정이나 먹칠을 하고 신부의 집으로 들어가는 수도 있고, 신부집에서 함을 빨리 내려놓게 하기 위해서 함진애비의 얼굴에 숯검정칠을 하기도 한다.

황낭

*서울 : 혼인 전날 저녁에 함을 받아들이는데 대청에드 상을 놓고 홍보를 깔고 양편에는 불을 켜고 떡시루를 놓는다. 그리고 신부의 오라버니나 그 밖의 집안 사람이 함을 받아서 상 위에 놓았다가 방으로 들여보낸다.

*경기도 : 옷과 버선, 간단한 예물, 신발을 선물로 보내면 신부가 그 신발을 신고 도망을 간다는 속설이 있다. 신랑집에서는 함 보내는 날 되면 신부집에 함을 보내는 것을 성주신에게 고하는 청고사(廳告祀)를 올린다. 성주 앞에 상을 차리고 떡을 시루 째 올리고 그 위에 함을 올려놓는다. 함진애비는 함이 아무리 무거워도 내려놓고 쉬지 못하게 되어 있다. 이것은 함을 땅에 내려놓으면 좋지 않은 일이 생기기 때문이라고 한다. 그래서 쉴 때도 함을 진채로 쉰다고 한다.

*전라도 : 함 받을 때 신부어머니 또는 친척 중 첫 아들을 낳은 자가 받아 큰방에 준비 된 상에 놓인 봉치떡 시루 위에 올리고 "복 많이 들었네." 하고 외친다. 특히 전남지역에서는 마루 끝에서 신부의 어머니가 함을 받아 상위에 놓는 것이 일반적이다. 함을 안방으로 가져가 열어 보지 않고 먼저 잡히는 옷감이 홍색이면 부부 금실이 좋아진다고 믿었다.

*경상도 : 함에 합천 · 밀양에서는 오색실을, 문경에서는 목화씨를 넣었고, 밀양에서는 함 받을 때에 물과 소금을 소반에 받쳐 놓았다. 경주나 경남산성 등에서는 납폐할 때 만드는 떡인 절편이나 인절미를 봉치떡으로 대신한다. 일반적으로 납폐는 혼인 하루 전날 또는 당일에 혼례음식을 교환했다. 예단음식으로 백설기 · 각색 인절미 · 송기(松肌)나 기숙(제비쑥) 등의 색을 이용한 3~5색 결편 · 조과 · 전과 · 과일 · 전 · 편육 · 갈비(찜) · 돼지다리 · 소다리 · 건어물 · 술 등이 일반적인 음식품목이지만, 형편에 따라 생략하기도 한다. 안동과 김해 일부에서는 채단 이외의 음식은 보내지 않았다.

*제주도 : 함을 '홍세함'이라 한다. 그 속에 무명 2필이나 광목 1통을 넣고 그 위에 예장(禮狀)을 바르게 넣어 뚜껑을 닫고 붉은 보자기로 싼다. 문간에다 자리 깔고 상을 놓아 함을 잡는다. 곧 함을 들고 방으로 들어와서 열어보는데, 예장(禮狀)지에 혹시 틀린 글씨가 있다면 고쳐오라고 돌려보낸다. 그 후에 고쳐온 것을 받아들인다. 함 받는 날 신부는 이부자리를 준비하고 물을 길어오는 물허벅을 준비해야하는데 혼례 후 신부를 냉비바리라고 하였고 한 집의 물허벅 개수를 알면 그 집의 냉비바리가 몇 명인지 알 수 있었다.

사례별 혼례함

서식 \ 사례	동래 정씨	한산 이씨	안동 김씨	전주 이씨	여흥 민씨
함	1개				
혼서	1개				
채단	2개 (분홍 · 비취색)	2개 (청색 · 홍색)			
황낭	1개 (콩 1알, 팥 1알, 면화 1송이)	1개 (면화)	없음	없음	1개 (콩 9알, 팥 5알, 면화 1송이)
마분향	4개	4개			
봉치떡	1시루 (밤1개, 대추 9개)	1시루 (밤 없음, 대추 7개)	1시루 (밤 없음, 대추 7개)	1시루 (밤 없음, 대추 9개)	1시루 (밤 없음, 대추 7개)

[참고] 〈조선 후기 서울 반가의 혼례〉, 이길표, 2000.

2) 봉채(封采)떡

봉채떡은 봉치떡이라고도 하는데, 찹쌀 3되와 붉은팥 1되로 시루떡 2켜만을 시루에 앉히고 밤 한 톨을 중앙에 올려놓고 주위에 대추 7개나 9개를 놓는다. 이 떡은 대문 밖으로 나가지 않는 풍습이 있어, 그 날 모인 일가친척이 다 먹도록 한다. 따라서 이 떡은 많이 하지 않는다.

① **붉은팥** : 붉은 빛깔은 양(陽)이며 생기왕성하니, 발전을 축복하며, 벽사와 제액의 뜻이 있다.

② **찹쌀 3되** : 3은 많다는 숫자관에서 비롯하였고, 찹쌀의 찰기는 떨어지지 않기 때문에 이별이 없다는 뜻이며, 부부금실이 좋은 것으로 생각한다.

③ **밤** : 밤(栗)을 파자하면 서목(西木)이 된다. 서는 오행으로 백색이며, 추수를 하는 가을의 생산과 풍요를 의미한다.

④ **대추** : 장수와 생남(生男)으로 아들 7형제, 9형제를 의미한다.

봉치떡은 예전에는 신랑과 신부집에서 모두 하였는데, 최근에는 신부집에서만 하기도 한다.

***동래 정씨 家** : 봉치떡은 칼을 대지 않고 잘라서, 함을 받는 곳에 모인 사람들이 나누어 먹으며 밖으로 내보내지 않는다.

홍보를 씌운 상에 봉치떡을 놓고 함을 올린다.

봉채(봉치)떡

혼례복 입는 절차 - 신랑

조선후기 사회에서 남자 혼례복은 단령에 사모, 관대를 하였다. 원래 단령은 깃이 둥근 포로서 왕의 신하가 입는 관복이었다. 그러나 일생에 한 번 혼례에는 일반에게도 입는 것이 허용되었다. 이로써 혼례가 인륜지대사(人倫之大事)로서 매우 중요하게 다루어졌음을 알 수 있다.

1. 속고의, 적삼을 입고 그 위에 바지, 저고리를 입는다.

2. 두루마기를 입는다.

3. 쌍학 흉배가 달린 단령을 입는다.

4. 각대를 두른다.

5. 사모를 쓴다.

혼례복 입는 절차 - 신부

신부 혼례복도 궁중의 예복인 원삼, 당의, 활옷이 모두 허용되었으며, 머리에는 족두리나 화관을 착용하였다. 활옷은 원래 공주나 옹주가 입던 예복으로서, 원삼보다 훨씬 화려하며 자수가 많이 놓여 있어 부유층의 전통 혼례복으로 사용되었다. 활옷의 길은 홍색이고 앞 어깨의 양편, 앞길이의 밑단과 뒷길, 소매 뒷길에 연꽃·목단·봉황·원앙·나비·십장생 등의 여러 문양이 채색의 자수로 놓여 있다.

이러한 문양은 각각 의미를 갖고 있는데, 연꽃은 불가의 상징으로 건강·장수·불사·행운·군자를 상징한다. 그리고 진흙 속에 살면서도 더럽지 않으며 항상 깨끗하다 하여 청결함을 받들어 세상을 밝게 비춘다는 의미를 갖고 있다. 목단은 부귀를 상징하고, 나비는 새로운 삶을 상징하며, 봉황은 이상세계를 의미한다. 십장생은 장수를, 동자는 다남과 자손의 번성을 상징한다. 발원문은 백복과 이성의 합을 나타내는데, 활옷을 착용하는 이의 간절한 염원을 볼 수 있다. 활옷의 문양에서는 자연주의 사상과 유교사상에서 배출되는 현세주의로서 부귀영화를 누리면서 장수하고 자손이 번성하기를 원하는 선조들의 마음을 읽을 수 있다. 속옷으로는 다리속곳, 속속곳, 단속곳, 무지기치마, 대슘치마를 입고 속적삼과 속저고리를 입었다.

사례별 신부의 혼례복과 머리수식

<table>
<tr><th colspan="2">사례
혼례절차</th><th>동래 정씨</th><th>한산 이씨</th><th>안동 김씨</th><th>전주 이씨</th><th>여흥 민씨</th></tr>
<tr><td rowspan="2">선례의 함</td><td>혼례복</td><td colspan="5">다홍치마·노랑저고리</td></tr>
<tr><td>머리수식</td><td colspan="5">귀밑머리/댕기</td></tr>
<tr><td rowspan="2">본례의 혼례식</td><td>혼례복</td><td>분홍치마
노랑저고리</td><td colspan="4"></td></tr>
<tr><td>머리수식</td><td colspan="5">새앙머리/화관 혹은 족두리</td></tr>
<tr><td rowspan="2">후례의 현구고</td><td>혼례복</td><td>분홍치마
노랑저고리
대례복</td><td>다홍치마
노랑저고리
대례복</td><td>다홍치마
노랑저고리</td><td>다홍치마
노랑저고리
대례복</td><td>다홍치마
노랑저고리
대례복</td></tr>
<tr><td>머리수식</td><td colspan="5">새앙머리/화관 혹은 족두리</td></tr>
<tr><td rowspan="2">후례의 현구고</td><td>혼례복</td><td colspan="3">다홍치마/저고리 삼각</td><td>다홍치마
저고리삼작
소례복</td><td>다홍치마
저고리삼작</td></tr>
<tr><td>머리수식</td><td colspan="5">낭자</td></tr>
</table>

[참고]〈사례를 통해 본 조선후기 서울반가의 혼례문화' , 한국전통생활문화학회지 제 2권 제 1호〉, 1999

1. 남치마 위에 홍치마를 입고, 속적삼을 입는다.

2. 노랑 또는 연두 삼회장저고리를 입는다.

3. 당의를 입는다.

4. 활옷을 입는다.

5. 화관을 쓴다.

4. 친영(親迎)

신랑이 신부집에 가서 혼례를 치르고 신부를 맞아오는 예로서 요즘의 결혼식이다. 사례(四禮)에서의 친영은 전안례(奠雁禮), 교배례(交拜禮), 합근례(合巹禮)의 순서로 행해지는데 신랑이 신부의 집에 가서 신부를 맞아다가 신랑의 집에서 혼인예식을 거행한다. 우리나라의 전통관습혼례는 신랑이 신부의 집에 가서 그곳에서 혼인예식을 거행하였다. 혼례는 한문을 잘 아는 마을의 노인 중 복 많고 깨끗한 사람이 진행 하는데, 이 때 부르는 진행절차를 홀기(笏記)라고 한다.혼인날이 되면 신부집으로 떠나기 바로 전에 '별고사'를 지내는데, 목욕 재개하고 조상의 신주 앞에 제상을 차린 다음, 헌작재배(獻爵再拜)를 한다.

신랑이 홀로 얼굴을 가리고 초례청에 입장하는 모습

***제주도** : 제주에서의 올리친심(올히친심, 오리친심)은 육지의 대례와 유사한 절차로 제주에서는 전안례, 교배례, 합근례 등의 의식은 없으며 이런 의식은 일부 상류층에서만 행했다.

올리친심은 천생연분을 뜻하며 '오리'와 혼인식을 뜻하는 '친심'이 합쳐진 말이다. 신랑은 혼례날 문 앞에 상을 차려 놓고 어른들께 출장인사를 올린 후에 마루 옆에서 이 음식을 먹고 신부집으로 떠난다.

1) 초례(醮禮)준비

초례(醮禮)는 원래 아버지가 아들에게 술을 내리는 과정을 의미하였다. 〈의례(儀禮)〉 〈사혼례(士昏禮)〉에 의하면 장가가는 날 아침에 신랑의 아버지가 술을 내리며 "가서 너를 도울 배필을 맞아 우리 종문의 일을 이어받아 공경으로 인도하고, 너의 어머니의 본을 항상 받들게 하라. 父醮子, 命之曰, 往迎爾相, 承我宗事, 師以敬, 先之嗣, 若則有常." 말한다. 신랑은 "네, 감당하지 못할까 두렵습니다만, 감히 명령을 잊지 않겠습니다. 子曰, 諾, 唯恐不堪, 不敢忘命"라고 대답한다. 이 의식 또한 초례(醮禮)라 하였다. 정약용의 〈아언각비(雅言覺非) 1819년〉에 따르면 조선후기에는 이것을 혼례시 대례(大禮)와 혼동하여 사용하였다고 한다. 이능화는 〈조선여속고(朝鮮女俗考), 1927년〉에서 사람들이 부부동뢰(夫婦同牢)의 예(禮)를 초례(醮禮)로 부르는 것이 옳지 않다고 하였다. 이것은 당시 부부동뢰(夫婦同牢)의 예(禮), 즉 대례(大禮)를 초례(醮禮)로 부르는 것이 일반적이었다는 것을 보여준다.

(1) 초행행렬

초행에 신랑과 함께 가는 사람은 상객, 후행, 함진애비, 교자군(轎子軍), 하인 등이 가는데, 그 수행인의 자격은 다음과 같다.

· **상객(上客)** : 초행길에 신랑을 인도하고 신랑집을 대표하는 사람으로 신랑의 조부(祖父), 부(父), 백부(伯父), 숙부(叔父), 형 등 이다.

· **함진애비** : 첫아들을 낳고 사주팔자가 좋은 사람이 한다.

신랑은 처음 떠날 때부터 사모관대하고 교자나 말을 타기도 하고, 떠날 때에는 한복에 두루마기를 입고 사인교(四人轎)나 말을 타고 가서 혼례 전에 예복으로 갈아입기도 한다. 이때에 가정형편이 괜찮으면 상객도 사인교를 타고 가기도 한다.

신랑 일행이 신부집 가까이에 이르면 신부 쪽에서 안내자가 나와서 일행을 맞아 신부집을 지나지 않은 곳에 일단 머무르게 한다. 이 방을 '사처방', '사초방', '새처방', '반녀집(익산)', '정방(장수)', '주점', '경방청(월성)'이라고도 한다. 상객과 신랑을 같은 방으로 모실 수도 있고, 각기 다른 방으로 모실 수도 있다.

간혹 신부집이 넓을 경우에 그 집으로 직접 안내하는 수도 있으며 이 사처(私處)에서 머무는 동안 신부집에서 차려온 간단한 요기상이나 입맷상 또는 의안상으로 요기를 하고 대례시간을 기다리는 것이 보통의 예이다.

신랑이 신부집 문에 들어설 때, 신랑은 사모관대에 목화를 신고 휘장을 뗀 가마를 타거나 말을 타고 함진애비의 안내로 신부집에 들어선다. 이 때 주술로 '신랑 몸에 묻어온 마귀를 쫓는다.'하여 액막이도 하고, 주위 사람들이 장난도 친다. 이 때 신랑은 홀(忽)로 얼굴을 가린다.

***서울** : 처음부터 사모관대하고 떠나며 함진애비는 홍청죽(紅青竹)에 홍립(紅笠)을 쓰고 간다. 신부집이 넓든지 좁든지 간에 사처방에 들리지 않고 가기도 한다.

***경기도** : 신랑은 말을 타고 하인은 마부가 되어 갔다. 이 때 말고삐는 쇠줄로 하지 않고 무명이나 소창으로 만들었다. 신랑 일행이 도착하면 양쪽 집의 하인들끼리 힘겨루기를 하기 위해 신랑이 탄 말고삐를 빼앗으려고 하고, 한편에서는 또 빼앗기지 않으려고 다투는데, 이것은 '경마잽이 다툼', '경마 싸움'이라고 한다.

***전라남도** : 전남 산간지역에서는 처음부터 예복에 사모관대하고 합죽편을 들어 얼굴을 가리고 가마를 타고 가며, 말을 하면 복이 달아난다고 해서 신부집에 도착할 때까지 입을 다문다. 특히 망호정마을에서는 신부집으로 바로 가지 않고 신부집에서 정한 곳에 잠시 머무는데, 이를 '주점한다'고 한다. 신부집에서는 12접시상이라고 하는 큰상에다가 식혜나 국수 등을 마련하여 신랑 일행을 대접했다.

***제주도** : 처음부터 두루마기에 도복(道服)과 관복(官服)을 입고 간다.

(2) 초례청 꾸미기

· 중앙에 남단을 하여 목단병풍을 치고 그 앞에 남향으로 붉은 칠을 한 고족반(동뢰상)을 놓는다. 붉은 칠한 상이 없으면 홍보를 덮는다.

· 살아있는 닭을 청 · 홍보에 싸는데, 숫컷은 홍색이 보이게 암컷은 청색이 보이게 발쭉지를 묶어 동쪽에는 숫컷, 서쪽에는 암컷을 놓는다.

· 손 씻을 물이 담긴 대야를 준비한다. 또한 합근례에 쓰일 술상을 동서(東西)에 놓고, 동그란 박을 반으로 쪼개어서 만든 표주박을 놓는다. (청 · 홍실로 길게 묶어 놓기도 함)

· 술잔과 술주전자를 각각 올리고, 퇴수기도 준비한다.

초례(대례상)

조선 말기의 국학자 이능화가 〈조선여속고(朝鮮女俗考), 1927년〉에 묘사한 당시의 초례(대례)상 진설도를 재현한 모습이다.
북쪽을 정청으로 하여 병풍을 치고 화병, 장닭, 쌀, 대추, 생밤, 암탉, 화병을 두었다.

(3) 초례(대례)상 진설도

초례상을 보면 대례상, 교배상, 독대상, 행례상, 혼례상 또는 지암상이라고도 하며 붉은 칠을 한 고족상을 놓는데 이것을 '동뢰상'이라고도 한다. 〈국조오례의(國朝五禮儀), 1474년〉를 살펴보면 찬품은 일곱 가지를 넘지 말아야 하고 서민은 다섯 가지를 넘지 말아야 한다고 하였다. 대례상 차림은 지방이나 가문에 따라 조금씩 다르나 동편에는 대나무, 서편에는 소나무를 놓고 각각 굽이 있는 그릇에 밤 · 대추 · 흰콩 · 붉은 팥을 담고, 백편을 용모양으로 만들어 황룡 및 청룡으로 물감을 칠하여 황룡을 동편에, 청룡은 서편에 놓는다. 좌우에 홍촉 · 청촉을 켠다. 촛대는 광명의 상징으로 세상의 빛이 되라는 의미로, 그리고 혼례를 해질 무렵 올렸기에 촛불로 밝히기 위해 사용되었다. 동백나무와 송죽은 절조와 백년해로를 상징하고, 밤과 대추는 자손이 번성하라는 뜻이다.

〈통과의례 음식, 이춘자 외, 2005〉에 따르면 우선 맨 앞줄에 대추, 밤, 조과를 각각 두 그릇씩 배설한다. 이어, 그 뒷줄에 황색 대두 두 그릇, 붉은팥 두 그릇, 달떡 21개씩 두 그릇을 놓고 색편으로 암수 한 쌍의 닭 모양을 만들어 수탉은 동쪽에, 암탉은 서쪽에 각각 배설한다. 이 때 흰 달떡은 보름달처럼 밝게 비추고 둥글게 채우며 잘 살라는 뜻이고, 색떡은 한 쌍의 부부를 의미하는 것이다. 닭은 새벽을 알리는 것으로 정확하고 정의롭게 남의 모범이 되라는 뜻이며, 신부가 시댁으로 가져가기도 하고 암탉이 곧바로 알을 낳으면 길조로 여겼다.

***서울** : 흰 달떡 · 밤 · 대추 · 나무로 만든 닭을 좌우에 각 한 마리 · 촛불 · 대나무 · 들쭉나무를 양편에 놓는다. 대추, 밤, 곶감, 삼색실과 암탉, 수탉 각각 1마리씩, 팥, 쌀, 대죽, 술, 콩, 송죽, 청 · 홍실을 놓는다.

***경기도** : 소나무 가지, 대나무 가지, 닭 2마리, 붉은팥, 흰색나물, 밤, 대추, 청 · 홍실, 쌀을 놓는다. 쌀은 닭이 쪼아 먹으라고 놓는 것이라 하며, 청 · 홍실은 소나무 가지와 대나무 가지에 걸쳐 놓는다.

***강원도** : 촛대, 송죽, 꽃병, 밤, 대추, 쌀, 보에 싼 닭 한 쌍, 용떡, 청실 · 홍실을 놓는다.

***전라도** : 사철나무 · 대나무 또는 동백나무를 꽂아 좌우에 놓고 촛대 한 쌍에 청 · 홍색 촛불을 켠다. 또 시골에서는 봉황새를 닮은 암 · 수 닭 한 쌍을 목만 내놓고 보자기로 싼다. 쌀 · 팥 · 콩 · 밤 · 대추 · 곶감 · 삼색 과일과 떡을 담는다. 또 수어(秀魚)라 하여 글자 그대로 매우 빼어나다는 뜻을 지닌 숭어 한 쌍을 쪄서 신랑 것은 입에 밤을 물리고, 신부 것은 대추를 물려 담는다.

***경상도** : 청 · 홍보로 싼 닭 한 쌍, 송죽 같이 늘푸른나무를 꽂은 꽃병 한 쌍, 밤 · 대추는 기본이고 곶감이나 쌀 · 과일 · 팥 · 콩 등의 곡식 · 떡(용떡)과 산자와 같은 것이 있고 정화수를 올려놓는 곳도 있다. 서울에서는 위의 찬과를 쌍으로 차린다고 하나, 경상도에서는 한 그릇씩 놓는다. 〈사례편람(四禮便覽), 1844년〉에 술병은 동쪽에 두고 물병은 서쪽에 걸어두며 술은 물로 대신하고 있다. 또한 물을 신성하게 여겨 정화수를 떠 놓고 신에게 축수하여 기원하였으며, 술이 없어 물을 대신하여 작수성례하기도 하였다. 이 때 물의 빛이 검게 보여서 현(玄)이라 하였으며, 이를 소중히 여기고 높여서 '현수(玄水)'라고 불렀다.

***제주도** : 혼례상에는 송애기떡, 오색시루떡, 닭고기, 돼지고기, 밤, 대추를 놓는다. 대례상에는 쌀 · 팥 · 밤 · 대추 · 수탉과 암탉 · 빨간 초와 파란 초, 그리고 송(松)화병과 죽(竹)화병이 올려지며, 중앙에 놓는 떡도 두 가지 색이나 다섯 가지 색의 떡을 놓는다.

운현궁 전통혼례 초례(대례)상

각 지방의 초례(대례)상

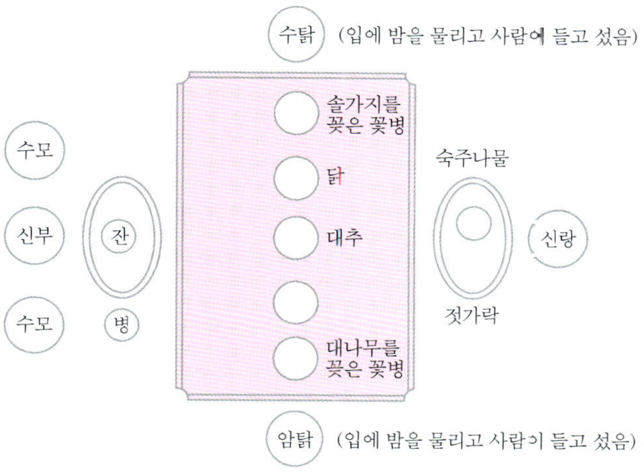

경기도 화성군

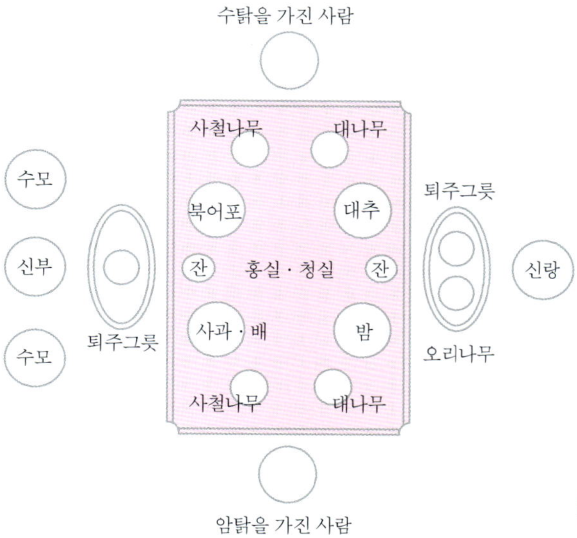

충남 서산군

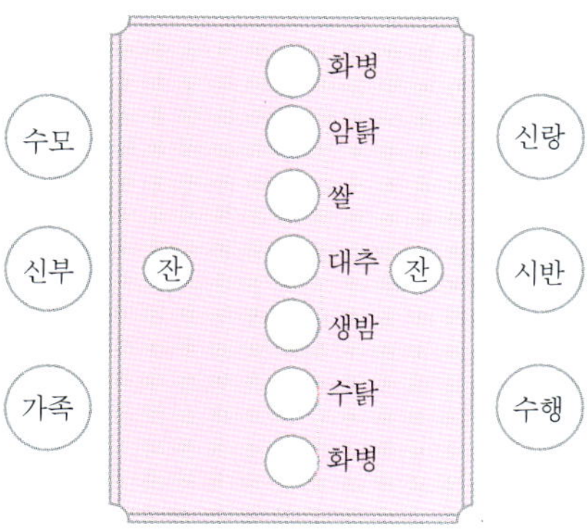

충북 청원군

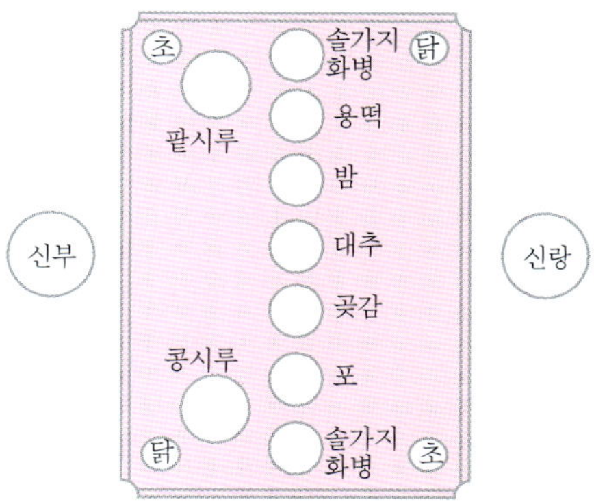

강원도 명주군

2) 전안례(奠雁禮)

신랑이 기럭아비와 함께 신부집에 도착하여 신부의 어머니에게 기러기를 드리는 예이다. 기러기는 신의 · 예의 · 절개 · 지혜를 상징하는 새로 한번 짝을 맺으면 생명이 다할 때 까지 짝의 연분을 잘 지킨다고 하여 백년회로의 서약을 상징한다. 옛날에는 살아있는 기러기로 예를 행하였으나, 근래에 와서는 나무 기러기를 사용하고 있다.

***충청도** : 대례를 '천제(天際)'라고도 하며, 홀기(笏記)에 맞추어 진행된다. 목기러기는 마을에서 공용으로 사용하거나, 경제적으로 여유가 있는 집은 개별적으로 마련한다.

신랑이 목기러기를 안고 신부 댁으로 들어선 후 초례상 앞의 작은 상에 놓고 절을 하면 신부 어머니 또는 친척이 기러기를 아무도 보지 못하게 앞치마 같은 것으로 덮어서 얼른 동자독(쌀독)에 넣는다. 목기러기를 쌀독이나 시루 안에 넣으면 부자가 된다는 속설이 있다. 목기러기는 초례가 끝날 때까지 놓았다가 신행 때 되돌려 준다.

***경상도** : 기러기는 한 번 맺은 부부는 끝까지 수절하며 행동이 음양(陰陽)구별과 장유유서(長幼有序)한다는 신(信)과 절(節)이 있는 동물이므로 기러기를 두고 혼인의 맹세하고 경배한다.

3) 교배례(交拜禮)

전안례가 끝나면 신랑과 신부는 초례청에서 처음으로 상대방을 상견하게 된다. 상견이 끝나면 신랑과 신부가 서로 상대방에게 절을 한다. 이 교배례로서 두 사람은 상대방에게 백년해로를 서약하는 것이다.

경기지방에서는 신랑과 신부가 대면할 때 '주당살'이 끼면 좋지 않다고 하여, 이를 피하기 위해서 신부가 나올 때 신랑이 잠시 외면하고 섰다가 대례상 앞으로 나선다. 또 한편으로는 결혼하지 못한 손각시 귀신과 몽달 귀신이 시샘을 해서 차려 놓은 음식을 먹으며, 훼방을 놓으려고 오는 것을 방지하기 위하여 외면한다고 하기도 한다.

① 신랑이 동쪽 자리에서 초례청 앞에 외면하고 서 있으면, 이 때 신부가 수모(手母 : 시중드는 사람) 두 사람의 부축을 받으며 바닥에 깔린 백포를 밟고 초례청 서쪽 자리에 선다

② 신부의 수모가 신랑쪽 자리를 편다. 신랑의 시반(侍叛)이 신부쪽 자리를 편다.

③ 신랑과 신부가 초례상을 사이에 두고 마주 선다. 처음으로 서로 상견하는 순간이다.

④ 상견이 끝나면 신랑은 시반, 신부는 수모의 도움을 받다서 세수대야에 담긴 물에 손을 씻는다. 성스러운 혼례식에 임하면서 몸과 마음을 정결하게 한다는 의미가 담겨 있다. 신부는 손을 씻는 흉내만 내고, 소맷자락 밖으로 손을 내놓지 않는다.

⑤ 신부가 수모의 도움을 받으며 신랑에게 두 번 절을 한다. 이에 답례로서 신랑이 신부에게 한 번 절을 한다. 신부가 신랑에게 다시 두 번 절하고 신랑이 신부에게 다시 한 번 절한다.

[참고] 〈우리의 생활예절〉, 성균관 전례연구위원회, 1997. 교배례 재현

4) 합근례(合巹禮)

합근례는 술잔과 표주박에 각각 술을 부어 마시는 의례로서 근배례(巹拜禮)라고도 한다. 처음 술잔으로 마시는 술은 부부로서의 인연을 맺는 것을 의미하며, 표주박으로 마시는 술은 부부의 화합을 의미한다. 반으로 쪼개진 표주박은 그 짝이 이 세상에 하나밖에 없으며 둘이 합쳐짐으로써 온전한 하나를 이룬다는 점에서 유래한다.

① 신랑과 신부는 각각 자리에 꿇어앉는다.
② 수모가 술을 따라 신부에게 주면 신부가 수모에게 도로 주어 신랑에게 바친다.
③ 신랑이 읍하고 고수레하고 술을 퇴수기에 붓는다.
④ 남집사 또한 술을 따라 신랑의 손을 거쳐 수모에게 주어 신부에게 바친다.
⑤ 신부가 읍하고 고수레하고 술을 퇴수기에 붓는다.
⑥ 수모가 술을 따라 신부에게 주면 신부가 수모에게 도로 주어 신랑에게 바친다.
⑦ 신랑이 읍하고 술을 마신다.
⑧ 남집사 또한 술을 따라 신랑의 손을 거쳐 수모에게 주어 신부에게 바친다.
⑨ 신부가 읍하고 술을 마신다.
⑩ 수모가 붉은 실로 묶은 표주박에 술을 따라 신부에게 주면 신부가 수모에게 도로 주어 신랑에게 바친다.
⑪ 남집사가 붉은 실로 묶은 표주박에 술을 따라 신랑에게 주면 신랑이 남집사에게 도로 주어 신부에게 바친다.
⑫ 신랑 · 신부가 서로 같이 마신다.

신랑과 신부는 합근례를 올리기 위해 각각 자리에 앉는다.

처음 술잔으로 마시는 술은 부부로서의 인연을 맺는 것을 의미한다.

표주박으로 마시는 술은 부부의 화합을 의미한다. 반으로 쪼개진 표주박은 그 짝이 이 세상에 하나밖에 없으며 둘이 합쳐짐으로써 온전한 하나를 이룬다는 점에서 유래한다.

〔참고〕 저자미상, 〈광례람〉, 1893. / 신응순, 〈성재집〉, 1626.

***서울** : 신랑이 함 속에 넣어 보낸 옷감으로 치마 저고리를 해 입고 대례청에 나오기도 한다.

***강원도** : 밤은 아들을 많이 낳으라는 뜻이고, 대추는 늙지 말라는 뜻이라고 한다.

***전라도** : 합근례를 할 때 신랑이 웃으면 첫딸 낳는다는 속신이 있다. 신랑의 기지와 담력을 시험하기 위해 합환주가 오갈 때 '오늘 같은 날 술 마시고 안주를 안 뜨어서야 쓰나'하면서 작대기 두 개를 가져와 초례상 위에 놓으면서 젓가락을 가져왔으니 안주를 먹으라 한다. 초례상 아래의 장닭이 힘있게 날개짓하면 "한 평생 데리고 살 사람인데 몇 시간을 못 기다리느냐"고 빗대어 신랑에게 말한다. 팥이나 콩을 집어 신랑 · 신부에게 던지기도 했다.

***경상북도** : 합근례가 끝나면 참석자가 초례청의 쌀이나 기타 음식을 집어 가는 풍속이 있으며, 밤에 이를 가는 사람에게 먹이면 이를 갈지 않게 된다고 한다.

***제주도** : 제주목사 이형상(李衡祥, 1653~1733)의 〈남환박물(南宦博物)〉에 "교배례는 행하지 않는데 공사가 모두 행하기를 천시 여긴다"고 하는 기록이 있다. 제주식 혼례 '올리친심'을 신부집 또는 신랑 집에서 행하기도 하였다. 일반적으로 음식, 과일 등이 차려진 초례상 위에 기러기 대신 목각으로 된 오리를 올려놓고, 맞절하고 술잔이 오가는 형식이다. 서로 절하고 술잔이 오고 간다는 점에서 전안례, 교배례, 합근례 형식을 혼합하여 치뤘던 것으로 보인다.

전통혼례홀기

행 친영례 (行 親迎禮)	신랑출우차집안자이종(新郎出于次執雁者以從) 입사우차집안자정위립(入于次執雁者正位立) 집안자진수안우신랑(執雁者進授雁于新郎) 주인영신랑우차(主人迎新郎于次) 주인신랑상향읍지주인도신랑입(主人新郎相向揖之導新郎入)	친영례(親迎禮)를 올리겠습니다. 신랑이 입장하겠습니다. 기러기 아비도 뒤따르겠습니다. 신랑은 자리에 머물고 기러기 아비도 서겠습니다. 기러기를 신랑에게 전하겠습니다. 신부댁에서는 신랑을 맞이하겠습니다. 인사를 하고 신랑을 인도하겠습니다.
행 전안례 (行 奠雁禮)	신랑궤전안우탁자상(新郎奠雁于卓子上) 신랑부복흥재배(新郎俯伏興再拜) 주부수안이입방(主婦受雁以入房) 신랑출우초례청정위동향입(新郎出于醮禮廳正位東向立) 모도신부출문외(姆導新婦出門外) 신부취초례상전(新婦就醮禮床前) 신랑동신부서각정립(新郎東新婦西各正立)	전안례를 올리겠습니다. 신랑은 전안상 위에 기러기를 내려 놓겠습니다. 신랑은 두 번 절을 하겠습니다. 신부댁에서는 기러기를 받아 방으로 들이겠습니다. 신랑은 초례청에 나오겠습니다. 동향으로 서겠습니다. 신부가 입장하겠습니다. 신부는 초례상 앞으로 나오겠습니다. 신랑은 동쪽에 신부는 서쪽에 서겠습니다
점촉(點燭)	신랑신부우수모점촉(新郎新婦右手姆點燭) 신랑관세우남신부수모진수세우신랑 (新郎洗于南新婦手姆進授于新郎) 신랑취정위(新郎就正位) 신부관세우북신랑수모진수세우신부 (新婦洗于北新郎手姆進授于新婦)	신랑과 신부의 오른쪽 수모가 촛불을 붙이겠습니다. 신랑은 대야물에 손을 씻으시고 신부측에서는 수건을 내어 드리겠습니다. 신랑은 제자리로 가서 바로 서겠습니다. 신부가 손을 씻으시고 신랑측에서는 수건을 내어 드리겠습니다.
행 교배례 (行 交拜禮)	신부수모진신랑지화문석신랑수모진신부지화문석 (新婦手姆陳新郎之花紋席新郎手姆陳新婦之花紋席) 신랑읍지예신랑신부각취화문석상정립 (新郎揖之禮新郎新婦各就花紋席上正立) 신부선재배(新婦先再拜) 신랑답일배(新郎答一拜) 신부우재배(新婦又再拜) 신랑우답일배(新郎又答一拜)	교배례를 올리겠습니다. 신부측에서 신랑의 자리를 깔고 신랑측에서는 신부의 자리를 깔겠습니다. 신랑은 읍하고 신랑신부는 화문석 위에 올라서서 마주 보겠습니다. 신부가 먼저 절을 두 번 하겠습니다. 신랑이 한 번 답배를 하겠습니다. 신부는 다시 절을 두 번 하겠습니다. 신랑은 다시 한 번 답배를 하겠습니다.
행 합근례 (行 合巹禮)	신랑읍지신랑신부각취석정위이좌 (新郎揖之新郎新婦各就席正位而坐) 신랑신부각수모짐주설찬(新郎新婦各手姆斟酒說饌) 신랑읍지신랑신부각제주거효(新郎揖之新郎新婦各祭酒擧) 우짐주(又斟酒) 신랑읍지신랑신부각거음거효(新郎揖之新郎新婦各擧飮擧) 근배분치신랑신전우짐주(杯分置新郎新前又斟酒) 신랑읍지신랑신부상환근배(新郎揖之新郎新婦相換杯) 신랑읍지신랑신부각정향입(新郎揖之新郎新婦各正向立)	합근례를 올리겠습니다. 신랑은 읍하고 신랑신부는 각각 자리에 앉겠습니다. 술을 따르고 찬을 차리겠습니다. 신랑은 읍하고 신랑신부는 제주하고 안주를 떼어 놓겠습니다. 다시 술을 따르겠습니다. 신랑은 읍하고 신랑신부는 잔을 들겠습니다. 표주박 잔을 신랑신부앞에 놓고 술을 따르겠습니다. 신랑은 읍하고 신부는 신랑에게 잔을 올리고 신랑은 신부 에게 잔을 올리겠습니다. 신랑은 읍하고 신랑신부는 일어서겠습니다.
행 성혼례 (行 成婚禮)	신랑신부배예우량가지부모우하객 (新郎新婦拜禮于兩家之父母又賀客)	성혼례를 올리겠습니다. 신랑신부가 양가부모님과 내빈 여러분에게 큰절을 올리겠습니다.
예필철상 (禮畢綴床)	신랑신부퇴장(新郎新婦退場)	이상으로 예를 모두 마치겠습니다. 신랑신부가 퇴장하겠습니다.

[참고] 남산골 한옥마을

5) 관대벗김

대례식이 끝나면 신랑신부는 같이 방으로 들어가서 상견례(相見禮)라 하여 신부의 족두리를 제치고 얼굴을 보이고 사처(私處)로 나와 옷을 갈아입거나, 신랑이 안방으로 들어가서 신부집에서 준비한 옷으로 갈아입는다. 이를 '관대벗김', '관대벗음' 또는 '개복시킨다', '신발벗음'이라고 한다.

6) 큰상 (신랑이 받는 상, 신부가 받는 상)

신부집에서는 혼례가 끝난 뒤에 신랑과 신부를 축하하기 위하여 여러 가지 음식을 높이 고여 큰상을 차려준다. 상객과 신랑은 물론 함진애비나 그 밖의 수행원도 상을 받는다. 이 큰상은 혼례뿐만 아니라 회갑(回甲), 희년(稀年), 회혼(回婚) 등의 축의 때에도 차리는 것으로, 한국의 상차림 중 가장 성대하고 화려하다.

음식은 각종 과정류, 생과류, 건과류, 병과류, 숙육편육(熟肉片肉)류, 전류, 건어물류, 포(脯)류, 적(炙)류 등이다. 이들 음식을 큰상에 올릴 때는 30~70cm 가량의 원통형으로 높이 고여 색상을 맞추어서 2~3열로 줄을 맞추어 배열한다.

이 때 같은 줄에 배열한 음식은 같은 높이로 해야 하며, 음식을 쌓아 올릴 때는 안전하고 정연하게 하면서 원추형의 주변에다 '축(祝)', '복(福)', '수(壽)'등의 글자를 넣어 가며 고인다. 또 가화(假花)라 하여 색종이나 얇은 비단으로 꽃을 만들어서 고인 음식에 꽂기도 한다.

원통형으로 고인 음식을 배설한 다음에 그 안쪽으로 주빈이 앞쪽에 앉아서 먹을 수 있는 술안주와 장국상을 올린다.

이렇게 차린 큰상은 주빈이 앞에 차린 음식을 먹고 의식이 끝나면 여러 사람에게 나누게 되므로, 흔히 망상(望床)이라고도 부른다. 신부가 신랑집에 가면 마찬가지로 신부에게 큰상을 차려준다. 식객과 신랑이 받는 큰상은 신랑의 상이 더 클 수도 있고 같을 수도 있다.

또, 이 큰상은 신부가 처음으로 시집에 들어가는 일인 우귀(于歸) 때, 상객(대개 신랑의 삼촌이나 친척 어른)이 돌아갈 때에 채롱(버들상자나 고리짝 같은 것)에 담아 신랑을 데리고 왔던 시댁에 봉송(奉送)으로 보낸다. 이 음식을 '상수'라 한다. 상수를 보낼 때는 상수송서장(床需送書狀)이란 편지와 함께 보낸다. 물목(物目)은 육(肉), 어(魚), 주(酒), 과(果), 포(脯)의 순서로 기입한다.

그리고 신부의 어머니가 신랑의 어머니에게 보내는 편지를 동봉하는데, 이를 사돈지(査頓紙)라고 한다. 문안인사와 아울러 부족한 딸을 아껴주고 잘 가르쳐 달라는 사연을 적는다. 신랑집으로 싸서 보내어 동리 사람과 나누어 먹기도 하고, 이러한 일이 번거롭다 하여 양가에서 협의하여 음식 보내기를 그만두기도 한다. 신랑집에서는 이 음식을 받아서 나누어 먹는데 이를 '봉숭돌린다'고 한다.

· **연석(宴席)** : 남녀가 서로 유별하던 조선시대에는 신랑과 신부의 친지, 친구들을 각각 따로 대접하였다. 이 피로연을 연석이라 일컫는다.

***서울** : 신랑과 상객이 큰상을 받는다. 서울은 다른 지역보다 종류가 다양하고 화려하다. 고이는 높이 치수와 접시 수를 기수로 하는 관습이 있다. 신랑집과 신부집에 서로 오고 가는 상이 없으며, 대접하는 음식 종류는 다음과 같다.

분류	상세품목	분류	상세품목
사탕류	옥춘, 팔보당, 온당, 줄병, 원당 등	유과	빈사과, 세반연사, 깨강정, 계피강정, 실백강정, 매화강정 등
다식류	송화다식, 녹말다식, 흑임자다식, 밤다식 등	정과	연근정과, 생강정과, 모과정과, 동아정과, 청매정과, 밤초, 대추초 등
유밀과	약과, 만두과, 다식과, 한과 등	편	백편, 꿀편, 승검초편, 화전, 주악, 단자 등
건과	호두, 은행, 실백, 건시 등	생실과	사과, 배, 귤, 감, 생률 등
어물	문어오림, 어포, 육포, 건전복 등	전유어	각색전유어, 전복초, 홍합초 등
편육	양지머리, 제육 등	적	닭적, 육적, 화양적 등

***충청도** : 고임새를 할 때는 색을 맞추어 고여 올리고, 실백을 고일 때는 '축하'라는 뜻의 글자가 반듯하게 나타나도록 잣에 물을 들여 고인다. 높이 고인 것을 앞줄에 놓고 받는 분의 앞쪽으로는 장국상을 차린다. 이 때의 상차림은 온면, 찜, 신선로, 전, 편육 등을 차린다.

***전라도** : 큰상 음식 중 어물(마른 문어나 오징어 오림)은 예식이나 잔칫상 및 제상 등의 굄상을 꾸밀 때는 반드시 장식용으로 만들어 놓는다. 문어는 말린 것을 쌀뒤주에 수일간 묻어 둠으로써 누긋누긋해져서 칼로 오리기 좋도록 만든다. 창칼로 다리 하나를 오려서 꽃과 나비가 춤추는 모습을 연속하여 오릴 수 있다. 문어오림이나 오징어오림을 동그랗게 틀어 올려 담으면 호화스러워진다.

***경상도** : 큰상에 차려진 음식을 퇴선하면 그대로 대나무고리 같은 그릇에 담고, 엿 · 떡 · 돼지다리 · 갈비 · 전 · 적 · 건어물 · 명태찜 등을 더 담아서 후행에 보낸다. 마구설기떡(쇠머리떡)은 사돈을 막본다고 하여 보내지 않는다.

이 지역에서 대접하는 음식의 종류는 다음과 같다.

분류	상세품목	분류	상세품목
과일	밤, 대추, 사과, 호도, 은행, 잣 등	조과	약과, 다식, 유과, 강정, 엿 등
정과	박오가리 · 도라지 · 건가지 · 미역 · 당근 · 연근 정과 등	고기	제육, 육포, 어포, 문어오림, 양지머리편육 등
편	각색 절편(송기, 쑥, 제비쑥, 지치, 모시풀, 신감채)과 인절미(각색고물 3~5색), 백설기, 콩가루설기, 화전, 단자 등			

*제주도 : '새서방상', '새각시상'이라고 한다. 많이 먹으면 흠이 된다고 하여 '밥 석점(세숟갈)'정도밖에 먹지 않는다. 곤밥(쌀밥), 국(옥돔국, 무국, 돼지갈비국), 돼지그기, 두부, 순대, 닭고기, 달걀완숙, 돼지갈비, 전류(초기전, 간전) 등이 있다.

7) 입맷상 (곁상 · 요기상)

입맷상(요기상)

큰상을 차릴 때는 고임상 외에 당사자들 앞에 각각 먹을 수 있는 면상을 차리는데, 이를 입맷상이라고 한다.

온면과 몇 가지 찬과 신선로를 올리고, 술과 그에 곁들이는 안주, 한과, 과일, 음료 등을 다양하게 올려 다과상과 주안상을 겸한 면상으로 차린다.

① 온면은 가는 국수를 투명한 색이 나게 삶아서 사리를 지은 다음, 육수를 붓고 편육과 달걀 지단 · 석이 등의 고명을 얌전히 얹어 낸다. 입맷상은 보통 면상으로 내며, 장수를 기원하는 뜻이 담겨 있다.

② 신선로는 신선로 틀에 쇠고기와 지단 · 생선전 · 처소 · 쇠고기완자 · 은행 · 호두 · 잣을 가지런히 담은 다음, 사태로 진하게 우려낸 육수를 부어 끓여 내는 음식이다.

③ 편육은 양지머리를 푹 고아 눌렀다가 썰어 내는 양지머리 편육이다.

④ 보통 경사스러운 날의 떡으로 각색편을 화려하게 담아내는데, 약식이나 인절미 및 증편 등 다양한 종류의 떡을 내기도 한다.

⑤ 한과는 도라지나 당근 정과를 얌전히 담아 뒷줄에 내거나 약과를 내도 좋다.

⑥ 술과 음료 : 입맷상은 본래 주안상이기 때문에, 맑은 술을 약주로 올리고 식혜나 수정과를 후식으로 낸다.

⑦ 마른안주는 육포와 은행 · 생밤 · 호두 · 잣을 주로 내는데, 잣은 솔잎에 꿰어 잣솔을 만든다. 그 밖에도 호박이나 표고버섯을 이용한 전 종류, 움파 산적, 겨자채, 갈비찜이나 닭찜 등을 낸다. 과일은 제철 과일로 2~3가지를 담아내고, 김치도 물김치, 배추김치 등으로 2가지 정도를 낸다. 청장과 편육에 곁들인 양념장도 상 가운데에 놓는다.

신랑이 신부집의 동네에서 잠시 쉬고 있을 때에 시장을 면하게 하기 위해서 유기상에 깨죽과 동치미나 싱건지(국물김치)를 차려내고, 때로는 꿀물을 타서 대접하는 것을 '요기상'이라고도 한다. 정식의 상을 받을 때까지 가볍게 요기 또는 입가심 한다는 뜻에서 불려진 이름이다. 경남에서는 입맷상에 국수보다 떡국을, 경북에서는 음청류로서 화채보다 식혜와 감주 또는 수정과로 입가심을 하는 경향이 있다.

- **접구(接口)** : 폐백을 준비하는 동안에 요기를 하는 음식으로, 국수장국, 수정과, 화채 등 마실 수 있는 요기상, 즉 입가심하는 음식이다.
- 찜, 편육, 김치, 나박김치, 떡, 약식, 다식, 전골, 전(저냐), 포, 강정, 약과, 정과, 과일, 어육, 회 그 외에 화양적, 수란, 화채, 냉채 등이 있다.

지역별 입맷상의 대표적인 특징은 다음과 같다.

***충청도** : 주물상(장국상) · 큰상을 차릴 때, 앞줄에는 과실을 고여 담고, 그 뒷줄에 양옆으로 편, 갈납전과 약식 등을 고인다. 차림은 국수장국 · 신선로 · 찜 · 전유어 · 잡채 · 편육 등과 나박김치를 차리고 약식도 따로 작은 합에 담고 먹을 수 있게 여러 가지를 작은 그릇에 담아 놓는다.

***경상도** : 혼례 후 현구고례를 기다릴 때에 국수장국이나 화채 따위로 간단하게 차려진 반상(입맷상)이 나온다. 신랑 · 신부를 데려간 일행(요객, 繞客)에게 드리는 상을 초면상(初面床 또는 요각상이라고도 한다.
찜, 전, 잡채, 김치, 나박김치, 화양적, 편육, 밥, 국, 두루치기, 국수를 내놓는다. 특히 국수는 명이 길고, 인연이 국수사리 같이 길게 이어지길 염원하는 뜻이 담겨있다.

***경상북도** : 음청류로는 화채보다 식혜나 감주, 수정과로 입가심을 하였다.

***경상남도** : 국수장국보다 떡국, 밥, 국의 이용이 더 높다.
· 두루치기 : 박고지 나물 · 소금에 절인 무채 · 파 · 데친 콩나물 줄기 등 각종 채소를 실같이 가늘게 채 썬것과 채 썬 고기(꿩, 닭, 쇠고기 중 한가지)를 함께 볶아 계란 · 실고추 · 석이채 등으로 고명을 올린다.
· 집나물 : 두루치기에 물에 푼 밀가루를 더 넣은 것을 말한다(예천).
· 냉채, 신선로, 화양적은 이용도가 낮다.

***제주도** : 이 지역의 입맷상은 다음과 같다.
· 대반상(對盤床) : 신랑과 함께 오는 신랑의 동서뻘 되는 사람에게 대접하는 상으로, 신랑상을 줄여 한상 차리는 것이 보통이다.
· 상객상 : 신랑상보다 더 신경을 써서 정성껏 차린다. 곤밥, 국(옥돔국, 무국, 돼지갈비국)돼지고기, 순대, 두부, 닭고기, 물김치, 전류(초기전, 간전) 등이다.
· 가문잔칫상 : 결혼식 전날 친척들을 대접하였다. 돼지고기를 썰고, 남은 부스러기와 내장을 접시에 담은 다음, 소금을 접시 가장자리에 담아서 한 사람 앞에 하나씩 나누어 주었다. 그리고 춧불밥이라하여 보리쌀, 쌀, 팥으로 밥을 짓고 무국을 끓여 먹었다.
· 하객상 : 원래는 면 대신에 밥, 계란전이었던 것이 메밀전으로 바뀌었다.

8) 방합례(房合禮) · 신방

초례가 끝난 뒤에 신랑과 신부가 '신방'에 함께 들어가는 의식을 방합례(房合禮)라 한다. 이 때 신랑이 벗은 옷은 신부의 하녀가 받고, 신부가 벗은 옷은 신랑의 하녀가 받는다. 또 신랑의 자리는 신부의 하녀가 펴고, 신부의 자리는 신랑의 하녀가 편다. 이것을 두 사람이 하나로 합쳐진다는 의미를 내포한다.

대례 날 저녁에 신방을 꾸미고 신랑과 신부가 첫날밤을 보내는데, 방안에는 병풍을 치고 자리가 펴 있고, 주안상 등을 준비해 드기도 한다. 신부는 말없이 앉아 있어야 하고, 신랑의 질문에 겨우 들릴 정도로 대답할 따름이지 먼저 물을 수도 없다. 또 신랑이 신부의 옷을 벗겨주는데, 지방에 따라 그 순서가 다르고 신부가 먼저 신랑의 옷을 벗겨주는 곳도 있다. 불을 끄는 데 있어서도, 입김으로 끄면 복을 불어낸다고 해서 젓가락이나 이불자락 등으로 끄기도 한다.

달레(Dallet)는 혼인 전후의 신방 분위기를 다음과 같이 묘사하고 있다.

"혼인날 신부는 말을 매우 삼가지 않으면 안 된다. 식장에서도 저녁에 신방에서도 말을 해서는 안 되며 특히 상류집에서의 예법은 신부에게 절대적인 침묵을 요구한다. 신랑이 아무리 말을 물어오고 치하를 하더라도, 신부는 초상처럼 입을 다물고 태연하게 있어야 한다.

신부는 방 한쪽 구석에 앉고 입을 수 있는 한 많은 옷을 껴입고 있다. 남편이 그러고 싶으면 옷을 벗겨 주겠으나, 신부는 거기서 참견해서는 안 된다. 만약에 신부가 말을 좀 하든지 몸짓을 하면, 그 부부는 친구에게 웃음거리와 조롱거리가 될 것이다."

조선후기 안동김씨 가문과 동래 정씨 가문의 혼례모습이다. 초례(대례)상에는 달떡 세 접시와 밤, 대추를 놓았다.

가문별, 지역별 방합례풍습은 다음과 같다.

***동래 정씨 家** : 첫날 저녁상으로 형편에 따라 5첩반상을 하기도 하지만, 흰 쌀밥과 미역국, 팥밥과 곰국의 7첩 반상을 겸상으로 받고 합례를 치뤘다.

***한산 이씨 家** : 첫날 저녁상에 찰밥과 미역국을 놓았다.

***서울** : 신방에 병풍을 치고 요강과 대야가 놓여 있고, 오미자차가 준비되어 있다. 신부가 족두리를 하고 예복을 입고 들어오면 족두리 · 겉옷의 순서대로 전부 벗긴다. 이 때 불은 신랑이 끈다.

***경상도** : 혼례날 저녁 신방(新房)에 간단한 주안상을 들인다. 술, 밤, 대추는 빠지지 않고 올리며 그 외 특별히 준비한 음식을 놓는다. 주안상은 지역에 따라 부르는 이름이 다양한데 경주에서는 야상(야물상), 영덕은 필배상, 성주는 단물, 경남은 주물상, 안동은 더듬상, 예천은 인정상, 상주는 잘조반, 그 외에도 건주상, 화촉상 등으로 불린다. 신방을 엿보는 것을 상직(上直)이나 상지, 상적이라 한다. 촛불을 옷이나 이불로 꺼야 이불처럼 포근하게 덮어 준다는 속설이 있다.

***충청도** : 대례가 끝나면 닭을 날려 보내고, 안방에서 첫날밤을 지낸다. 신부가 먼저 방에 들어가 기다리고 신랑이 들어오면 밤을 소리내어 깨물어 아들 낳기를 기원한다. 신부의 옷은 반드시 신랑이 벗겨 주어야 잘 산다고 하고, 신부의 버선 아래부터 벗기거나 오여발(왼발)부터 벗겨야 득남한다고 믿었다. 신랑신부가 첫날밤을 가족들과 동네 사람들이 문에 구멍을 뚫으며 쳐다보는데 이는 사람이 뚫어서 보지 않으면 귀신이 뚫어서 본다고 믿기 때문이다.
신방의 촛불은 반드시 젓가락으로 밤을 집어서 눌러 끄고, 그 밤은 신랑이 먹는다. 화장을 한 채로 잠자리에 든 신부는 연지를 떼어서 방문 위에 붙이고 세수를 하러간다. 이는 첫날밤을 치른 어엿한 여인으로 자신을 올려 보라는 표식이다.

***제주도** : 신랑집에서 신방을 차리는데, 처음으로 온 신부를 신랑과 둘이서만 재울 수 없다 하여 시누이와 같은 방에서 2~3일 동안 같이 재운다.

활옷

개성원삼

9) 우귀(于歸)

우귀례를 '우귀(于歸)' 또는 '신행(新行)'이라고도 한다. 이는 신랑이 신부를 데리고 신랑 집으로 가는 예이다. 대례를 마치고 당일로 우귀례를 하는 경우도 있으나, 대개는 신부집에서 하룻밤 또는 3일을 머물다가 우귀례를 행하는 것이 상례이다. 당일우귀례(當日于歸禮)가 아닌 경우, 상객은 잠시 신구를 상면(相面)한 다음 먼저 돌아간다.

우귀는 택일해서 날을 정하거나 그 가문이나 지방의 풍습에 따라 다소의 차이가 있는데, 당일우귀 · 2~3일 우귀 · 일주일우귀가 있고, 1개월 우귀 · 3개월 우귀가 있는가 하면, 1년 우귀 · 3년 우귀도 있었다고 한다. 그러나 보통 가정에서는 3일우귀가 보통이었고, 다음이 당일우귀로, 당일우귀와 3일 우귀는 신방을 어디에서 준비하느냐의 차이가 있을 뿐, 그 밖에는 크게 다른 점이 없다. 당일우귀도 시가에 가서 조상에 배례하고 폐백을 올리고 신랑의 일가친척과 인사를 나누고는 다시 신부집으로 돌아와서 신방을 차리는 지방도 있다. 그러나 이럴 경우에 지역적으로 가까워야 가능할 것이며, 비록 가능하다고 해도 양가에서 무척 번거로운 일이다. 또 당일우귀가 아닐 때도 신랑만 남고 그 밖의 수행원은 그날로 돌아가기 마련인데 상객까지도 신부집에 머물고 다음날 신부의 인사를 받고서 떠나기도 한다.

(1) 행렬(行列)

우귀 때에 신부집에서 신랑집으로 수행하는 사람은, 신부 후행(후객) · 하님 · 짐꾼 등인데, 그 자격은 다음과 같다.

· **후행** : 신부의 조부 · 부 · 오빠 · 숙부 등

· **하님** : 신부의 친구들

· **짐꾼** : 신부의 짐에 따라 가감된다.

· **기타** : 동래에서는 '웃각시'라 해서 신부의 올케나 언니가 따라가기도 하고, 안동에서는 '교전비'라 해서 신랑집에 가서 신부를 도우면서 한 평생을 살아나갈 몸종을 딸려 보내기도 한다. 또 전체 인원수는 꼭 짝을 맞추지 않는다고도 하며, 짐꾼이 짐을 질 때도 포개지 않으며, 가지고 가는 물목(物目)마다 한 사람이 하나씩 진다고도 한다.

거리가 가까우면 당일 바로 신행을 하지만, 거리가 멀면 하룻밤을 자고 다음날 신행을 한다. 당일 우귀인 경우에는 다음과 같다. 신랑과 후행이 큰상을 받고 나면 우귀 할 준비를 한다. 신랑과 함께 신부의 하님 및 짐꾼 그리고 신부의 아버지나 오빠가 후행으로 가며, 그 인원수는 9~11명, 혹은 13~15명으로 짝을 맞추지 않는다고 한다. 그리고 짐꾼이 짐을 질 때도 포개지 않고 운반한다고 한다.

신랑집에 도착하는 대로 준비된 신방에서 초야(初夜)를 치른다고 한다. 이튿날 새벽에 '사당차례'를 지낸다. 신랑과 신부가 다시 사모관대(紗帽冠帶)와 원삼 족두리로 치장하고 가서 조상의 신주나 지방을 모시고 제물을 진설한 다음에 절을 3번하고 3번 헌작을 하는 것을 말한다. 사당차례를 끝내고 예복을 벗은 다음, 아침식사 후에 신부는 신방에서 후행과 함께 큰상을 받는다.

큰상은 신부집으로 보내 집집마다 '봉숭 돌린다'라고 한다. 보통 당일우귀가 아닐 때는 '삼일우귀'가 보통이다. 요강 속에 찹쌀을 넣어 가지고 가서 이튿날 밥을 해서 시부모에게 대접한다.

성주지역에서는 신부가 정든 자기 집을 떠나 시댁으로 갈 때, 부엌에 들어가서 솥뚜껑을 세 번 들썩거려 소리를 내어 마지막 작별을 고하기도 하고 괴산지역에서는 가마 속에 요강과 목화씨를 가지고 가기도 하였으며, 영덕에서는 짚방석 · 요강 · 찹쌀 등을 가져가기도 한다.

만약 마을 내에서 2쌍 이상이 같은 날에 혼인을 할 경우, 다른 사람보다 먼저 가면 잘 산다는 속설이 있어, 서로 먼저 신행을 가려고 서두른다고 한다. 신행을 할 때 신랑은 말을 타고, 신부는 가마를 타고 간다. 가마 안에는 요를 깔고 요강과 광주리를 놓는다.

그리고 가는 도중에 강을 건너거나 서낭당을 지나갈 때마다 어머니가 손에 쥐어 준 종이쪽지를 던지기도 하고, 무색 헝겊을 하나씩 매어달면서 가기도 하는데, 모두가 잡귀를 물리치기 위해서라고 한다.

(2) 신부 일행 신랑집 도착

신부 일행이 신랑집 가까이에 이르면 역시 신랑집에서 안내자가 나와 정방이나 각씨 주점에서 일단 쉬게 하여 요기도 하고 화장을 고치고 옷을 단정히 입기도 하면서 시간을 기다린다. 경우에 따라서는 곧바로 신랑집으로 가마를 대기도 한다.

신랑집에 들어갈 때는 역시 귀신을 쫓기 위하여 또는 부정(不淨)풀이를 한다하여 집 앞에 짚불을 피워 이것을 뛰어넘게 하거나, 잡귀를 잡고 풍년을 기원하기 위해 팥이나 콩 또는 소금과 목화씨 같은 것을 뿌리기도 한다.

신부의 가마가 마루 앞까지 와서 내리면 신랑이 가마 문을 열어주고 신부는 가마에서 나와 방으로 들어간다. 이 때 신부가 가마에서 내리면 신부가 도착하였다는 뜻으로 가마에 깔았던 짚방석을 지붕 위에 던지기도 한다.

***경기도** : 경기지방은 우귀(于歸)는 보통 '당일곤계(當日昆啓)', '삼일곤계(三日昆啓)', '칠일곤계(七日昆啓)' 등으로 날을 받아서 한다. 신랑집 대문간에 솥뚜껑을 엎어놓으면 신부가 이것을 넘어서 들어간다.

당일 우귀를 하면 신부가 신랑집에 도착하여 신방에서 초야를 치르고 이튿날 새벽에 '사당차례'를 지낸다. 이때 신랑 · 신부는 혼례복으로 다시 갖춰 입고 조상의 신주나 지방을 모시고 제물을 올리고 헌작을 행한다.

***충청도** : 신부어머니는 벙어리로 삼년을 살라는 의미에서 '신부에게 엿이나 돌을 준다. 신행 가는 길에 벽사의 의미로 서낭당에 헝겊을 걸어둔다. 신랑이 신부보다 먼저 집으로 들어가 먼저 부엌에 들러 부뚜막에 왼발을 올리고 복이 달라붙으라는 의미로 주걱으로 국수를 먹는다. 또는 국수를 수수깽이로 건져 먹기도 한다. 신부가 시댁 대문을 들어 설 때 짚에 불을 붙여 연기를 쐬고 늙은 박이나 바가지를 깨트리는데 이것 역시 벽사의 의미이다. 신부가 땅을 밟으면 부정탄다고 믿어 방문 앞으로 가마를 대어 바로 방에 들어간다. 신부 역시 부엌으로 가서 주걱으로 국수를 먹고 뒷문으로 나와 메주를 밟는다. 이는 시집을 왔으니 되돌아갈 수 없다는 의미이다.

***전라도** : 신랑집에서는 대문 입구에 짚으로 불을 피워 놓았으며, 가마로 이 불을 넘어 집안으로 들어 오게 해서 액막이를

한다. 방에 들어간 신부는 얌전도 해야 하지만, 보러 온 많은 사람들 때문에 주눅이 들어서 고개도 들지 못한다. 곧 요기상이 들어오고, 그 후에 신부와 상객은 신랑집에서 준비한 큰상을 받는다. 이 큰상 역시 별로 손대지 않고 물리면 신부집에서 신랑집으로 보내듯이, 신랑집에서도 빠짐없이 광주리에 담아서 신부집으로 보낸다. 신부집에 보내진 이 음식은 신부집의 친척은 물론, 동티 사람들과 나누어 맛보게 된다.

***경상도** : 지역에 따라 사처에 머물지 않고 바로 신부방에 안내되는 수가 있으며, 이 때 가마에서 내릴 때에 모든 어려움을 잘 삭히라는 뜻으로 감주를 먹이고, 계란을 넣은 찹쌀그릇을 신부에게 안겨주면 신부는 한삼으로 받았다가 내어 주는데, 이것은 신부가 닭이 알을 낳듯이 자손을 순산하고 찰곡처럼 잘 화합하라는 뜻이다. 손이 있는 날에는 소금 · 콩 · 팥 등을 뿌리고 들어간다.

(3) 큰상 (신부가 받는 상)

폐백례(幣帛禮) 전에 신랑어머니가 차려주는 상으로, 신부 일행이 돌아갈 때에 신부집으로 보낸다. 개성지방 신부의 큰상은 신랑의 큰상과 같다. 새색시가 신랑의 친척집을 돌며 인사한다. 음식대접은 물론이고, 선물로 비단 · 옷감 · 패물 · 돈 등을 받는다.

***경상도** : 현구고례를 기다릴 때에 국수장국이나 화채 따위로 간단하게 차려진 반상(입맷상)이 나온다. 요객에게 드리는 상을 초면상(初面床－요각상)이라고도 한다. 곳에 따라서는 사처에 머물지 않고 바로 신부방에 안내되는 수가 있으며, 이 때 가마에서 내릴 때에 모든 어려움을 잘 삭히라는 뜻으로 감주를 먹이고, 계란을 넣은 찹쌀그릇을 신부에게 안겨주면 신부는 한삼으로 받았다가 내어 주는데, 이것은 신부가 닭이 알을 낳듯이 자손을 순산하고 찰곡처럼 잘 화합하라는 뜻이다. 손이 있는 날에는 소금 · 콩 · 팥 등을 뿌리고 들어간다.

***경상남도** : 국수보다 떡국 또는 밥, 국을 이용한다.

***경상북도** : 음청류로 화채보다 식혜와 감주나 수정과로 입가심 정도를 한다.

혼례촛대

(4) 현구고례(見舅姑禮)

혼례식을 마친 신부가 시부모에게 정식으로 첫인사를 올리는 의식이다. 고례(古禮)에 의하면 신부는 우귀(于歸), 즉 요즘 말로 신행(新行)하여 신랑집에서 첫날밤을 자고, 그 이튿날 아침 일찍 시부모께 처음으로 큰절을 올렸었다. 이를 '현구례(見舅禮)' 또는 '현구고례(見舅姑禮)'라 한다. 이 예를 올리기 위해 시부모에게 드릴 음식을 준비하여 가는데, 이를 '폐백(幣帛)'이라 한다. 큰상을 물린 다음에 시가댁 어른들에게 드리는 첫인사가 곧 폐백으로 이를 '구고례(舅姑禮)'라고 한다.

현구고례(시아버지께 드리는 폐백)

① 신랑 · 신부는 시부모에게 큰절을 한다.

② 신부는 시아버지께 네 번 절한다.

③ 집사는 폐백(대추고임)을 받들고 신부 뒤에 선다.

④ 신부는 꿇어 앉아 시아버지께 폐백(대추고임)을 올린다.

⑤ 신부는 시아버지께 다시 네 번 절한다.

⑥ 시아버지는 폐백(대추고임)을 어루만진다.

그런데 가문에 따라 사당폐백(祠堂幣帛)을 먼저 하고 다음에 구고례를 하기도 하고, 구고례를 먼저 하고, 사당폐백을 후에 하기도 한다. 또 구고례만 하기도 하고 후일 날을 다시 받아서 음식을 장만하여 사당폐백을 하기도 한다. 구고례는 신부가 친정에서 미리 준비해 온 닭·대추·밤 등의 음식을 상 위에 차려놓는데 지방에 따라 차이가 있다. 대추는 홍보자기에 싸서 시아버님에게 드리고, 육포나 편포는 청보자기에 싸서 시어머님께 드린다.

현구고례(시어머니께 드리는 폐백)

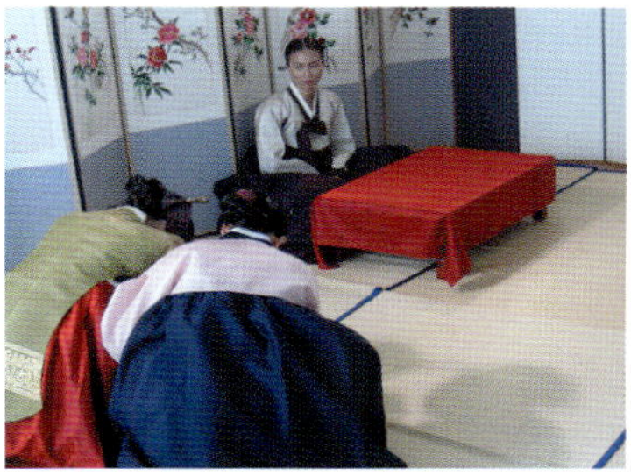

① 신부는 시어머니께 네 번 절한다.

② 집사는 폐백(육포)을 받들고 신부 뒤를 따른다.

③ 신부는 꿇어 앉아 시어머니께 폐백(육포)을 올린다.

④ 신부는 시어머니께 다시 네 번 절한다.

⑤ 마지막으로 신랑·신부는 시부모에게 큰 절한다.

성균관 전례연구위원회, 〈우리의 생활예절〉, 1997. 현구고례 재현

〈광례람(廣禮覽), 1893년〉에 따르면 시아버지께 먼저 폐백을 드리고 시어머니께 폐백을 드리는 것으로 기록되어 있다. 신부가 대문으로 들어서면, 시부모는 대청에 동서로 마주보고 앉는다. 각기 앞에는 홍색 명주보로 덮은 상을 하나씩 놓는다. 신부는 북향해 서서 네 번 절한다. 그리고 대추 담은 상을 시아버지께 올린다. 유모는 이를 받아서 시아버지 쪽 상에 놓는다. 시아버지는 이를 어루만진다. 다음, 신부는 물러서서 북향해 서서 네 번 절한다. 포(脯:꿩고기나 육포)를 시어머니께 올린다. 유모는 이를 받아서 시어머니 쪽 상에 놓는다. 시어머니는 이를 어루만진다.

성균관 전례연구위원회에서 엮은 〈우리의 생활예절, 1997년〉에 따르면,

① 신랑은 동쪽, 신부는 서쪽에 북향해 선다.
② 시아버지는 동쪽, 시어머니는 서쪽에 각각 상을 받고서 마주 앉는다.
③ 신랑은 두 번, 신부는 네 번 북향해 절한다.
④ 다음 신부는 동쪽 자리로 옮겨 북향해 서서 시아버님께 네 번 절한다.
⑤ 신부는 서쪽 계단을 올라가서 시아버님 앞에 동향해 서고, 집사는 시아버님께 올릴 폐백을 받들고 뒤따라가서 신부의 오른쪽 뒤에 선다.
⑥ 신부는 꿇어 앉아 시아버님의 상 위에 폐백을 올린다.
⑦ 신부는 일어나 허리를 굽혀 예를 표하고, 서쪽 계단으로 내려와 동쪽 자리에 북향하고 선다.
⑧ 신부는 시아버지께 다시 네 번 절한다.
⑨ 시아버지는 폐백을 어루만진다.
⑩ 다음으로 신부는 서쪽 자리로 옮겨 북향해 선다.
⑪ 신부는 시어머니께 네 번 절한다.
⑫ 시아버지께 올릴 때와 같은 방법으로 시어머니께 폐백을 올린다.
⑬ 마지막으로 신부는 원래 자리로 돌아와 신랑과 나란히 선다.
⑭ 신랑은 두 번, 신부는 네 번 절한다.

(5) 폐백음식

신부가 처음으로 시부모를 뵙는 예를 현구고례(見舅姑禮)라 하는데, 시아버지에게는 대추와 밤을 올리고, 시어머니에게는 육포를 올리는데, 시아버지에게 대추와 밤을 폐백으로 올리는 것은 '부지런하게 조심스러운 마음으로 시집살이를 하겠습니다.'라고 아뢰는 의미가 담겨있다. 시어머니에게 올리는 육포는 단수(腶脩)라 하는데, '腶'는 육포의 고기를 한결 같이 저며야 하는 까닭에 '한결 같은'의 뜻이 있고, '脩'는 육포를 말릴 때 정성을 다해 뒤적여야 하므로 '정성을 다해'의 뜻이다. 즉, 시어머니에게 육포를 올리는 것은 '한결 같은 마음으로 정성을 다해 모시겠습니다.'라는 의미가 있다.

주요 반가(班家) 현구고례(見舅姑禮)

가문	가문별 현구고례
동래 정씨 家	대추 한 그릇과 청 · 홍사지(靑紅絲紙)를 감은 포 한 그릇을 각각 연두색 금전지를 단 분홍 겹보로 싼 다음, 다시 분홍 겹보로 함께 싸서 가져간다(폐백보자기 3개). 수모가 신부의 손을 거쳐 시아버지 먼저 대추 폐백을 드리고, 시어머니는 산포(散脯) 폐백을 드린다.
안동 김씨 家	신부댁의 풍습으로는 닭을 사용하더라도 신랑댁 풍습에 따라 편포로 만들었으며, 복의 과시가 되지 않게 높게 쌓지 않도록 하였고, 편포 위에 청 · 홍색띠를 두르고 잣을 다져서 뿌렸다. 더운 절기에는 간장과 꿀을 다려서 양념하여 말린 약포를 쓰고, 복중(伏ㅁ) 혼사는 소금과 후추를 뿌려 바짝 말린 염포를 사용하였다. 염포는 다듬잇돌 위에 올려놓고 방망이로 흠씬 두드려서 고르게 자른 후, 사기 찬합에 담아 두었다가 잣과 함께 술안주로 드린다. 대추는 홍실에 꿰어 놋쟁반에 들려 담고, 청 · 홍 겹보로 각각 폐백을 싸고 근봉을 끼웠으며, 두 개의 폐백은 큰 목판에 담아 홍색 겹보로 싸고 근봉을 끼운다. 시조부님 드릴 폐백도 따로 마련하고, 장손의 혼인을 보시게 되어 더없이 기쁜 날이라 하여 신랑댁에서 담근 삼해주(백일주)를 마신다. 신부댁에서는 술을 준비하지 않는다. 현구고례를 드린 다음날 아침, 성장(盛裝)을 하고 사당으로가 뿌리와 잎을 자른 미나리 3단의 각각을 빨간 실로 묶어서 놓아 드리고 허배(虛拜)를 드린다.
한산 이씨 家	자손계승을 위해 시아버지께 대추를, 시어머니께 산포를 드린다.
여흥 민씨 家	시부모께 대추와 편포를 드리고, 사당차례에는 폐백 · 술 · 포 · 미나리 · 과일을 드린다.

지역별 대표 폐백음식은 다음과 같다.

*서울 : 육포 또는 편포와 대추를 준비해 간다. 쇠고기는 홀수근으로 준비하며, 대추는 홍보자기에 싸서 시아버님에게 드리고, 육포나 편포는 청보자기에 싸서 시어머니에게 드린다.

포나 대추는 폐백할 때에 안주로 하기 어려워, 구절판에 안주나 조과를 작게 만들어 담음으로써 신부집의 솜씨를 보인다. 육포, 육포다식, 어란, 새우포다식, 문어나 오징어오림, 전복초, 호도튀김, 은행꽂이, 잣솔, 생률, 곶감쌈, 대추초, 연근정과, 송화다식 또는 녹말다식 등을 준비한다.

현구고례에 시부모님을 모시고 신부만 수모(手母)의 도움으로 인사를 올리고 폐백술을 올린다. 시부모는 술잔을 받고 대추를 던져주며 아들을 낳으라고 하면, 수모가 받아서 명주 수건에 싸서 준다. 그 대추를 저녁에 신방에 들어가서 먹는다.

· 대추 : 굵은 대추를 골라 깨끗이 씻은 뒤, 술을 뿌려 두었다가 대추 하나하나에 양쪽으로 잣을 박는다. 준비한 대추를 길게 꼬아 만든 굵은 다홍실에 한 줄로 꿴다. 실에 꿴 대추는 둥근 목기에 쌓아 올린다.

· 육포 : 말린 것을 가장자리를 잘 다듬어, 차곡차곡 쌓고서 청 · 홍띠로 감는다.

· 편포 : 쇠고기를 곱게 다져 양념을 하여 두께3~4cm, 길이 25~27cm, 너비 10cm 정도로 한 쌍의 반대기를 짓는다. 이것을 말리다가 반쯤 말랐을 때에 표면을 매끄럽게 다듬은 다음, 다진 실백을 고명으로 뿌린다. 2개의 청 · 홍띠를 각각 두른다.

*경기도 : 닭적이나 육포 또는 꿩(시어머니)과 대추고임(시아버지)을 하며 술은 필수로 마련하며 살림이 넉넉한 집에서는 약과 · 주악 등을 준비한다.

· 닭적 : 육포보다는 닭적을 많이 썼으며, 통닭을 배를 갈라서 내장을 빼고 다리만 떼어서 조미한 것을 납작하게 모양을 만들고 닭목과 머리를 세워 꽂아서 찐다. 위에 알지단 · 버섯채 등의 고명을 뿌려 만든다. 쟁반에 그대로 담고, 닭부리에는 대추를 끼우며, 청실과 홍실을 늘어뜨린다.

· 대추고임 : 굵은 대추를 깨끗하게 씻어서 꼭지를 뗀 다음, 뚜껑있는 그릇에 담고, 술을 훌훌 뿌려서 따뜻한 곳에 두면 대추가 커진다. 색이 짙어지고 말랑해지면서 보기 좋아진다. 이 대추에 실백을 꽂은 다음, 홍실에 길게 꿴다. 실은 중간에 잇지 않고 담는 것이 좋다고 한다.

*강원도 : 폐백음식은 홀수로 올리고 보통 가정에서는 3~5첩을 하는데 주로 닭과 엿을 주로 놓고 대추, 밤, 약과, 유과, 어물포, 어물적, 감주, 곡주, 곶감쟁반, 안주구절판 등을 놓는다. 시어머니께는 대추를 가운데에 괴고, 생률을 가장자리에 돌려가며 괸 조율쟁반을 올린다. 강릉지역 혼례의 엿쟁반은 엿에 참깨를 넣고 고아서 콩가루를 바르고 네모지게 썰어 모로 괸 것을 말한다. 일반적으로는 수수로 엿을 만들지만, 경제형편이 좋은 집은 찹쌀로 엿을 만든다. 시조부모가 생존해 계시면 시조부모에게 올린다.

감주는 시어머니께, 곡주는 시아버지께 드렸으며 어물적(대구포 혹은 육포)과 정종은 조상님께 사후쟁반이라 하여 올린다. 경제적 형편이 좋으면 어물적 대신 쇠고기 산적을 쓰기도 한다. 각각의 음식들을 쟁반이나 목판에 괴어 담은것을 박산쟁반, 어물쟁반 등으로 부르며, 많게는 한 사람이 한 쟁반을 들고 올 수 있는 크기만큼 크게 만든다. 폐백쟁반 고임의 높이는 집안의 지체를 나타내어 지체가 높은 집안일 수록 높게 고인다.

*전라도 : 폐백음식으로는 대추와 꿩폐백을 하며 지역에 따라 청 · 홍색 닭 한 쌍, 밤, 대추, 술, 오징어 오림닭, 종이 닭, 곶감 오림, 약과, 정과, 김장식 등을 올린다.

· 합 : 문어오림과 전복쌈, 생률, 대추, 대추초 · 밤초, 생선전 · 고기전, 화전 · 주악, 밤엿 등을 한 찬합씩 담아 가지고 간다. 닭구이 · 각색전 · 삼색과일(대추, 밤, 곶감), 은행과 잣을 각각 세 개씩 꽂아 색종이(사지)로 감는다. 추자(호두)를 쪼개서 넣어 오합찬합에 담는다.

*전라북도 : 닭 한 쌍을 꿩 모양으로 만들어 부리에 생대추를 물린다. 술병입구는 대추로 막는데, 이는 시어머니의 입을 막고 색떡은 시누이의 입을 막는다는 뜻이다. 대추초와 율란, 생밤, 곶감, 문어 오리기, 편포, 생선전, 고기전 등을 찬합에 담는데 종류는 기수(홀수)로 한다. 또한 닭 2마리를 푸른색(부친)과 붉은색(모친) 창호지로 장식하여 머리가 마주 보도록 하고, 대추와 밤을 입에 물리고 대추와 밤을 함께 담는다. 부친만 생존해 계실 경우 흰 창호지로 닭을 장식하고 밤만 넣는다. 계모일 경우 폐백닭에 대추를 물리지 않고 시아버님께 드리는 닭에만 밤을 물린다.

*경상도 : 폐백음식으로 주로 대추, 엿, 닭, 포를 준비하고 특히 경북에서는 시어머니에게 밤은 까느라 정신없으라고 주고 엿은 입을 막아서 말을 많이 못하게 하려는 뜻에서 준다.

*제주도 : 술, 삶은 돼지다리, 백시루떡(흰무리), 절편, 대추 약식을 사용한다.

신부의 집안이 아무리 생활 형편이 어려워도 폐백 드릴 음식만은 준비해 와야 한다. 그리고 시가의 여러 어른들에게 시부모에서부터 근친, 원친의 순서대로 인사를 드린다.
만일 조부모가 살아 계신 경우 제일 손윗 어른이라 해서 먼저 인사를 받게 하는 집안도 있으나, 직접 손위인 부모가 먼저라고 해서 부모에게 인사를 올리게 하고 난 다음에 조부모에게 올리게 하는 집안도 있다.
또 당일은 근친과 원친 중에서 신랑보다 손윗사람들에게만 인사를 올리고, 손아래 친척들에게는 다음날에 하는 경우도 있다. 며느리에게 절을 받은 부모는, 며느리의 치마에 다 추나 밤을 던져주면서 첫아들을 낳으라고 한다. 이 때 신부는 시부모와 여러 시집 식구들에게 예물로 옷이나 버선 또는 양갈 등을 내놓기도 한다.

(6) 구고예지(舅姑禮之)

신부의 인사를 받은 후 시부모가 신부에게 교훈하는 내용을 적은 글이다. 며느리에게 노력하며 화합하고 의로우며 순하고 바르게 살아 건실한 가정을 꾸리기를 바란다는 내용과 아울러 복된 가정의 축복과 기원이 담겨져 있다.

구고예지

구고예지

내오늘 신미년 이월 초열흘날
아들 ○○의 혼인에 홀로 현구고를 받고 구고예지로 글로
써 몇자 적는다. 중매는 없으나 둘이 서로 사랑하고 너의
마음과 행실이 착하기에 너의 가문의 문벌도 일체 일컫지
않고 오늘에 이르렀다만 그동안 여러가지 상서로움도 많았
다. 이로부터는 ○○의 아내가 되었으니 서로에게 짐이 되
지 않도록 노력하며 네 남편은 항상 화하되 의롭도록 하며
너는 순하되 바른 자세로써 생의 길고 높은 뜻을 통해 매사
서로가 북돋을 것을 계획하고 실행하는 가정을 이룬다면
자연히 너희들을 우러러 보게 될 것이며 많지 않은 남매간
에 우애도 돈독해질 것이다. 네 주변의 모든 것을 귀한 줄
알고 감사하는 마음으로 살아다오 몸과 마음을 건강히 할
것에 주력하며 복된 가정 속에 백년해로 하여라

신미년 이월 초열흘
시어미

[참고] 〈조선후기 서울 반가의 혼례〉, 이길표, 2000.

(7) 현우존장례(見于尊長禮)

신부가 시댁어른을 뵙고 기타 가족들과 인사하는 예이다. 만일 시부모에게 어른이 계시면 구고예지(舅姑禮之)가 끝난 다음 신부를 거느리고 어른의 방에 가서 뵙는다.

(8) 궤우구고(饋于舅姑)

새며느리가 처음으로 시부모에게 음식을 차려 올려서 잡수시게 하는 절차로, 신부집에서 음식상을 차려 신랑 집으로 보내기도 했다. 〈사례편람(四禮便覽), 1844년〉에서는 이를 궤우구고(饋于舅姑)라 하여 다음과 같이 쓰여 있다. "이날 식사시간이 되면 며느리 집에서 음식과 술을 융숭하게 차려서 며느리 종자를 시켜 방에 차려 놓는다. 시부모가 자리에 앉으면 며느리는 손을 씻고 잔에 술을 부어 시아버지 상에 놓고 내려가 있다가 시아버지가 다 마시기를 기다려 절을 한다. 시어머니에게도 이와 같이 하고 다음으로 밥과 국을 가져다가 시부모께 올린다. 며느리는 시어머니 뒤로 가 서서 기다리는데, 식사가 끝난 다음에 종자(從子)가 상을 걷어 다른 방으로 치운다."

궤우구고(시아버지)

① 신부는 현구고례 때와 같이 자리에 앉아 손을 씻는다.

② 시아버지의 앞으로 가서 꿇어앉아 잔을 씻어 술을 따른다.

③ 시아버지에게 술을 받들어 올린다.

④ 시아버지는 술을 받아 마신다.

⑤ 신부는 시아버지가 다 마시면 음식그릇의 뚜껑을 열어놓는다.

⑥ 뒤로 물러나서 네 번 절한다.

궤우구고(시어머니)

① 시어머니의 앞으로 가서 꿇어앉아 잔을 씻어 술을 따른다.

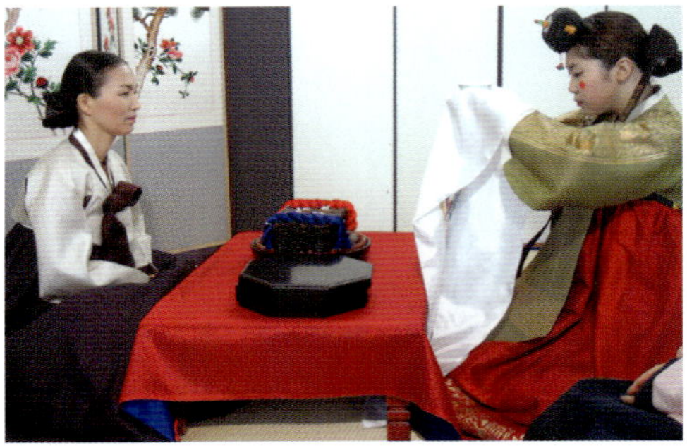

② 시어머니에게 술을 받들어 올린다.

③ 시어머니는 술을 받는다.

④ 시어머니는 술을 마신다.

⑤ 신부는 시어머니가 다 마시면 음식그릇의 뚜껑을 열어놓는다.

⑥ 뒤로 물러나서 네 번 절한다.

[참고] 성균관 전례연구위원회, 〈우리의 생활예절〉, 2000.

가문별 혼례의 상차림

상차림 \ 가문	동래 정씨	한산 이씨	안동 김씨	전주 이씨	여흥 민씨
폐백상	대추 1그릇 · 육포 혹은 편포 1그릇				
큰상	신랑상 1 · 신부상 1				
신랑 · 신부 첫날 저녁상	7첩 혹은 9첩 반상 1 · 곁상 1				

[참고]「사례를 통해 본 조선후기 서울반가의 혼례문화」, 한국전통생활문화학회지 제 2권 제 1호, 1999.

(9) 현대 폐백 드리는 방법

① 시부모님은 병풍 앞에 앉는다.【사진1】

절 받는 순위 제1순위는 시부모님, 제2순위는 시조부모님, 제3순위 백부님 · 숙부님, 제4순위 고모님 · 고모부님, 제5순위 시숙내외 · 작은 서방님 · 도련님, 제 6순위 누님 · 누이동생, 제7순위 조카들(조카가 먼저, 신부가 답배)이다.

제1순위~제4순위까지 네 번 절하고 제 5순위~제 6순위는 맞절한다.

② 신랑, 신부는 양쪽 수모의 도움을 받으며 시부모에게 큰절을 올린다.【사진2】

앉을 때는 수모가 먼저 앉고, 일어설 때는 신부가 먼저 일어선다. 큰절을 한 뒤에는 반절을 하고 뒤로 물러선다.

③ 시아버지는 대추를, 시어머니는 육포를 쓰다듬는다.【사진3, 4】

④ 시부모님은 신부의 치마에 대추를 던져주며 아들을 낳으라는 등의 덕담을 해준다.

대추는 부귀와 다남을 의미한다.【사진5, 6】

폐백절이 끝난 후에 며느리에게 도덕교육에 대한 지침서인 족자를 하사하며 시부모 섬기는 도리, 형제와 친척간에 화목하는 도리, 자식 키우는 도리 등의 덕담을 한다. 시어머니가 육포나 편포를 만지는 것은, 며느리를 사랑하고 보호한다는 의미이다.

사진 1

사진 2

사진 3

사진 4

사진 5

사진 6

(10) 이바지 음식

이바지음식은 혼례 날 큰상에 놓인 음식을 대게 헐지 않고 그대로 그릇에 담아 상객들이 돌아갈 때 하인이나 머슴들에게 등짐을 지워 신랑 댁에 보내는 것이다. 사돈댁으로 보낼 때는 커다란 목판에 담아 보내는 것이 관례적이다.

신부댁 음식솜씨인 맛 · 간 · 모양새 등에 대해 이바지 음식을 보고 시어머니가 알아서 새 며느리 음식훈련에 참고로 하였다. 시댁에서도 신부에게 곁상(첫상) 등의 반상을 내려서 신부가 맛을 봄으로써 시댁과의 음식의 차이를 좁히는 데 참고 자료가 되게 하였다.

***경기도** : 상수송서장과 물목과 사돈지를 준비하며, 음식은 국수 · 편육 · 구절판 · 술 · 북어찜 등 일반음식을 준비한다. 떡은 개성주악 · 웃기떡 · 절편 · 개피떡 · 인절미 · 경단 · 약식 · 단자 · 증편을 준비하며, 안주는 떡갈비 · 우엉잡채 · 두부선 · 갈비찜 · 북어찜을 준비한다.

***전라도** : 신랑 또는 신부집에서 상대방에게 인사 음식을 보내는 것을 '석 보낸다'라 한다. 이바지 음식은 담양산 대나무석작에 전복과 새우, 홍어 등 해산물을 위주로 보내고 떡, 한과, 생선, 쇠고기, 홍어, 과일, 약식, 술 등 9가지 정도의 품목을 보낸다. 인절미와 흰 가래떡을 두껍게 하고 약식 · 산자 · 강정 · 엿 등을 각각 한 석작씩, 소나 돼지를 잡아 한 다리씩, 생선으로는 홍어 · 조기 등을 가마니에 담고 하인이 지게에 지고 간다. 이 때 석작은 홀수로 마련하고, 왼쪽으로 꼰 새끼줄로 석작을 묶어 보낸다.

신랑집으로 이바지를 보낼 때 신부어머니는 '사돈지'에 문안인사와 딸을 아껴주고 잘 가르쳐 달라는 내용을 적어 이바지와 함께 보낸다. 시어머니는 이바지를 받으면 답례로 며느리에게 큰 상을 내렸고 이 음식 일부를 다시 친정에 보냈다.

서남부의 갯벌과 인접한 지역은 낙지호롱과 생선찜을 보내었고 전복, 해삼, 홍합, 흑산도의 홍어 등을 이바지 음식으로 하였다.

***경상도** : 신랑집에서 함 보낼 때, 그리고 신랑 신부측에서 혼례전날 또는 당일날 혼인음식을 서로 주고 받는다. 예단음식으로 백설기 · 각색 인절미 · 절편 · 조과 · 전과 · 과일 · 전 · 편육 · 갈비(찜) · 돼지다리 · 소다리 · 건어물 · 술 등이 일반적인 음식품목이지만 형편에 따라 생략하기도 한다.

돼지뒷다리찜 : 복(福)이 있으라고 빠지지 않고 보냈다.

· 인절미 · 절편 : 인절미는 입마개떡이라 하여 석작 크기로 썰어 가득 담았고 꼬리떡은 복(福,) 부귀(富貴), 다남(多男)의 뜻을 가진 떡살로 문양을 박아 두 집안을 연결하는 의미로 흰색 · 쑥색떡을 길게 빚어 절편 위에 얹어 보냈다.

· 오색유과 : 유과에 대추채, 밤채 말린 것, 송화가루, 흰깨, 검정깨을 바르기도 하고 잣, 대추 · 밤채, 호박씨, 매화산자 고물 등으로 꽃 장식을 하여 화려하게 장식한 것이었다.

· 매화산자 : 찰벼를 4~5일간 밤이슬을 맞혀 습기를 알맞게 배게 한 다음 술에 담갔다가 건져 다시 하룻밤 재워 뜨거운 무쇠 솥에 볶아 튀겨낸 것이 매화꽃과 닮았다고 하여 붙여진 이름이다. 매화 산자고물을 묻혀 대추나 잣을 장식한다. 전라도에서는 매화 산자고물을 쌀 튀긴 큰 알갱이라 부르기도 한다.

· 사과 · 감 · 배 : 집안에 따라 배가 이별을 뜻한다고 하여 보내지 않는 경우도 있었다.

***제주도** : 결혼 삼일 전일을 흔히 '돗 잡는날'이라 한다. 돼지를 잡는 날이라는 뜻으로, 이 날부터 신랑신부 양가에서는 잔치 준비에 분망하다. 당일 날이나 전일이나 우수일에는 신부측에서 사양한다는 특별한 통고가 없는 한, 신랑측에서 신부댁 혼례에 소모될 물자를 보내는 것을 이바지라 하여, 이는 당연한 의무로써 약혼하고 혼례에 앞서 적당한 날에 보내는 것이 상례화되고 있다. 이 지역의 이바지 품목은 돼지 · 닭 · 달걀 · 두부 또는 두부콩 · 쌀 · 술 등인데, 이것은 받은 신부댁의 지위를 나타내는 점도 있기 때문에 성의를 다한다.

그 밖에 엿 · 국수 · 돼지다리, 그리고 새색시가 시집을 가자마자 반찬을 만들기 어려우므로 마른 밥반찬을 장만해 간다. 결론적으로 시집에서는 밥만 지으면 큰 잔치를 할 수 있는 것이다. 또한 친정에서는 계절마다 복숭아 · 딸기 · 참외 · 배 등의 잘 생기고 좋은 것으로 보내며, 배의 경우는 싱싱한 배잎을 덮어서 보낸다. 그 외에도 철에 맞는 생선으로는 민어나 민어포 등도 보낸다. 그리고 신랑의 생일과 시부모의 생신 때는 신랑측에서 국만 끓이면 될 정도로, 각색 음식을 장만해 보낸다.

· 사돈백이 : 이는 사돈 간에 정식으로 처음 만나게 되는 상견례를 말하는데, 살러간 지 한 달 안에 신부집에서 신랑집 가족과 가까운 친척을 초대하여 식사 대접을 한다. 그 인사가 있은 후 한 달 안에 신랑측에서 반대로 신부집안 식구들을 초대한다. 이 때 유의할 것은 서로 간에 미리 인원수를 알리며, 사람 수만큼 인력거를 보내고, 신부측의 인원수는 신랑측보다 적게 가도록 하였다.

(11) 구고향지(舅姑饗之)

〈사례편람(四禮便覽), 1844년〉에서는 시부모가 며느리에게 음식을 베푸는 절차라고 하였다. 우리나라 전통혼례에서 시부모가 며느리에게 차려주는 큰상이라고 볼 수 있겠다.

(12) 사당폐백

조상의 신주나 지방을 모시고 제물을 진설하고 절을 한 후, 헌작(獻酌)하는 것을 말한다. 일부에서 '조상보기'라 하듯이 새로 맞이한 식구를 조상에게 인사드리게 하는 절차로 신부만 헌작 재배하기도 하고 신랑 · 신부가 같이 하기도 한다. 또 시부모가 사망하였다면 제물을 진설하고 잔을 드리나 생존하였을 때에는 안 지내기도 한다. 영월 신씨 신응순(辛應純)이 지은 〈성재집(省齋集)〉에는 1626년 4월 둘째딸 혼례에 대한 기록이 있는데, 시부모를 처음 뵙는 예를 먼저 행하고 사흘째 날에 사당폐백을 드렸다 한다. 〈사례편람(四禮便覽), 1844년〉과 〈증보사례편람(增補四禮便覽), 1900년〉에 따르면 고례(古禮)에는 삼 개월 뒤에 사당에 알현했으나 지금은 삼 일째에 며느리를 사당(祠堂)에 뵙게 한다는 기록이 있다.

*경기도 : 당일 우귀일 경우, 신부가 신랑집에 도착하여 신방에서 초야를 치르고 이튿날 새벽에 '사당차례'를 지내는데, 신랑 신부는 결혼식 때 예복으로 갖춘 후에 조상의 신주나 지방을 모시고 제물을 올리고 헌작을 행한다.

*전라도 : 사당폐백의 경우 사당 참례를 먼저 하고 폐백을 드리서나 폐백을 올리고 사당 참례를 후에 하는 경우도 있는데 이는 집안에 따라 다르다. 미나리 줄기 한 묶음을 다홍실로 한가운데만 묶은 다음, 목판에 담아서 제상에 올리고 재배한다.

(13) 문안인사

신부는 시가로 온 다음날 아침에 일찍 일어나서 몸단장을 하고 시부모에게 문안 인사를 올려야 한다. 저녁에도 시부모가 잠자리에 드시기 전에 반드시 인사를 올려야만 한다. 문안인사는 가문에 따라 문밖에서 하거나 문안에서 한다고 하는데, 남인은 흔히 문밖에서 하고, 노론은 방안에서 한다고 한다. 또 하님이나 수모를 거느리고 있으면 족두리를 얹고 예복을 입은 후에 인사를 올리게 되지만, 그렇게 하지 못할 때는 정장을 하지 않고 인사를 드린다고 한다.

이렇게 조석으로 드리는 문안인사는 시부모께서 그만두라고 하실 때까지 계속되지만, 보통 3일이 되면 그만두라는 시부모의 분부가 있기 마련이다. 그러나 때로는 문안인사가 보름간이 될 수도 있고, 더 길어질 수도 있다. 제주에서는 문안인사를 올리지 않았다.

(14) 부엌출입

시집온 지 3일간은 부엌출입을 시키지 않는 것이 일반적인 관례다. 물론, 가정이 부유하면 부엌출입을 하지 않을 수도 있다. 그러나 보통의 경우 4일째 되는 날 아침에 신부는 앞치마를 두르고 부엌에 나간다. 곧 아침을 지어 시가 식구에게 드리는데, 이 때 신부는 자기 집에서 가지고 온 찹쌀과 팥으로 밥을 지어 대접하기도 한다.

신부가 시가로 온 후 시가의 친족관계 등의 여러 가지 사정을 알려줄 겸, 시어머니는 새며느리를 데리고 이집저집 방문하면서 인사를 시키기도 한다. 이 때 친척들은 신랑과 신부에게 식사 대접을 하기 위하여 초대하기도 한다.

10) 근친(覲親, 재행(再行))

신부가 시댁에 들어간 후 처음으로 친정에 가서 부모를 뵙는 것을 근친이라 하고, 혼인한 후에 신랑이 처음으로 처가에 가는 것을 재행이라 하는데, 처가에서 처남이나 친척이 데리러 오면 함께 간다. 가까이는 신행한 지 3일 만에 가기도 하고, 홀수의 날이나 달에 가야 한다고 해서 5일·7일·9일에 가기도 하고, 1개월·3개월·5개월 후에 가기도 하고, 심지어는 해를 넘겨서 가기도 한다.

혼인한 후, 가까운 날에 재행을 갈 때는 빈손으로 갈 수도 있고, 고작해서 술 한 병에 닭 한 마리 정도를 들고 갈 수도 있지만, 근친의 경우는 1개월, 2개월 후에나 또는 1년 후에도 가기 때문에 간단한 차림으로는 갈 수가 없다. 그 때문에 근친은 대부분 농사를 지은 다음, 햇곡식으로 떡과 술을 만들고 안주감을 마련해서 간다. 근친을 가면 보통 한 달 이상을 친정에서 머무는 것이 상례였다. 그것은 신부에 대한 일종의 위로 휴가와도 같은 것으로서, 근친이 끝나야만 비로소 모든 혼례절차가 끝나는 것이다.

*충청도 : 신부는 근친 갈 때 젖값이라 하여 첫아이 출산 후 자신의 머리카락을 잘라서 친정어머니에게 가져가는데, 이는 낳아서 길러 준 부모에 대한 감사의 의미이다. 아이를 낳지 못했으면 젖값을 주지 않았다.

*경상도 : 근친 갈 때 차반이라 하여 음식을 많이 해서 가져갔다. 추수 후 근친을 가면 햇곡으로 떡과 송편을 만들어 갔으나 햇곡이 없어도 송편은 만들어 갔다. 친정에서 시댁에 돌아올 때도 많은 음식과 예물을 가져온다.
인재행(引再行)은 당겨서 하는 재행이라는 뜻으로 초야를 치루고 난 다음날 또는 3일 만에 처가를 나와 다른 곳에서 하루를 묵고 다시 처가에 들어가는 것이다. 이는 재행과 마찬가지로 장인 장모, 처족들에게 정식으로 인사하고 동상례도 치룬다. 인재행 오는 날 음식을 새로 장만한다. 인재행 후 신랑은 며칠 더 신부집에 묵다가 3일후 집으로 돌아가 신부를 기다린다.

다음 날부터 신랑은 처남이나 장모의 안내를 받아서 신부의 친적집을 예방하기도 하고, 친척집에서는 신랑, 신부를 초대해서 식사를 대접하기도 하면서 며칠을 쉬게 된다. 신랑은 며칠을 놀다가 신부와 함께 자기 집으로 돌아간다. 그러나 신부는 더 오래 쉬다가 올 때도 있다. 시가로 돌아올 때도 역시 음식과 예물을 준비하여 갖고 온다.
이로써 혼례에 따르는 모든 절차가 끝나게 된다. 그 후로는 친정에 대사(大事)가 있거나 명절 등을 택해서 때때로 부부가 동반하여 방문하기도 한다. 그러나 시부모의 허락이 있어야 이루어질 수 있는 것이며, 허락이 없이는 아무리 큰 일이 있다고 하여도 갈 수 없는 것이 한국의 옛 풍습이었다.

* 신랑다루기

혼인날 저녁 또는 재행 날 저녁, 신부집에서 신랑친구들을 대접하거나 신랑은 신부 쪽 동네 사람들이나 동년배의 친인척들에 의해 '신랑다루기', 또는 '동상례'를 치른다. 비용은 신랑 측에서 부담하나, 보통 신부측에서 차린 술상으로 대신하기도 한다. 동상례는 조선시대 권률장군이 동상에서 공부하는 이항복을 사위로 삼고 기뻐서 동료들에게 한턱 낸데서 유래했다는 설이 있고, 또 하나는 신라시대 화랑들이 동편방에서 공부하다가 결혼하면 그 방에서 술을 대접했다는 데서 유래한다는 설이 있다.
이는 앞으로 서로가 다정해지자는 뜻도 있다. 그러나 악습이라고 지적받을 만큼 폐단이 많았다. 신랑다루기를 보면, 마을의 젊은이들이 둘러앉아 신랑을 방 가운데 앉히고 고목으로 양다리를 묶어서 천정에 매달고는 마치 죄인 다루듯 방망이로 발바닥을 사정없이 두들겨 팬다. 그러면서 "여자를 훔쳐가고 어찌하여 이제까지 말이 없었느냐?", "신부가 예쁘냐?" 등의 질문을 할 때마다 두들겨 패거나 대답을 잘 못하면 트집을 잡아 야단을 친다.
신부에게도 대답하기 어려운 질문을 해댄다. 그렇기 하다가 푸짐한 술상이 나오면 신랑을 풀어주고 서로가 대작하며 흥겹게 논다.

연길보

婚禮

제 2부 8도 지방별 혼례이야기

우리의 혼례문화는 인간이 한평생을 살면서 치르는 의식 중에 가장 중요한 의식으로 여겼으며 문화와 혼을 고스란히 담고 있는 민족문화의 집합체라 할 수 있습니다. 우리의 혼례문화는 각 지역의 역사와 지리적, 계절적 조건 등의 특성에 순응하면서 발전시켜 온 지역마다의 독특한 혼례문화를 형성하고 있습니다.

서울 · 경기

서울은 한반도의 중심부에 위치하며, 역사적 · 지리적으로 정치, 경제, 사회, 문화의 중심지였다. 서울은 왕족과 양반이 많이 살던 지역이라 격식이 까다롭고, 의례를 중시했으며, 음식에 있어서도 화려하고 맵시를 중요시 했다. 경기도는 서쪽으로는 바다와 동쪽으로는 산간지대가 맞닿아 있어 개성을 제외하고는 전반적으로 소박한 음식문화를 가지고 있다. 서울 · 경기 지방은 지리적 특성상 각 지역과의 소통이 원활하여 문화의 집결지이며, 중심지였다.

1. 의혼

지역	지역별 특징
양평(楊平)	보통 3대에 걸쳐 유전병, 벙어리, 장님, 쌍둥이의 유무 등을 본다.

2. 납채

지역	지역별 특징
서울	매파를 중간에 놓고 몇 차례 서신왕래가 있은 다음에 혼인하기로 양가에서 합의하면, 신부집에서 신랑집으로 사주를 청한다. 혼인날을 정해놓고 그 며칠 전 좋은 날로 택일하여 관례(冠禮)를 한다.
시흥	*사주 대청에 배석(拜席)을 깐 다음 그 위에 상을 놓고 사주를 받는다. 그리고 그 자리에서 신부의 부모나 친척이 사주를 펴서 신랑이 태어난 해와 시각을 보고 신랑의 앞날에 대해 점을 쳐보기도 한다. (아래 표 참조) *택일 가능한 한, 신랑 · 신부의 부모가 혼인한 달, 두 집안에 불길했던 날, 양가 조상의 제삿날, 농번기 삼복이 낀 달, 마지막 달 등을 피하고 택일한다.
광명	*사주단자 혼인을 약속 한 후에 한지를 일곱 번을 접고 가운데에 신랑의 사주를 써서 신부의 집으로 보낸다.
용인	*연길 신부집에서는 혼인을 허락하는 허혼서(許婚書)와 함께 연길(涓吉)을 보내는데 혼인날은 길일(吉日)로 택하고 특히 사내아이의 영태 가능성을 점쳐 날을 잡았다.

(시흥 – 사주)

띠	좋은 사주	띠	좋은 사주
쥐띠	가을철(음 9~10월) 밤	말띠	겨울철의 밤
소띠	겨울철 낮	양띠	겨울철의 낮
호랑이띠	나무가 우거져 습기가 좋은 여름철 밤	원숭이띠	겨울철 밤
토끼띠	싹이 돋고 새것이 많은 봄철 아침	닭띠	초여름 낮
용띠	가을철 9월 이후 밤 시간	개띠	봄철이나 여름철의 낮
뱀띠	가을철 9월 이후 밤 시간	돼지띠	계절상 관 없음. 낮 시간 대

3. 납폐

지역	지역별 특징
서울	혼인 전날 저녁에 함을 받아들이는데 대청에다 상을 놓고 홍보를 깔고 양편에는 불을 켜고 떡시루를 놓는다. 그리고 신부의 오라버니나 그 밖의 집안사람이 함을 받아서 상 위에 놓았다가 방으로 들여보낸다. 신부 측에서 다복한 여자가 함을 받아 안방으로 가지고 가면 신부 어머니는 함에 손을 넣어 처음 잡은 채단의 색을 확인한다.
고양	함속에는 혼서지와 남 · 홍치마 저고리 각 한 벌과 연두색 두루마기 한 감이 들어 있다. 대청에 돗자리를 깔고 그 위에 상을 놓고 상 위에는 보자기를 깐다. 그리고 대추 7개를 박은 시루떡을 상 위에 얹어놓고 신부의 아버지가 함을 받는다. 함을 받은 다음에 대추가 박힌 시루떡을 신부에게 먹인다.
광명	납폐함은 혼인을 상징하는 예물이기 때문에 자손 번창이나 가내 평안을 뜻하는 '수복(壽福)' 문자와 박쥐 문양을 주로 장식하였다.
시흥, 화성	마당에다 '납채시루'상과 함 받을 상을 놓고 받는다. '납채시루'란 시루떡에 북어 한 마리를 꽂아놓고 정화수를 놓는 것이다. 함보를 푼 다음에 눈으로 보지 않고 열어서 먼저 손에 잡히는 채단이 청색 종이에 싼 것이면 신부가 첫딸을 낳으며, 홍색종이에 싼 채단이면 첫아들을 낳는다고 점친다.

4. 친영

지역	지역별 특징
서울, 여천	색일꾼, 새손, 동인이라고 해서 등롱잽이가 따라가며 처음부터 사모관대하고 떠나며 함진애비는 홍청죽(紅靑竹)에 홍립(紅笠)을 쓰고 간다. 신부집이 넓든지 좁든지 간에 사처방에 들리지 않고 직접 들어가는 지방도 있다.
화성	수행 인원은 신랑을 포함해 반드시 홀수로 간다. 신랑은 대례를 지내기 전까지는 신부집 음식을 먹지 않고, 신랑집에서 준비한 음식을 먹는다. *전안례 신랑이 초롱꾼 두 명의 인도로 목안(木雁)을 들고 신부집에 들어가면 목안은 코에 청실홍실을 끼우고 대추를 달아매고 붉은 빛깔은 겉으로 하여 홍보자기에 싸서 매듭에 '謹封' 종이를 붙인다. 나무 기러기를 들고 대례청 앞에 놓여 있는 붉은 보자기를 덮은 상 앞에 서서 두 번 절하고 상 위에 기러기를 놓으면 하님이 치마폭에 싸 가지고 방에 들어가서 아랫목에 시루로 덮어놓는다. 이 때 치마폭에 감싸는 것은 그 기러기가 알을 잘 낳으라는 뜻이며, 시루로 덮어놓는 것은 숨쉬기 좋게 함이라 한다. *합근례 집사자(執事者)가 유기술잔에 청실과 홍실을 묶고 여기에 엽전을 달아매어 두 개의 잔을 서로 연결한다. 신랑은 무릎 꿇고 신부는 앉아서 신부의 하님이 청 · 홍실을 드리운 술잔에 술을 따라 신부가 허리를 굽혀 읍례(揖禮)한 술을 오른쪽 왼쪽으로 각각 한 번씩, 그리고 대례상 위로 한 번을 통해서 신랑에게 보내면 신랑은 입에 대었다가 다시 신부쪽으로 보내 퇴주한다. 이 때 구경하는 사람들이 대나무를 베어 껍질을 벗겨 젓가락을 만들어 주안상에 올려놓았다가 신랑이 술을 마시면 이 젓가락으로 주안상 위에 있는 안주를 집어서 신랑에게 먹이는데, 젓가락을 입에 문지르는 것으로 대신한다. 예식이 끝나면 닭을 지붕으로 날려 보낸다.

지역	지역별 특징
성남, 이천, 용인	신랑이 신부집에 도착하면 마을주민들이 재를 신랑에게 뿌리기도 하고 숯검댕이로 신랑 얼굴을 검게 칠하기도 하였는데 이 의식은 신랑과 신부로부터 재앙을 멀리 물리친다는 의미를 갖고 있다. *용인 혼례 전에 사처에 머무르면서 받는 간단한 상을 위안상이라 하였다. 전안례 때 신랑은 목기러기를 전안상에 올려놓고 재배를 하면서 "기러기 받아가시오."라고 하면 신부의 어머니가 목기러기를 치마폭에 감추어 신부가 대기하는 방에 던져 기러기가 누우면 딸이고 똑바로 서면 아들을 낳는다고 점쳤다. 대례상을 중심으로 신랑은 동쪽에, 신부는 서쪽에 서는데, 신랑이 주로 대문 쪽에 섰다. 신랑과 신부가 자리를 잡고 절을 하는데 이때 처인구 지역에서는 신랑쪽 돗자리 아래에 도토리를 깔고, 신랑이 절을 할 때 넘어지지 않으면 "신랑이 약도 조신하다."고 하였다. *성남 '하님'이 혼례를 주관하는데 하님은 신부측 사람으로 잘생기고 혼인하여 첫 아들을 낳은 사람이다. 혼례식 후에 초례상에 놓인 수탉은 그 자리에서 날려 보냈고, 찹쌀을 '색씨찹쌀주발'이라고 하여 혼례식 후 우귀 때 가지고 갔다. 상객을 '우유샌님'이라 불렀다.
안산	혼례일을 '성례 날'이라 하며 이는 '예를 갖추는 날[成禮]'을 의미 한다.
여주	초행행렬에서는 상객으로 신랑의 아버지는 안가고, 당숙이나 고숙이 따라간다.
양평, 고양	신랑이 사처방을 떠나면 신부 쪽의 동네 사람들이 신랑에게 잿봉, 콩, 팥 심지어는 쇠똥까지 던지기 때문에 신부집에서는 이것을 막으려고 담요까지 준비하여 준다.
광명	신랑이 신부의 마을에 도착하면 청년들이신랑 몸에 따라온 잡귀를 쳐내기 위해 '잿꾸러미'를 신랑에게 뿌린다. 이는 신부를 데리고 가는 신랑을 골탕먹이려는 목적으로 행하기도 했다. 그리고 신부집에 도착한 신랑을 부엌으로 데리고 가서 쥐발을 부뚜막 위에 올려놓게 한 후 국수를 먹였다.

5. 관대벗김, 큰상, 방합례, 우귀(신행), 근친(재행), 동상례(신랑다루기), 문안인사, 부엌출입

지역	지역별 특징
서울	*방합례 첫날밤을 신방 · 화촉동방 이라하며 혼례 후 안방으로 들어가 신부집에서 마련한 겉옷만 갈아입고 속옷은 첫날밤을 지나고 갈아입는다. 신방에는 병풍을 치고 요강과 대야가 놓여 있고, 오미자차가 준비되어 있다. *현구고례 시부모님을 모시고 신부만 수모(手母)의 도움으로 인사를 올리고 폐백술을 올린다. 시부모는 술잔을 받고 대추를 던져주며 아들을 낳으라고 하면, 수모가 받아서 명주 수건에 싸서 준다. 그 대추를 저녁에 신방에 들어가서 먹는다.
화성, 양평	*큰상 신랑과 후행이 큰상을 받는데, 신랑이 더 큰상을 받는다. 다른 지역과는 달리, 신부와 함께 겸상을 차리는 것이 특징이다. 처음 요기상이 나오고 그 후에 그대로 싸서 신랑집으로 보낸다. 신랑집에서는 '봉송돌린다' 해서 동리 사람들과 나누어 먹는다.

지역	지역별 특징
화성, 양평	화성 *관대벗김 신랑은 관대를 벗기 전에 장인과 후행으로 오신 부친에게 인사를 드리고, '생우리'라고 해서 신랑과 신부를 잠깐 동안 한 방에 합석시켜 있게 한 다음, 관대를 벗고 신랑은 사랑으로 나온다.
시흥	신부가 먼저 방에 들어와서 기다리면 신랑이 들어와서 홍선(紅宣)으로 촛불을 끈다. 입김으로 불을 끄면 복을 불어낸다고 하기 때문이다. 신랑이 먼저 신부의 족두리를 벗기고 원삼을 벗겨준 다음에 겉옷은 옷고름만 풀어서 벗게 하고 버선도 겉버선만 조금 잡아당겨 준다. 이 때 사람들이 신방을 지킨다고 문구멍을 내고 들여다 보며 장난하는데, 이것을 '엿본다'고 한다. *신행 신랑이 먼저 도착하여 말에서 내려 들어가면, 부엌에서 바가지에 국수를 담아서 주걱으로 퍼먹여 준다. 곧 혼자 방으로 들어가서 부모에게 절을 한 다음에 신부가 도착하면 신방으로 들여보낸 다음, 손이 없는 방위(方位)을 보아서 앉힌다.
고양	*큰상, 입맷상 혼례 후에 후행상 · 신랑상 · 주인상을 받는다. 서로가 오가는 음식의 교환은 없다. *신행 신랑이 먼저 들어와서 안방 굴뚝 뒤에서 발을 굴뚝에 올려놓고 국수를 세 번 떠먹는다. 신부는 들어올 때 살이 있는 사람을 피해야 하고, 살이 있는 방위(方位)을 보아서도 안 된다.
광명	*신행 신부의 가마위를 호랑이 무늬가 있는 천으로 덮고 신행을 갔는데 이는 가마에 액이 따라가지 못하게 하는 의미가 있다.
용인, 안산	혼례가 끝나면 신랑은 관복을 벗고 두루마기로 갈아입고 신부는 초야까지 옷을 갈아입지 않았다. 신랑이 관복을 벗으면 간단한 국수와 술상을 들인다. 안산 *방합례 첫날밤 사람들은 문에 구멍을 뚫고 구경을 하는데 이를 "상직한다", "신방 지킨다", "신방 엿본다"고 하였다. 용인 혼례 후 신랑은 집에 도착해서 바로 부엌으로 들어가 한쪽 발을 부뚜막에 올려놓고 막대주걱을 거꾸로 들고 가마솥에서 국수를 퍼서 바가지에 담아 먹었다. *부엌출입 신부는 신행 후 삼 일째 되는 날부터 부엌출입을 한다. 밥을 지을 때 "찰지게 잘 살라"는 의미로 친정에서 주발에 담아 온 찹쌀을 넣는다. 그리고 솜처럼 훈훈하게 부자가 되라"는 의미로 초례상에 올렸던 팥에 솜을 덮어 가지고 왔다.
포천	시아버님이 없는 가정에서는 폐백상에 대추를 사용하지 않고, 시어머니에게만 폐백을 올린 후에 사당으로 대추고임을 가져갔다가 그릇에 대추 몇 개를 담아서 신부에게 준다. 시부가 폐백을 드리러 와서 준비할 동안에 국수장국 및 수정과와 화채 등을 먹을 수 있게 입맷상을 준비한다.
성남	신부가 신랑집에 도착하면 시어머니가 바닥에 펼쳐 놓은 자루를 밟고 내렸다. 이 때 가마에 가지고 간 찹쌀을 마당에 뿌리고 들어갔다.

지역	지역별 특징
중원	*신행 신부가 들어올 때 짚불을 놓고 밟고 들어오게 하거나 소금이나 팥을 뿌리거나, 바가지를 깨고 들어오도록 한다.
안산	*근친 신행 이후 일주일 이내에 재행을 한다. 이를 '재양'이라고 한다. 딸이 시집을 잘 갔음을 자랑하기 위해 딸이 근친 때 가져 온 음식의 양을 자랑하였고, 며느리가 근친을 갔다 가져온 음식은 자랑하지 않았다. 이런 풍습은 "며느리 근친은 무릎 밑에 접어 넣고, 딸의 근친은 세 동네가 나누어 먹는다."는 속담에 잘 나타나 있다.
용인	*현구고례 신랑집 잔치가 끝나면 바로 폐백례를 올리는데 이 때 시부모와 형제, 조카들에게 폐백을 올린다. 시아버지가 밤, 대추를 던지며 "아들 삼 형제, 딸 둘만 낳아라."고 축원한다. 밤과 대추는 잠자리에 들기 전에 신랑 · 신부가 나누어 먹었다. *동상례 재행을 가면 동네 청년들이 "남의 마을 색시를 훔쳐 갔으니 한잔 사야 한다. 술 몇 말, 고기 얼마나 살 것이냐?" 라고 묻고, 신랑은 "너희들 원하는 만큼."이라 답하여 위기를 모면하였다.
시흥	*사당폐백 시댁에 온 이튿날 아침 신부가 집에서 요강 속에 가지고 온 찹쌀로 밥을 해서 시부모에게 대접한 후에 다시 예복으로 갈아 입고 사당차례를 지낸다. 매혼(埋魂)하지 않은 조상들의 지방을 모시고 제물을 진설한다. 신랑은 옆에 서 있기만 한 채로 신부만 재배한 다음에 두 번 헌작하고 다시 재배(再拜)한 후에 끝난다.
고양	*사당폐백 폐백을 드린 다음, 사당에 제물을 진설하고 둘이 함께 재배한다.

6. 혼례음식

지역	지역별 특징
서울	*초례상 교배상에 표주박잔 한 쌍을 맞붙여 놓는다. 신랑 앞에는 홍촛대, 홍실을 걸친 소나무 가지를 꽂은 병 · 쌀 · 팥 · 밤 · 대추 · 감 · 안주 · 젓가락 · 빈접시 · 잔대에 받친 술잔, 술이 담긴 술병, 그리고 상 밑에 모사 그릇을 놓는다. 신부 앞에는 청촛대, 청실을 걸친 대나무 가지를 꽂은 병 · 쌀 · 팥 · 밤 · 대추 · 감 · 안주 · 젓가락 · 빈접시 · 잔대에 받친 술잔, 술이 담긴 술병, 그리고 상밑에 모사 그릇을 놓는다. 이 때 송죽과 기러기는 절개, 쌀과 닭은 다산, 밤은 의지(意志), 대추와 용떡은 부귀, 청 · 홍실은 일심동체, 대추와 밤은 생산적 의미로 씨의 상징인 다산을 의미한다. *큰상 신랑과 상객이 큰상을 받는다. 서울은 다른 지역보다 종류가 다양하고 화려하다. 고이는 높이 치수와 접시 수를 기수로 하는 관습이 있다. 신랑집과 신부집에 서로 오고 가는 상이 없으며, 대접하는 음식 종류는 다음과 같다.

<table>
<tr><th>지역</th><th>지역별 특징</th></tr>
<tr><td>서울</td><td>
<table>
<tr><td>정과</td><td>연근정과, 생강정과, 모과정과, 동아정과,
청매정과, 밤초, 대추초 등</td><td>유과</td><td>빈사과, 세반연사, 깨강정, 계피강정,
실백강정, 매화강정 등</td></tr>
<tr><td>다식류</td><td>송화다식, 녹말다식, 흑임자다식,
밤다식 등</td><td>사탕류</td><td>옥춘, 팔보당, 온당, 줄병, 원당 등</td></tr>
<tr><td>건과</td><td>호두, 은행, 실백, 건시 등</td><td>유밀과</td><td>약과, 만두과, 다식과, 한과 등</td></tr>
<tr><td>생실과</td><td>사과, 배, 귤, 감, 생률 등</td><td>편</td><td>백편, 꿀편, 승검초편, 화전, 주악, 단자 등</td></tr>
<tr><td>어물</td><td>문어오림, 어포, 육포, 건전복 등</td><td>편육</td><td>양지머리, 제육 등</td></tr>
<tr><td>전유어</td><td>각색전유어, 전복초, 홍합초 등</td><td>적</td><td>닭적, 육적, 화양적 등</td></tr>
</table>
*폐백
육포 또는 편포와 대추를 준비해 간다. 쇠고기는 홀수근으로 준비하며, 대추는 홍보자기에 싸서 시아버님에게 드리고, 육포나 편포는 청보자기에 싸서 시어머니에게 드린다.
폐백음식으로 대추, 편포, 육포, 육포다식, 어란, 새우포다식, 문어나 오징어오림, 전복초, 호도튀김, 은행꽂이, 잣솔, 생률, 곶감쌈, 대추초, 연근정과, 송화다식 또는 녹말다식 등을 준비한다.
</td></tr>
<tr><td>경기</td><td>
*초례상
소나무 가지, 대나무 가지, 닭 2마리, 붉은팥, 흰색나물, 밤, 대추, 청 · 홍실, 쌀을 놓는다. 쌀은 닭이 쪼아 먹으라고 놓는 것이라 하며, 청 · 홍실은 소나무 가지와 대나무 가지에 걸쳐 놓는다.

*폐백
약과 · 주악 등은 살림이 넉넉한 집에서 만든 음식이며, 흔히 닭적(시어머니－육포, 꿩)과 대추고임(시아버지)을 하며 술은 필수이다.
· 닭적 : 육포보다는 닭적을 많이 썼으며, 통닭을 배를 갈라서 내장을 빼고 다리만 떼어서 조미한 것을 납작하게 모양을 만들고 닭목과 머리를 세워 꽂아서 찐다. 위에 알지단 · 버섯채 등의 고명을 뿌려 만든다. 쟁반에 그대로 담고, 닭부리에는 대추를 끼우며, 청실과 홍실를 늘어뜨린다.

*이바지
상수송서장과 물목, 사돈지를 준비하며, 음식은 국수 · 편육 · 구절판 · 술 · 북어찜 등 일반음식을 준비한다. 떡은 개성주악 · 웃기떡 · 절편 · 개피떡 · 인절미 · 경단 · 약식 · 단자 · 증편을 준비하며, 안주는 떡갈비 · 우엉잡채 · 두부선 · 갈비찜 · 북어찜을 준비한다.
</td></tr>
</table>

7. 혼수 및 혼례복

지역	지역별 특징
서울	신랑이 함 속에 넣어 보낸 옷감으로 치마저고리를 해 입고 대례청에 나오기도 한다.
광명	신부는 폐백 때 다홍치마에 노랑저고리를 입었으며, 시댁으로 들어가서는 다홍치마에 연두 삼회장저고리로 갈아입었다. 이를 관대벗김이라 한다. 폐백례 때는 다홍치마, 연두삼회장저고리에다 원삼을 입고 족두리를 쓰며 한삼을 둘렀다.
부천	여흥 민씨 집안에서는 버선 100켤레, 치마저고리 10죽(한 죽이 10벌), 베개 · 자부동(방석) 10개, 퇴침 10개 등을 모두 직접 만들어 혼수를 준비했다. 혼수용품은 홀수로 하지 않았다. 이불은 청 · 홍색, 요는 이불에 맞춰 2채를 했다. 덮는 이불은 개수에 상관없으나 요는 2개 이상 하면 쌍사람이라 하여 더 하지 못했다. 다른 것도 다 짝을 지어 해가는 것이라 하여 홀수로는 하지 않았다고 한다.

강원도

강원도는 우리나라 중동부에 위치하고 있으며 태백산맥이 북에서 남으로 흐르고 있어 동서교통이 흐름이 원활하지 않았으며, 동쪽은 관동지방, 서쪽은 관서지방으로 구분되었다. 관동·관서지방은 기후와 지세가 다르고 인문환경에서도 큰 차이를 보이고 있다.

1. 의혼

지역	지역별 특징
강릉	교통상의 불편을 이유로 가까운 영동지방에서 혼처를 구했다. 학산지역에서는 중신애비를 남성 여성 각각 한 명씩 내세우며 혼례가 성사되면 중신애비에게 옷이나 신발을 선물하고 사례비로 일정한 금액을 준다.

2. 납채

지역	지역별 특징
강릉	사주는 간지에 써서 5번을 접어 봉투에 넣고 봉투 겉에 3번 근봉이라고 써서 띠를 씌운 다음에 싸릿대를 쪼개 그 사이에 끼워 청·홍실로 상하 전후로 길게 늘여 감아 넘기고, 파란색이 겉으로 나오도록 하여 매듭 없이 맨다. 사주단자 외에도 신랑신부 가정에서 치수가 적힌 옷 모양의 종이인형을 동봉하여 서로 교환하여 미리 만들도록 하였다. 또한 '결혼예틀을 건네준 사람에게 특별히 여름옷을 지어 보내는데 이를 '여름살이'라 하였다.
명주	사주단자는 중매인과 신랑, 그리고 신랑의 어머니가 함께 가지고 간다.
인제	중매인과 신랑 아버지와 훈님이 같이 가지고 간다.
정선	사주단자는 신부의 오빠나 어머니가 작은 상을 받들고 사랑방으로 나가서 받은 다음, 오빠나 아버지 또는 어머니가 받아서 갖고 들어온 다음 '사주잔치'라고 하여 갖은 음식, 떡, 과일 등으로 술대접을 한다.

3. 납폐

지역	지역별 특징
강릉	함을 친영 때 가져가기도 한다. 상객 또는 웃손, 후행으로 함애비, 새손들이 따른다. 신랑 일행이 신부 마을에 도착하면 사처(舍處)에 들어 상객과 신랑이 예복으로 갈아입고 함애비가 함을 드린다. 신부의 집앞에서 "함 들이시오"라고 세 번 고하고 집안으로 들어가 등 뒤로 함을 얹으면 신부 오빠가 함을 가지고 안방으로 간다. 함을 발로 세 번 차고 보자기를 풀어 눈을 감고 신부 옷을 꺼내 치마폭으로 감싸 담는다.
명주	함 속에는 예단지와 파란 저고리와 빨간 치마, 노란 저고리와 옥색 치마 각 두 벌이 들어 있다. 그리고 호두와 고추(남성의 성기 상징), 나무고리 등이 들어 있다. 신부의 오라버니가 함만 가지고 안방으로 들어 간 다음 구들에다 함을 놓고 아버지와 신부가 발로 세번 차고 눈을 감고 열어 꺼낸 옷을 신부가 입고 원삼과 족두리로 치장한다.

4. 친영

지역	지역별 특징
강릉	*전안례 혼례에 사용되는 목기러기는 마을단위로 공동으로 사용하는 혼례물품이 있어 이것을 일정 금액을 지불하고 빌려 사용하는 것이 일반적이다. 전안례 후 신부의 어머니가 치마폭에 나무기러기를 안고 들어가 신부방 안으로 던지는데, 이때 목기러기가 서면 아들을 낳고 누우면 첫딸을 낳는다는 속설이 있다. 대례 후에 신랑은 인접(人接)의 안내를 받고, 신부는 유모와 수모의 안내를 받아서 각기 다른 방으로 들어간다.
고성, 인제	*전안례 전안례가 끝나면 신랑이 천상사배(天上四拜)한 다음에 뒤돌아 선다. 상의 방향을 보고 신랑은 북쪽에 신부는 남쪽에 서도록 한다. 신부가 하님의 부축을 받아서 재배하고, 신랑이 답례로 사배(四拜)를 한다. 곧 신부쪽 하님이 청실홍실을 감은 술잔에 술을 따라 신부의 입에 대는 체했다가 왼쪽으로 해서 신랑쪽에 넘기면 안부(雁夫)가 받아서 신랑의 입에 댄 후에 퇴한다. 다시 신부가 재배하면 신랑이 답례 후에 신랑쪽에서 술을 따라 신부쪽으로 보낸 다음에 퇴한다. 곧이어 신부가 재배하고 신랑이 답례 후에 오른쪽에 술잔이 오면 신랑이 조금 마신 다음에 퇴하면 합근이 끝난다.
원주	*전안례 색일꾼, 새손, 동인이라고 해서 등롱잽이가 따라간다. 신랑이 기러기를 머리가 오른쪽으로 향하게 하고 들어와서 떠다 놓은 정화수 앞에 섰다가 기러기를 반드시 상 밑의 땅에 놓는다. 이어, 신랑이 절을 하면 신부쪽 여자가 땅 위에 있는 기러기를 들어 가지고 던지면 쌀을 담은 반짇고리에 받아 가지고 간다.

5. 관대벗김, 큰상, 방합례, 우귀(신행), 근친(재행), 동상례(신랑다루기), 문안인사, 부엌출입

지역	지역별 특징
강릉	*방합례 첫날밤에 방에는 자리 깔고 병풍치고 물 한 그릇만 놓아둔다. 신랑이 먼저 들어오고 신부가 나중에 들어온다. 잠시 후에 요기상이 나오면 둘이서 간단히 요기하고, 신부가 신랑에게 술을 권하면 한 잔 마신다. 이때 밤을 먹으면 아들을 낳는다고 하여, 일부러 밤을 먹는다. 그 후에 신랑이 신부의 옷을 벗기는데, 먼저 족두리를 벗긴 다음, 저고리와 치마끈을 풀어 주는 정도로 그치고, 신부는 신랑의 버선을 벗겨준다. *우귀 대례 후 신부가 친정에 수개월 또는 반년 이상을 머무르기도 하는데 이를 "여름난다"고 한다. 이 때 시집살이 할 준비를 하는데 각종 천으로 옷을 만들거나 평생 입을 옷을 짓기도 한다. 혼례 후에도 지속적으로 왕래하다가 아예 시댁으로 의롱(衣籠, 옷을 넣어두는 농)을 싣고 가기도 하였다. 이를 '풋보기' 또는 '풀보기'라 한다. 신행 때 신부의 가마가 신랑의 마을에 들어서면 화포를 쏘기도 하며, 가마에 소금과 목화씨를 뿌린다. *사당폐백 및 재행 현구고례 후에 조상의 사당에 가서 제사를 드리는데 이것을 알묘한다고 한다. 알묘가 끝나면 처가로 재행을 하고 이튿날 용떡으로 떡국을 해먹는다. *동상례 재행을 하면 신부 측 마을청년들이 모여 '신랑매달기(동상례)'를 하는데 마을청년들은 신랑을 불러서 방 가운데 앉혀 천으로 신랑발목을 묶어 천정에 매달고 "이 동네 처녀를 훔쳐간 도둑의 발을 잰다"며 방망이로 발바닥을 때리며 신부를 부르라고 한다. 이는 신부가 귀한 몸이라고 신랑에게 경각심을 주는 장난이다. 또한 재행을 오면 신랑의 지혜를 알아보기 위해 동네사람들이 모여 글씨를 써 놓고 신랑을 시험했다.
인제	*신행 신행 때 신랑집에 들어와서 신랑은 가마에서 내리자마자 마구간으로 가서 바가지에 담아 온 국수를 먹은 다음에 방으로 들어가서 쉬고, 신부는 다른 방으로 들어간다.

6. 혼례음식

지역	지역별 특징
원주	*대례상 닭의 목에 걸었던 밤과 대추를 아기 못 낳는 부인이 먹으면 아기를 낳을 수 있으며, 그 청실홍실을 아기의 옷깃에 달아주면 명(命)이 길어진다고 한다. 신랑은 여러 겹 괸 대반상을, 상객은 상객상을 받는다. 신랑상은 한 겹만 남기고 모두 싸서 신랑집으로 보내고, 상객상도 모두 싸서 자기 동리의 친구들에게 보낸다.
강릉	*대례상 황초가 꽂힌 촛대 2개, 송죽을 꽂은 화병 2개, 밤 1그릇, 대추 1그릇, 곶감 1그릇, 포 1그릇, 쌀, 팥과 콩시루 2개, 청 · 홍실을 목에 건 보데 싼 닭 한 쌍, 용떡 2그릇을 놓는다. *이바지음식 강릉에서는 이바지를 "길을 알려준다"는 뜻으로 사돈 사이에 서로 길을 트자는 의미로 '질알구미' 또는 '길알금'이라 한다. 이것은 형편에 따라 규모가 다르다. '질알구미'는 두 집안이 서로 음식을 바꾸어 먹음으로써 한 가족이 되는 것을 의미한다. 이바지로 받은 음식은 친인척과 나눠 먹는다. 이 음식으로 상대방 집안의 경제력과 격을 가늠할 수 있었다. 이 때문에 빚을 얻어서라도 음식을 장만하여 보내 물의를 일으키는 경우 도 있었다.
인제	*대례상 상 위에 올려졌던 닭은 신랑집에 보내어 가자마자 알을 낳으면 매우 좋다고 하여 그 해에는 죽이지 않았다고 한다.

7. 혼수 및 혼례복

강원도 강릉 혼례복의 특징은 혼수에 도포가 제일 중요한 품목이라는 점이다. 도포 착용의 기원은 알 수 없으나 기록이나 실물 등을 보면 16세기 전후에 착용되었던 것을 볼 수 있다. 도포는 모두 홑으로 봉재하며 옷감으로는 면, 마, 저, 사 등이고 저포(모시)의 도포가 가장 많다. 거의 백색으로 만드는데 엷은 청색의 도포를 만들기도 하며 이것이 강릉에서 많이 만들어졌다.

충청도

충청도는 고려시대 때부터 행정구역상으로 서울, 경기지역과 충청지역을 합쳐 양광도라 지칭하여 통합 관리하여 왔으며 지리적으로도 서월, 경기와 커다란 경계 구분 없이 인접해 있어 소통이 원활하여 혼례 풍습은 서울, 경기와 흡사하다.

*충청지방 혼례 특징

쌍둥이의 혼인 : 같은 날 혼인시킨다. 쌍둥이의 혼례절차는 다른 여느 혼인과 같으나 신부가 대례 후 집을 나설 때는 큰 딸은 대문으로, 작은 딸은 뒷문으로 나가고 신랑이 쌍둥이라면 신랑집으로 들어올 때 한명은 문으로 들어오고 다른 한 명은 울타리를 뚫고 들어오는 풍습이 있다.

· **재혼** : 처녀의 팔자가 사나우면 재취(再娶)로 시집을 가거나 나이 많은 남자에게 시집을 보냈으며, 남녀 모두가 재혼이라면 혼례를 올리지 않고 함께 살았다. 그러나 남자는 재혼이고 여자가 처녀일 경우는 혼례식을 해 주었으며 이것을 재추(再娶)라고 한다.

· **누이바꿈혼** : 섬지방에서는 지리적특성 상 혼처를 구하기 어려우므로 '누이 바꿈 혼'이라는 혼인방식이 존재한다. 한집의 여자가 혼인해 나가면 그 집안의 다른 여자를 시집오게 하는 방식이다. '세 바', '네 바꿈'이라 하여 세 · 네번씩 누이를 바꾸는 경우도 있었다. 그러나 이러한 방식으로 혼인하는 집안은 자손이 귀하다.

· **옥녀각시** : 충청도혼례의 독특한 특징은 '옥녀각시'이다. 신랑과 신부가 각기 상대방의 집에 처음 들어갈 때에 '옥녀각시'를 끼고 간다. 옥녀각시는 사방을 3개월마다 한 방위씩 돌아다니므로 옥녀각시를 가마 뒤쪽에 두고 오면 친정이 못살고, 앞쪽으로 두고 오게 되면 시댁이 못살고, 오른편에 두고 오면 동기간에 우애가 없으며, 왼편에 두고 오면 무탈하다고 믿었다.

1. 의혼

지역	지역별 특징
서산	혼인을 위해 '쌀계'를 조직했다. 일반 가정에서는 혼인에 들어갈 목돈 마련이 어려웠기 때문이다. 쌀계 계원들은 1년에 열되씩 일정한 양의 쌀을 낸 다음 이렇게 모은 쌀은 혼례를 치를 계원에게 준다.

2. 납채

지역	지역별 특징
보령	사주에 수숫대나 싸릿대 대신 대나무를 쪼개서 끼운다. 사주를 보낼 때 신랑이 직접 사주를 가지고 간다.
단양	사주와 같이 싸서 보내는 저고릿감을 '우티감'이라고 한다.
청양	신랑집에서 택일을 하고 택일이나 혼례의 모든 과정은 시어머니가 관리한다.

3. 납폐

지역	지역별 특징
단양	신부의 아버지가 마당에서 혼진애비에게 졸라서 받아 가지고 방으로 들어간다. 방에서 상 위에 놓고 눈을 감고 함 속에 손을 넣어 꺼내는데, 진한 빛깔의 채단이면 시집살이가 고되며, 연한 빛깔의 채단이면 시집살이가 수월하다고 점친다.
제천	신부의 아버지가 함을 받아서 안방으로 가지고 들어간 다음, 그 함을 타고 앉아서 눈을 감고 손을 넣어서 빨간 옷이 잡히면 첫딸을 낳고, 남색 옷이 잡히면 첫아들을 낳는다고 한다.
청풍	함을 받으면 그 위에 걸터 앉아 함속에 손을 넣어 처음 잡히는 채단색으로 길흉을 점쳤다.

4. 친영

지역	지역별 특징
청양	택일이나 혼례의 모든 과정은 시어머니가 관리하는 게 독특하다. 신부집에서는 친정어머니가 초례상의 모든 음식과 혼례의 제반사항을 모두 관할한다.
서산	혼례날 신부집으로 가기 전에 성주를 모신 방에서 음식과 술 한잔을 따라 놓고 두 번 반 절을 한 다음에 떠난다.
공주	신랑은 대례식을 전 신부집 앞에 피운 짚불을 발로 차고 들어간다. 이때 늙은 호박을 던져 깨뜨려야 부정한 것이 사라진다는 속설이 있다. '마당빌려주기'는 혼례를 신부집에서 행하는 것을 말하며, 신부집에서 혼례를 올릴 형편이 안 되면 신랑집에서 하는 것을 '싸데려오기'라 한다. 혼례날 동네에 초상이 나면 신랑과 신부의 앞날이 좋지 않다는 속설이 있다. 초상이 날 것 같으면 미리 다른 마을을 빌려 혼례를 치렀다.
음성	벽사의 의미로 신랑이 신부동네에 들어서면 주민들이 '잿꾸러미'를 만들어 던졌다. 대례상 밑에 멍석을 깔고, 돗자리 밑에 콩을 깔아 신랑의 약삭빠름을 시험했다.
옥천	신부가 나오면 신랑이 외면하고 섰다가 바로 선다. 그러면 초례상을 가린 병풍을 치우고 신부가 사배하고 신랑이 재배하면 교배례가 끝난다. 그 후, 상 위에 얹어 놓은 청실홍실을 신랑과 신부 손목에 감은 다음, 술을 한 잔 따라 붓고, 두 잔 따라 붓고, 세 잔 만에 합근례를 한다.
청주	초례청에서 신랑은 서쪽, 신부는 동쪽에 선다. 〈주자가례(朱子家禮)〉에 의해 합근례가 신랑 집에서 행해지던 것이 1518년(중종 13) 신부 댁에서 전안교배(奠雁交拜)하고, 그 집에서 화촉을 밝히라는 임금님의 명령인 전교에 따라 친영례(親迎禮)가 행해졌다. 이 친영례는 전안례와 초례로 되어 있다. 전통혼례의 초례는 이때부터 전해진 것이다.

5. 관대벗김, 큰상, 방합례, 우귀(신행), 근친(재행), 동상례(신랑다루기), 문안인사, 부엌출입

지역	지역별 특징
청양	가장 큰 특징은 옥녀각시 속신이다. 이것은 신행과정에서 반드시 피해야 하는 방향으로 청양 사람들은 일정한 순환주기를 통해 방향을 찾고 그 방향이 신부의 앞이나 뒤로 가지 않도록 신행을 가야 친정과 시댁이 안전하다고 믿는다.
충주	*관대벗음 교배례 후에 신랑 · 신부는 안내자를 따라 한방에 들어가 맞절을 하고 이후 신랑은 다른 방으로 가서 신부집에서 만든 옷으로 갈아입는다. 관대벗음 후에 신랑은 상객이 있는 방으로 가서 큰절을 하여 대례가 끝났다는 것을 알렸다.

지역	지역별 특징
충주	*방합례 상객 인사가 끝나면 방에 들어가 합근례(合巹禮)를 한다. 이것이 첫날밤 의례이다.
청원	*큰상 신랑과 상객이 각기 큰상을 받으나, 양가에서 협의하여 음식 왕래는 없다. *방합례 신랑이 족두리를 먼저 벗기면 부부간에 싸움이 자주 있다 해서 신부 뒤편에서 옷고름만 풀어주고 버선 한 짝만 벗겨주면 신부가 옷을 벗는다. 방안에 켜놓은 촛불은 젓가락이나 손가락으로 끄며 입으로 꺼서는 안 된다.
공주	*방합례 신랑과 신부는 신부집 안방에서 첫날밤을 보내고 새벽에 초례상에 올린 흰떡으로 떡국을 만들어 먹는다. 이 떡국은 두 사람의 결합을 상징하며 이 때 두 사람이 처음으로 대면하고 식사를 한다.
서산	*방합례 신방을 망을 보는 풍습이 있는데 사람이 보지 않으면 귀신이 본다 하여 꼭 지켜보아야 한다하여 생긴 풍습이다. 그 유래는, 옛날에 한 백정의 아들이 장가갈 때 신부를 잘 다루라고 하였더니 이 미련한 아들은 칼질을 잘하라고 하는 줄 알고 신부에게 칼질을 했다고 한다. 그 후부터 이런 참사를 막기 위하여 망을 보게 되었다고 한다. *사당폐백 신랑집에 도착한 후에 요기를 하고, 저녁 때가 되면 "구사당 본다"하며 먼저 성주님을 위해서 상 위에 닭과 대추를 올려놓고 술잔을 올린 다음, 신랑 · 신부가 엎드려서 고축을 한 후에 두 번 반 절을 한다.
보은	*방합례 불미한 일이 없도록 하기 위해 신방을 지킨다. 옛날에, 한 신부가 혼인하기 전에 장래를 약속한 남자가 있었는데, 그러한 말을 부모에게 하지 못했었다고 한다. 신부가 부모의 강권에 못 이겨 딴 남자와 혼인을 하고 첫날밤 곤히 잠들었을 때였다. 과거에 약속했던 남자가 몰래 신방으로 들어와서 신랑을 죽이고 신부와 같이 멀리 도망을 치고 말았다. 그 후부터 신방을 지키게 되었다 한다.
제천	*신행 신랑이 먼저 집에 들어오면 부엌으로 데려다가 다리 하나를 부뚜막에 얹어놓고 국수를 먹이는데, 이는 신부의 시집살이를 수월하게 하기 위함이라고 한다. 시어머니는 굴뚝 뒤에 숨어서 신부가 집에 들어오는 것을 보지 않으며, 신부는 지붕 꼭대기를 보아서는 아니 되기에 고개를 숙이고 들어오는데, 이는 과부가 되지 말라는 뜻이라고 한다. 신부 가마가 대청에 닿으면 신랑이 내리라는 뜻으로 신부의 왼발을 잡아당긴다.
아산	*입맷상 혼례 후 대례상에 오른 용떡으로 떡국을 끓이는데 신랑, 신부가 먹을 떡은 칼로 자르지 않고 손으로 뜯어서 넣어 백년해로를 기원하였다.
진천	*우귀 혼인 뒤 신부는 바로 신행을 가지 않고 보통 1년에서 3년, 또는 그 이상 친정에 머물렀다 시댁으로 갔다.
중원, 괴산	*우귀 폐백할 때 시부모와 집안 손위 항렬되는 분들에게만 절을 한 다음에 술을 올린다. 신부의 절을 받을 때마다 밤 · 대추를 던져 주거나 답례로 돈이나 저고리감을 준비하였다가 주기도 한다.

6. 혼례음식

지역	지역별 특징
청주	*폐백음식 대추가 많이 생산되어 이를 이용한 '대추술'을 폐백 때 사용한다.
충주	*폐백음식 폐백 할 때 '사과한과'를 쓰는데 유과의 일종으로 지역명품인 사과액을 넣는 것이 특징이다.
괴산, 중원	*폐백음식 밤, 대추, 닭, 술 등을 준비한다.
옥천	*폐백음식 술과 안주로 닭고기와 삼색실과를 준비한다.

7. 혼수 및 혼례복

충청도에서 혼례복은 마을에서 공동으로 보관하여 혼례 때 쓰거나 인근 마을에서 빌려다 썼다. 또는 부잣집에서 마련해 둔 혼례복을 빌리기도 하였다. 혼례 때 입었던 옷을 수의로 사용하면 좋다는 속설이 있다.

신부는 일반적으로 노랑이나 빨강 치마에 파랑이나 빨강 저고리를 입으며, 남색은 '남된다'고 하여 신부나 신랑의 물건에는 쓰지 않는다.

특히 공주지역에서는 신랑집안에 관직자가 있으면 조상의 혼례복을 입었고, 관직출신이 없는 집안에서는 남에게 빌려서 입었다.

전라도

전라도는 백제의 중심지였으며 조선왕조 전주 이씨(李氏)의 본관이 되고, 각 고을에 부유한 유지들이 대를 이어 살아 대대로 가풍을 전수하여왔으며, 개성과 풍류가 넘쳤다. 또한 양반계층의 사상과 철학이 음식문화의 형성에도 영향을 주었으며 가짓수도 가장 많게 구성되는 것이 특징이다.

1. 의혼

지역	지역별 특징
영암	민(閔)씨와의 혼인을 가장 꺼린다. 그 이유는, 민자의 한자 형태를 볼 때, 장암리의 주요 성씨인 문씨의 문(文)자가 문(門)속에 갇힌 모양을 하고 있기 때문이다.
강진, 여천	궁합이 맞으면 종이에 혼인에 관한 사연을 적은 청사를 편지와 같이 신부집에 보낸다. 이것이 보내지면 일단은 성혼이 된 것으로 보고 서로 사돈이라 칭할 수도 있다고 한다. 만일에 청사를 하지 않을 경우에는 사주를 보내서 정혼을 하기도 하고, 청사 다음 차례에 사주를 보내기도 한다. 즉, 이 청사란 일종의 사주일 수도 있고 사주 이전의 서신으로 볼 수도 있는 것 같다.
여수	삼산면 초도에서는 삼촌이 청사((請事)를 '허래기떡'이라 불리는 흰찰떡과 쑥찰떡을 돼지고기와 반찬, 술 등과 함께 전달했다.

2. 납채

지역	지역별 특징
나주	***사주단자** 사주보를 백포로 하여 저고릿감을 싸서 보낸다. 택일(擇日)을 전하는 사람을 '날사월'이라고 한다. 신랑집에서 택일한다.
여천	***사주단자** 신랑의 집안에서 깨끗하고 복 많은 여자를 뽑아서 사주를 보낸다. 신랑집에서 신부집에 택일하여 알릴 때는 경제가 허락하는 한 많은 예물을 보내기도 하고, 사성(四星)을 보내기 전에 '날받이 간다'하여 신랑집에서 신부집으로 짐이 가기도 한다.
강진	***택일** 택일을 전하는 사람에게 닭을 잡고 떡을 해서 대접함은 물론, 노자까지 두둑히 주기 때문에, "날받이만 잘해 가면 배부르다."라는 말까지 생겼다. 신랑집에서는 사주를 보낸 후에 관례를 하거나, 혼인날을 정한 후에 택일하여 관례를 한다.
남원	***사주/연길** 사주와 연길은 쌀독 또는 뒤주 속에 보관한다.
고창	***연길** 신부집에서 연길서와 '날받이 떡'을 같이 보냈다. 택일을 할 때는 부모가 혼인한 달을 피하고 양가의 제삿날, 삼복이 낀 달 · 농번기 · 짝수 달은 썩은 달이라 하여 피했다.

지역	지역별 특징
진도	*사주단자 혼일을 결정하기 전에 사주와 오행에 살이 붙으면 불길하다고 하여 반드시 궁합을 보았다. 혼인할 의사가 있으면 '청사(請事)'라 하여 신랑집에서 신부집에 혼인을 청하는 글을 보낸다. 신부어머니는 사주단자가 오면 치마로 받아서 쌀독에 넣어 두었다가 성 밑에 놓은 다음 펼쳐 본다. 신랑은 '댕기풀이'라고 하여 혼례일이 잡히면 친구들을 불러 대접하고 결혼 사실을 알린다.
여수	*연길 신부집에서는 부모가 혼인한 달은 피해서 택일하여 간지에 써서 근봉을 끼우고 날받이보로 싸서 신랑집으로 보낸다. 혼례일이 잡히면 혼례당사자는 제사 음식이나 절 받은 음식을 절대 먹지 않는다.
거문도	*택일 신랑 집에서 택일하여 봉투 네 귀에 청실과 홍실을 달아 신부집으로 보낸다.

3. 납폐

지역	지역별 특징
익산	마루에 상을 놓고 그 위에 보를 깔고 함시루라 해서 팥고물 시루떡을 해놓는다. 신부의 어머니가 받아서 방으로 들고 들어와서 함속에 손을 넣어 청색 옷감이 잡히면 첫아들을 낳고, 홍색 옷감이 잡히면 딸을 낳는다고 점친다.
진도	혼례 날에 함을 가지고 가는데 함 속에는 혼서지, 신랑의 혼례용 관복, 신부의 원삼, 족두리, 청·홍포 가리개, 실, 무명씨, 고추, 숯, 소금, 메주, 미역, 쌀, 엿기름 등을 넣어간다. 함 속에 든 쌀을 세 숟가락 떠 넣어 신랑·신부에게 밥을 지어 먹이면 부부금실이 좋다고 믿었다. 고추는 다남(多男)을, 목화씨는 자손의 장수를, 소금·숯·메주는 벽사의 의미로 함에 넣는다. 함은 신부의 어머니가 치마로 받으며 안방으로 가지고 들어가 방위를 보아 놓는다.
영암	함속에는 혼서지와 신부의 옷감, 무명씨, 고추, 쌀 등을 넣는다. 무명씨는 명(命)이 길어 오랫동안 살라는 뜻이다.
남원	함을 홍세함이라고 부른다.

4. 친영

지역	지역별 특징
남원	*초례행렬 신랑이 혼례를 위해 신부집에 가는 것을 혼행(婚行)이 또는 초행걸음이라고 한다. 신랑 일행이 떠나기 전에 조상에게 별고사를 지낸다. *합근례 신랑은 술을 마시고, 신부는 시늉만 하고는 아기를 못 낳는 여자에게 준다. 교배상에 놓았던 닭은 중방쟁이가 가지고 간다.

지역	지역별 특징
나주	*초례준비 신랑은 혼례 날 사당에 가서 상위에 기름 담은 사발을 놓고 심지 두 개를 피워 무당이 축원한다. 무당 대신 집안사람이 대신하여 축원을 올리기도 한다. 혼례날 신랑은 마당에 팥을 넣은 '근은떡'을 차려 놓고 절을 한다. 신랑의 일행은 상객, 후행, 소동 2명과 또는 함진 애비 하인들이 동행한다.
망호정 마을	*초례행렬 신랑에게 초행길에 아무에게도 인사하지 말라고 하는 금기사항이 있다. 바로 신부집으로 향하지 않고 잠시 신부집에서 정한 곳에 머무는데, 이런 행위를 '주점한다'고 했다. 신부집에서는 소위 12접시상이라고 하는 큰상에다가 식혜나 국수 등을 마련하여 신랑 일행을 대접했다.
순창	*전안례 신랑이 문 앞에서 말을 내리면 '팔밀이 대반'이 신랑을 맞아서 세 번 읍하면 신랑도 역시 세 번 읍하여 답례하며, 대반이 안상으로 인도한다. 이 때 안부가 신랑 앞에 가서 기러기를 주면 신랑이 받아서 안상에 놓고 진삼배(進三拜), 퇴삼배(退三拜) 한다. 이 때 신부쪽 유모가 기러기를 안아다가 신부 앞에 놓는다. *교배례 예탁을 사이에 두고 신랑과 신부가 마주선다. 신랑쪽에서 대반(大盤)이, 신부쪽에서는 수모 혹은 하님이 선다. 보통은 신랑이 동(東)에서 서향하고 신부는 서(西)에서 동향한다. 상견례는 신부가 신랑을 행하여 큰절로 재배하면 신랑은 큰절로 일배(一拜), 그리고 신랑과 신부를 양쪽에 앉히고 여인이 양편에 서서 술잔을 각각 들고 청실홍실을 손등에 드린 다음, 술을 부어 한 잔은 신랑의 입에 대었다가 신부의 입에 대고, 또 하나는 신부의 입에 대었다가 신랑의 입에 대고는 그 잔의 술을 먹지 않고 땅에 쏟는다. 이같이 양편에 한 다음, 또다시 세 번째 한 후에 신부가 신랑에게 큰절로 재배하면 신랑은 답일배하고 끝난다.
여천	*초례행렬 신부집이 넓든지 좁든지 간에 사처방에 들리지 않고 직접 들어가는 지방도 있다.
장수	*초례행렬 신랑이 초례청으로 들어올 때, 구경꾼들은 신랑의 대반에게 업고 들어가라고 떼를 써서 싸움 비슷한 장난이 벌어진다. 이를 '서파쌈'이라고 하고, 일진이 나쁘거나 살이 있으면 신랑 좌석에 횃불을 켜서 들고 들어간다.
전주	*초례행렬 신랑일행이 신부집에 들어설 때, 부정을 퇴치한다는 뜻에서 짚불을 놓아 신랑이 넘어가기도 하고, 신랑의 힘을 시험하기 위해 늙은 호박을 밟아 깨고 넘어가기도 한다.
장성, 김제	*초례행렬 요객(繞客)이라 해서 상객을 모시는 사람이 따로 수행한다. 신랑일행이 신부집 앞에 도착하면 장성에서는 무명씨 한가마를, 김제는 왕겨 한가마를 놓아 넘어가게 하였다. 이는 길쌈도 하고 농사를 짓고 사는 신부집안의 살림규모도 알리고 혼례복에 가려진 신랑의 신체 이상 유무를 알아보기 위함이었다.

지역	지역별 특징
진도, 여수	*초례행렬 신랑은 초례청에 가는 도중, 마을 청년들과 문답(問答)이나 탈선(奪扇), 마상풍월(馬上風月) 등 지혜를 겨룬다. *진도 초례준비 신랑이 전안청에 들어올 때 대문 밖에 짚불을 피워 넘어가도록 하거나 신랑에게 소금을 뿌리기도 하여 부정을 막았다. 동네에서 연배가 비슷한 사람끼리 계(1말계, 2말계)를 들어 혼례당사자 이외의 계원들이 떡을 해다 주었다. 손님들은 축하금으로 쌀을 두되씩 가져오고 그 그릇에 음식을 담아 보내었다. *여수 초례행렬 혼례식 당일 신랑이 신부집으로 가는 것을 "장개질"이라한다. 상객, 후행(후배), 중방, 짐꾼 등이 동행한다. 신부집으로 행하면서 벽사의 의미로 가시덤불이나 나뭇가지에 오색으로 된 베에 쌀을 넣고 싸맨 '쎄미'를 걸면서 간다. 신랑은 타인과 말을 하면 복이 달아난다고 하여 웃어른을 만나도 절하지 않았다.

5. 관대벗김, 큰상, 방합례, 우귀(신행), 근친(재행), 동상례(신랑다루기), 문안인사, 부엌출입

지역	지역별 특징
진도	*신행 신행 가기 전에 신부는 벽사의 의미로 가마에 무명씨와 콩, 소금을 가마에 뿌린다. 신행을 가면서 잡귀를 막기 위해 당산나무 또는 서낭당 고개, 다리, 물가, 샘, 궂은 곳 등에 '새미쌀'을 던지거나 걸어둔다. 가마가 시댁에 당도하면 대문 앞에 시루와 물을 차린 상을 차려놓고 불을 피우고 동네주민들이 징을 치면 신부의 가마가 불을 넘어 신랑 집으로 들어간다. *재행 재행을 '재앙걸음', 또는 '재앙 간다', '지앙 간다', '재양지래', '새밀더미'라고도 한다. 동상례를 치르고, 재행에서 돌아올 때는 이바지를 가지고 온다. 신부집에서 2~3일 머문 후에 신랑집으로 돌아간다.
익산	*방합례 신부가 신방에 들어가 였으면 신랑이 들어온다. 신랑이 신부의 족두리부터 저고리 · 치마 순서대로 벗기는데, 너무 부끄러워서 못 벗기게 하고 각각 자버리는 수도 있다고 한다. 촛불은 신랑이 젓가락으로 끈다. 옛날에 아들이 장가갈 대는 신부를 무조건 벗겨야 한다고 일러주고, 딸이 시집갈 때는 참아야 한다고만 일러주었다. 신랑은 옷을 벗기라는 말을 착각해 살을 벗기게 되고, 신부는 아파서 "벗기네" 하면서 울었는데, 그 때마다 신부의 어머니는 "참아야 한다." 고 했다 한다. 그 후부터는 신방을 지키게 되었다는 것이다. *현구고례 시부모 · 시조부모에게는 사배를 하고 폐백 술을 올린다. 그 밖에는 모두 맞절을 한다.
망호정마을	*신행 신행 때는 신랑집에서 대문 입구에 짚으로 불을 피워 놓았으며, 가마로 이 불을 넘어 집안으로 들어오게 해서 액막이를 한다. 방에 들어간 신부는 얌전도 해야 하지만, 보러 온 많은 사람들 때문에 주눅이 들어서 고개도 들지 못한다. 곧 요기상이 들어오고, 그 후에 신부와 상객은 신랑집에서 준비한 큰상을 받는다. 이 큰상 역시 별로 손대지 않고 물리면 신부집에서 신랑집으로 보내듯이, 신랑집에서도 빠짐없이 광주리에 담아서 신부집으로 보낸다. 신부집이 보내진 이 음식은 신부집의 친척은 물론, 동리 사람들과 나누어 맛보게 된다.

지역	지역별 특징
여수	*신행 신행 행렬은 신랑이 말을 타거나 또는 걸어서 앞서 가고, 가마를 탄 신부, 상객과 후행, 짐꾼 순으로 떠난다. 가마 위에는 호랑이가 그려진 담요를 덮고 안에는 요강을 넣어간다. 신부 가마가 시댁 문 앞에 도착하면 시댁에서는 상을 7개 차리고, 불을 피우고 징을 치면서 잡귀가 붙지 않기를 기원한다. 신부가 탄 가마가 이 불을 넘어 신랑집으로 들어간다. 제상에 소금이나 목화씨, 사금팔이 등을 놓아 가마가 대문으로 들어설 때 뿌리며, 무당은 '덕물림'을 한다. 큰방 문 앞에서 신랑이 가마문을 열어 주면 손위 시누이의 도움을 받아 신부가 방으로 들어간다. 신부는 큰방에서 큰상을 받는다. *재행 일반적으로 시집 온 지 3일 후에 재행을 간다. 시댁에서 이바지찰떡을 해간다. *동상례 동상례를 치르고 신부 친척이 신랑에게 대접하는 것을 '밥 해 준다'한다.
성양	*방합례 날이 새기 전에 신부는 큰방으로 가고, 잣죽이나 깨죽을 들여다 신랑에게 주면, 신랑은 이것을 먹고 사랑에 가서 상객에게 인사를 하고, 조반상을 받고서는 장인에게 인사를 한다.
나주	*현구고례 시부모, 시조부모 등 일가 모두를 한 줄에 앉힌 다음, 일동에게 사배를 하고 술잔을 권한다. 답례로 '구고례상' 위에 돈을 놓는다.
순창	대례를 마치고 신랑과 신부는 신부의 양친에게 인사를 드린 다음, 그들로부터 교훈을 받는다.
장성	*방합례 대례를 마치고 신랑은 큰방으로, 신부는 골방으로 들어간다.

6. 혼례음식

지역	지역별 특징
전주	*하객접대음식 대례가 끝나면 국수가락처럼 길게 잘 살라는 바램으로 친척과 이웃을 초청하여 국수로 잔치를 베풀었다. 신랑과 신부의 친지와 친구들은 따로 접대하였다. *폐백음식 전주의 폐백은 화려하다. 폐백음식으로 마른 문어나 전복과 같은 해물을 고기(닭)를 대신하여 사용한다. 문어와 전복은 꽃 · 새 · 잎의 모양을, 약과는 꽃 · 잎 · 나비 모양, 엿강정은 마름모로 잘라 그 위에 식물의 무늬, 밤은 매끈하게 다듬고, 조란은 꽃 · 잎 · 모양, 화전과 전복쌈은 반달 모양, 곶감은 꽃모양, 송편은 꽃 · 잎 모양 등으로 만들었다. 육포와 엿강정에 잣, 채 썬 대추 등으로 장식한다. 구절판은 여자가 시집가서 벙어리 3년, 귀머거리 3년, 장님 3년을 잘 지내라는 뜻이다. 문어 봉황 오림에서 봉황은 다섯 가지 덕을 갖추고 있고 모든 새의 우두머리라고 여겼으며, 고상하고 품위 있는 상서로운 새로 여겼다.

지역	지역별 특징
전주	*이바지음식 이바지 음식으로 동아 · 인삼정과, 화전, 각색 송편, 시루떡, 약식, 다식, 엿강정, 쌀강정, 김장식(부각), 대합찜, 대하찜, 전과 적, 자반 구절판 등을 마련한다. 혼례용 화전은 입막음떡으로 반즉을 넓게 하여 지져낸 떡을 2켜로 시어머니 쪽에 놓았다. 송편은 크기가 작고 앙증맞으며, 쑥 대신 모시 잎을 넣어 만든다. 송편은 강건함, 끈기, 절개, 정조의 의미가 담겨있다. 전과 적은 파산적, 생선전, 호박전, 표고전 등이고 자반 구절판은 멸치볶음, 오징어채볶음, 건새우 볶음, 쥐치채볶음, 김부각자반, 콩자반, 멱자반, 약자장 등이다.
광주	*큰상 큰상에는 53가지 재료로 신선로를 만들어 올렸다. 7첩이나 9첩 반상을 신랑, 신부 각각에게 차려주었다. *폐백음식 폐백닭은 양친이 모두 계시면 두 마리를 만들고, 닭을 장식하는 한지가 푸른색은 부친을, 붉은색은 모친을 의미한다. 밤, 대추와 함께 닭 머리 부분은 마주 보도록 담는다. 부친만 계시면 흰 닭으로 준비하고, 대추는 넣지 않고 밤만 넣는다. 폐백 할 때 친부모인 경우는 부친의 오른편에 모친이 앉고, 계모는 왼쪽에 앉는다. 계모에게 드리는 폐백닭에는 대추나 밤을 물리지 않고, 시아버님께 닭에만 밤을 물린다.
망호정마을	*초례상 동백나무와 대나무를 화병에 꽂그, 암탉과 수탉 한 쌍과 각각 밤과 대추를 물린 모챙이 두 마리 · 무명씨 · 벼이삭 · 과일 등이다.
영암	*초례상 촛불 · 암탉과 수탉 · 무명씨 · 팥 · 나락 · 콩 · 쌀을 놓으며, 입에 대추와 밤을 각각 물린 숭어 두 마리와 동백나무 등을 놓는다. *폐백 · 이바지 대추, 밤, 청주, 닭고기를 준비한다.
군산	*초례상 닭 한 쌍, 솔가지, 잣나무, 밤, 대추, 사과, 배 등을 놓는다. *큰상 큰 상을 받는데 이를 '우청상(雨晴床)'이라한다. 신행 갈 때 '가마이바지'라고 하며 신랑집으로 보낸다. 신부집에서 보내온 음식은 '이바지'라고 한다. 딸의 경우 신랑집에 보내는 음식을 회상(回床)'이라한다. 회상의 내용은 흰떡 1석(대바구니), 인절미 1석, 돼지다리 1석, 산적 1석, 과일 1석, 전 · 약과 · 약식으로 1석이다.
순창	*초례상 찹쌀 · 좁쌀 각 두 그릇과 돼지머리, 홍초 한 쌍, 만수향, 밤, 대추, 청 · 홍실로 연결한다.
강진	*초례상 초와 동백나무에 함박꽃을 만들어 꽂고 석수어 · 대추 · 곶감 · 밤 · 쌀 · 팥 · 콩 · 목화씨 · 닭을 놓는데, 이 때 팥과 콩은 열매를 잘 맺으라는 뜻이고, 목화씨는 명이 길라는 뜻이다.
익산	*큰상 신랑과 상객은 차이 없는 큰상을 받는다. 이 상은 손을 대지 않고 그대로 신랑집으로 보낸다. *사당폐백 시부모에게 폐백을 올리고, 그 다음날 사당에 제물을 진설한 다음, 양인(兩人)이 재배를 올린다.

<table>
<tr><th>지역</th><th>지역별 특징</th></tr>
<tr><td>장흥</td><td>
*큰상
이 지역에서 대접하는 음식은 다음과 같다.
<table>
<tr><th>분류</th><th>음식명</th><th>분류</th><th>좋은 사주</th></tr>
<tr><td>각색편</td><td>백편, 꿀편, 찰편, 주악, 팥시루떡 등</td><td>다식</td><td>송화, 쌀, 녹말, 흑임자 다식 등</td></tr>
<tr><td>건과</td><td>대추, 밤, 은행, 호도, 잣 등</td><td>유과</td><td>강정(잣), 계피강정(고동색), 참깨(흰색), 산자, 매작과 등</td></tr>
<tr><td>생과실</td><td>사과, 배, 감, 귤 등</td><td>당속류</td><td>옥춘당, 꿀병 등</td></tr>
<tr><td>포류</td><td>어포, 육포, 건문어포 등</td><td>초</td><td>홍합초, 전복초 , 수육, 편육류 등</td></tr>
<tr><td>적류</td><td>쇠고기적, 닭적, 화양적 등</td><td>전류</td><td>생선전, 호박전, 표고버섯전 등</td></tr>
<tr><td>정과</td><td colspan="3">도라지(흰색), 당근(주황색), 연근(고동색), 유자(노란색), 청매(연초록) 등</td></tr>
</table>
이와 같이 계절과 형편에 따라 차리며, 고인 음식에 색종이나 비단으로 꽃을 만들어 장식하기도 했다. 각 음식의 괴는 높이와 접시의 수는 기수로 하며 5치(약 15cm), 7치, 9치로 하였다.
</td></tr>
<tr><td>남원</td><td>
*큰상
신랑집에 신랑대반상, 상각대반상을 주물상이라 하여 석작에 담아 보낸다. 겨울이면 떡국, 봄이면 국수를 차린다.

*신방음식
첫날밤에는 밤, 대추, 엿, 찰떡을 신방에 들인다.

*폐백음식
폐백상에는 율란, 조란, 엿, 생률, 밤 물린 암탉과 대추 물린 수탉을 올린다.

*이바지
신부가 신랑 댁에 시집 식구들에게 보내는 인사옷과 엿 한바구니, 떡과 인절미 한 바구니, 오합찬합, 문어오림 등을 이바지로 보낸다.
</td></tr>
<tr><td>나주</td><td>
*큰상
신랑과 상객은 차이 없는 큰상을 받는다. 첫 번째 줄에는 함박꽃을, 둘째 줄에 석수어 · 떡 · 밥 · 곶감 · 대추 · 과일을, 세째 줄에 탕류를, 네째 줄에 편육 · 나물 등을 놓고 밥과 국을 놓는다. 신랑이 큰상을 받으면 신부에게 음식을 조금씩 병풍 너머로 주고 신부는 먹는 체만 하여 물리고 신행 때에 가져간다.

*폐백음식
신부집에서 가져 온 꿩 모양을 만든 닭과 붕어라 하는 문어, 과일 · 밤 · 대추 · 곶감을 놓는다.
</td></tr>
<tr><td>임실</td><td>
*큰상
돼지고기(다리), 쇠고기(갈비) 조기, 도미, 오징어, 문어, 절편, 인절미, 쇠머리떡, 다식, 정과, 묵을 올린다.

*재행음식
절편, 인절미, 쇠머리떡, 돼지다리, 쇠갈비, 조기,도미, 오징어, 문어를 준비하는데 봄에는 절편, 여름에는 기장떡, 가을 · 겨울에는 인절미를 가져간다.
</td></tr>
<tr><td>여수</td><td>
*폐백음식
해안 지방에서는 해산물이나 어류를, 김부각이나 말린 문어를 모양을 내고(문어조) 전복 · 홍어 · 해삼 · 북어, 대합은 함부로 입을 열지 않아 여인의 정절을 비유해 폐백음식에 많이 쓰였다. 각색 고명을 올린 민어, 홍어, 참조기도 빠지지 않았다.
</td></tr>
</table>

지역	지역별 특징
여천	*큰상 함박꽃은 앞줄에 놓았으며, 각색 떡 · 밤 · 곶감 · 대추, 과일은 둘째 줄, 탕류는 셋째 줄, 편육과 나물은 넷째 줄에 놓고 밥과 국을 차렸다.
옥구	*큰상 신랑이 먹다 남은 밥을 신부가 먹으면 부부 금실이 좋다는 속설이 있다.
화순	*초례상 나락으로 쌀을 대신한다.
진도	*초례상 혼례상은 절구통 위에 안반을 올려 그 옆에 베를 둘러서 만든다.
고창	*초례상 초례상에 송 · 죽가지 대신 동백나무 가지를 꽂기도 한다. 이는 동백잎은 겨울에도 늘 푸르고 잎이 떨어지지 않아 변함없는 부부애정을 기원하는 의미이다. 무를 깎아 잉어를 만든 다음 숫잉어 입에는 대추를, 암잉어 입에는 밤을 물린다. *이바지 신부집에 보내는 이바지는 집안 형편에 따라 인절미, 돼지다리, 소갈비, 홍어, 상어, 동태, 곶감 등을 보낸다

7. 혼수 및 혼례복

지역	지역별 특징
진도	신랑은 회색바지에 옥색저고리를 입고, 신부는 홍색치마에 녹색저고리를 입거나 남색치마에 분홍저고리를 입는다. 혼례는 신부집에서 행하고, 신브혼례복은 신랑 집에서 보낸다. 신랑 집은 형편에 따라 치마 · 저고리에 원삼까지 지어 보내거나, 원삼 · 족두리, 단령 · 사모를 신랑 마을에서 빌려 혼례 후에 신랑 집으로 돌려보내기도 하였다.
익산	함속에는 혼서지와 치마 한 감씩이 넣는다.
남원	녹색과 함께 청색 원삼도 착용되었다. 청색 원삼은 녹색 원삼과 길(저고리나 두루마기 같은 웃옷의 섶과 무 사이에 있는 넓고 긴 폭)의 색만 다르고 혼례용 원삼과 동일하다.
고창	*예단 신부집에서 시아버지와 시어머니 옷 한 벌, 동서와 시누이 등을 위한 옷과 인절미, 약주 등의 음식을 예단으로 보낸다.

경상도

경상도는 가야문화, 신라불교문화, 조선선비의 유교문화가 잘 융합되어있으며, 동해와 남해가 접해있고, 태백산맥과 소백산맥으로 둘러싸여 다른 지역과 교류가 활발하지 않아 차별화된 혼례문화가 형성되었다. 경상도 혼례문화는 사치스럽지 않고 소박한 것이 특징이다.

1. 의혼

지역	지역별 특징
동래	신랑의 가문이나 용모는 물론이고 신분, 재산, 형제의 수, 당사자의 지위까지 본다. 그리고 신부의 경우는 친가, 외가, 진외가(陳外家)까지 포함하여 유전병의 유무(有無)와 가풍을 보고, 다음으로 당사자의 효성, 덕성, 용모 등을 보기도 한다. 고(高), 부(夫), 양(梁)의 3성은 제주도에서 같이 나온 성씨라 하여 혼인하지 않는다. 김해김씨(金海金氏)와 김해허씨(金海許氏)는, 시조인 김수로 왕이 막내아들에게는 부인 허씨의 성씨를 주었기에, 같은 혈족이라 혼인하지 않는다. 게다가 김해 허씨는, 나라에서 성씨를 내려준 인천 이씨와는 한 파라고 하여 혼인하지 않는다고 한다.
함양	하동 정씨(鄭氏)는 좌안동(남인) 우함양(노론)이라 해서 남인과는 혼인하지 않는다.
성주	인천 장씨(張氏)와 경산 이씨(李氏)는 요즘에 와서 혼인하기 꺼리는 성씨가 되었는데, 자주 혼인을 하다 보니 가정에 좋은 일보다는 풍파가 더 많아서 기피하는 사이가 되었다고 한다.
진양	토착성(姓)인 강(姜), 하(河), 정(鄭) 3성은 오래 인연을 맺고 보니 동기간의 처지가 되어 버려서 가급적이면 혼인을 하지 않는다.
김천	딸은 자기 집보다 형편이 나은 집으로 시집보내고 며느리는 자기 집보다 못한 곳에서 데려와야 시부모를 잘 모신다고 하였다. 옛날에는 오불취가 있어 역적 집안의 딸, 음란한 집안의 딸, 대대로 형을 받은 집안의 딸, 대대로 나쁜 병이 있는 집안의 딸, 아버지가 없는 집의 장녀의 맏이와는 혼사를 피했다.
안동	· 혼반(婚班) : 안동 지역 반촌(班村)을 중심으로 연줄에 의한 잦은 혼인을 통해 맺어지는 문중관계로 통혼에 신분에 제한을 두었다. · 향혼(鄕婚) : 안동 · 영주 · 봉화 · 예천 · 의성 · 상주 · 문경 등 근접 지역과의 혼인으로 가장 선호하는 통혼관계이다. · 도혼(道婚) : 경주 · 밀양 · 청도 등 장거리이긴 하나 경상도 내의 혼인으로 비교적 잦은 통혼을 하는 편이다. · 국혼(國婚) : 충청도 · 경기도와 같이 경상도를 벗어난 혼인을 '국혼(國婚)'으로 선호하지 않았다. · 길반(吉班) : 혼인 후에 아들을 낳고 무난하게 지내는 혼인 관계를 말하며 이를 안동에서는 '길혼(吉婚)'이라고 한다. 병천 임씨(丙泉林氏)와 마씨(馬氏)는 숲과 말은 서로 상극이라 하여 불혼한다.
진주	동성동본(同姓同本)은 불혼하고, 이성동본(異性同本)의 경우라도 한 조상의 후손인 경우 혼인을 불허한다. 김해 허씨(金海許氏), 김해 김씨(金海金氏), 인천 이씨(仁川李氏)의 경우 양가혼인을 불허하고, 진주지방에서는 진주강씨(晋州姜氏)와 진양 하씨(晋陽河氏), 진양 정씨(晋陽鄭氏) 사이는 서로 혼인하지 않았다.

2. 납채

지역	지역별 특징
함양, 영덕	*연길 오행(五行)을 아는 사람에게 부탁하여 신랑 · 신부의 생기복덕(生氣福德)을 가려서 '살(煞)'을 피하여 택일한다. 청혼하여 허혼이 오는 날에 관례를 한다.
안동	*사주보내기 신부집에서 허혼서를 신랑집에 보내면 신랑집에서는 서신을 신부집으로 보내되, 사성(四星)을 동봉하기도 한다. 신랑집에서 먼저 허혼편지와 사성을 동봉한 문서를 신부집에 보내면, 택일은 신부집에서 정하여 답서와 함께 보낸다고 한다. 그 후에 송복(送服) 또는 물목(物目)이라 해서 돈이나 이부자리, 신부의 사철옷감, 장롱, 패물, 술, 떡 등을 집안 형편에 알맞도록 장만해서 보낸다고 한다.
진양	*사주단자 아무것도 끼우지 않는다. 이 사주를 청 · 홍 겹으로 귀퉁이에 청 · 홍실을 단 사주 보자기에 홍색이 겉으로 드러나도록 싸서 보낸다. 이 때 사주만을 보자기에 싸서 보내기도 하고 사주 옷감이라 해서 옷 한 감을 또는 청 · 홍색 두 감씩을 사주와 같이 싸서 보내기도 하고 생활이 어려우면 종이에 물을 들여서 저고리처럼 넣어 보내기도 한다.
통영, 남해, 영덕, 성주	*연길 택일하여 신랑집에서 신부집으로 알리는데, 이 때에 '혼물' 또는 '예물'이라고 해서 옷감, 이불감, 옷장, 패물, 화장품 등을 형편에 따라 많이 보낸다.
성주, 안동, 동래	택일 후 송복(送服)의 문서나 물목(物目), 봉채(逢采) 등을 보내고 관례잔치를 한다. *동래지역 홍보로 덮은 작은 상을 앞마루에 놓고 혼주인 신부의 아버지가 이를 받아 놓는다.
김천	*사주단자 중매인 또는 아들이 많은 다복한 나이 많은 사람을 시켜 신부집에 보내면 신부집에서는 대청이나 큰방에 상을 차려 놓고 정중히 받는다. *연길 사주를 받은 신부집에서는 좋은 날을 택하여 대간지를 일곱 번 접어 '몇월몇일납폐일선행'이라 쓰고 겉봉에는 '연일' 또는 '택일'이라 써서 신랑집에 보내는데, '연길 송서장'이란 편지를 함께 써 보낸다.
구미	*연길 신부집에서 택일하여 보내면 신랑집에서는 신부의 '옷티'를 한 벌 해 보낸다.
울진	*청혼서, 허혼서 신랑집에서 신부집에 초단이라는 청혼의사를 적은 예장지를 보내고 신부집에서 이것을 받으면 청혼을 승낙하는 허혼서를 보내면서 신랑의 옷 치수를 묻는 편지를 함께 보내다. 이를 '의양 묻는다'고 한다. 예장지를 잘못 보관하면 아프다는 속설이 있어 깊숙한 곳에 보관한다.
진주	*의양 신랑집에서 신부집에 신랑의 치수를 적은 의양서를 보내는 절차로 신부집에서는 신랑의 의양에 따라 두루마기, 바지, 저고리 등을 짓는다.
창원	*택일 신부집에서 택일단자를 신랑집에 보낼 때 '날받이 떡'으로 인절미나 절편, 시루떡 등을 보낸다.

3. 납폐

지역	지역별 특징
함양	함속에는 혼서지와 청단 옷감, 신부의 장신구, 바느질삯인 침선비(針線費) 등이 들어 있다. 신부집에서 함을 받은 후에 함 위에 걸터 앉아 함에 손을 넣어 처음 잡히는 채단의 색깔로 장차의 길흉을 점치는 곳도 있다.
안동	함속에는 예단지, 청·홍 상하의 각 한 벌, 서속(黍粟) 등이 들어 있다.
영덕	함속에는 예단지, 고추, 서속(黍粟), 옷감, 포, 실 등이 들어 있다.
동래	함을 '혼수함'이라 하고 함속을 '떡설'이라고도 한다. 예단지와 저고리 치마 각 세 벌과 이불감과 솜, 반지, 시계, 혼인날에 쓸 약간의 금전을 넣는다. 함이 신부집에 도착하면, 마당에서 상 위에 촛불 두 개, 냉수 세 그릇을 놓고, 혼주가 함을 받아서 북향사배(北向四拜)를 한 후에 안방으로 들고 들어간다.
경주, 경남산성	납폐할 때에 만드는 절편이나 인절미를 봉치떡으로 간주한다.
울진	혼례 때 혼수품목을 지고 가기 위해 부녀자들이 짐계를 조직하였다. 납폐는 패물·옷감 그리고 혼서·채단을 나눠 보낸다. 혼서와 채단을 혼례당일에 전달하기도 하였다. 신부집에서 예단으로 노란 저고리와 빨간 치마, 속치마를 주로 받았다.
진주	함에는 혼인날 입을 치마저고리감과 이불감, 솜, 패물 등이 들어있고 예장지(禮狀紙) 또는 혼서(婚書)를 같이 넣고 혼례날 쓸 '앞돈'을 보낸다. 신부집에서는 '상 보낸다'고 하여 혼례 전날 시부모의 요, 이불, 옷, 집안 사람들의 옷 등을 해 보내고, 갖가지 음식이 담긴 바구니를 함께 보내기도 한다. 이를 받은 신랑집에서는 음식을 비우고 그 바구니에 곡식을 담고 상값이라하여 '뒷돈'을 신부집에 보내기도 했다.
창원	납폐를 상답이라 한다. 혼서지를 예장지라 한다.

4. 친영

지역	지역별 특징
동래	***전안례** 혼주인 아버지가 나와 신랑과 마주서서 서로 반절한다. 절하고 앉으면 신랑이 대례상 앞으로 다가와서 꿇어 앉으면 시중드는 이가 기러기를 신랑에게 전달하고 신랑이 기러기를 혼주에게 준다. ***합근례** "사자짐주(使者斟酒)"하면 옆에 있는 대반이 술을 따른다. "초작제주(初酌祭酒)"하면 첫 잔을 마시는데, 대개 마시는 시늉만 하고 퇴주한다. "우짐주(又斟酒)"하면 세쨋잔을 채운다. "삼주환주(三酒還酒)"하면 신랑잔에 청실을 감아 신부에게 보낸다. "서읍부(壻揖婦)"하면 신부잔에 홍실을 감아 신랑에게 보내어 마시게 한다. "거식(擧食)"하면 상위의 안주를 입에 댄다. "예필상(禮畢床)"하면 상을 물리어 교배지례(交拜之禮)가 끝난다.
통영	아침 일찍 앞마당에 병풍을 치고 밥, 술, 생선 한 마리를 차린 다음, 재배하여 조상에게 고하고 떠난다.
함양	색일꾼, 새손, 동인이라고 해서 등롱잽이가 따라간다. 신랑과 상객은 가마를 타고 함진애비는 홍립을 쓰고 간다. 신랑이 식장에 들어올 때, 짚단에 불을 놓고 넘어 들어오면 접대를 맡은 사람이 절을 하고 맞아들인다.
영덕	수행 인원 수에 있어서도 신랑을 포함해서 반드시 홀수로 가야 한다.

지역	지역별 특징
안동	요객(繞客)이라 해서 상객을 모시는 사람이 따로 수행한다. 행례는 신부집 마당 한가운데에서 행해졌으며 혼례를 위한 행례반에는 대나무를 꼽은 병을 양쪽에 놓고, 그 사이에 청실홍실을 걸었다. 보자기에 싼 장닭과 암탉을 올리고, 나무오리도 놓았다. 행례반 가운에 쌀, 대추와 밤 등을 놓고 혼례 시에는 하늘을 봐서는 안 된다는 속솔 때문에 상 위에는 차일을 친다. 행례반 뒤로 병풍을 펼친다. 혼례를 위한 행례반에 올린 밤, 더추를 먹으면 결혼을 일찍 간다는 속설이 있어, 미혼들이 서로 먹으려고 다투기도 하였다.
고령	혼례상 양가에서 같이 준비한다. 혼례를 집례하는 사람을 '홀개'라고 한다.
창녕, 김천	신랑이 가마에서 나와, 곡식 가마인 '노죽섭'을 딛고 내려서면 대반(對盤)이 옆에서 시중을 한다. 이것은 신랑이 신체적으로 문제가 없는지 보기 위함이다.

5. 관대벗김, 큰상, 방합례, 우귀(신행), 근친(재행), 동상례(신랑다루기), 문안인사, 부엌출입

지역	지역별 특징
안동	***폐백** 시조부모 · 시부모 · 시백숙모 · 시고모까지 절을 하고 그 외 근친과는 맞절을 한다. 시아버지 · 시조부모께는 고기 안주를, 시어머니께는 밤과 엿을 드리는데, 밤은 까는 데에 정신없으라는 의미이고, 엿은 입을 다물라는 뜻이다. 시어머니는 이것을 받아서 머리에 얹고 방으로 들어간다. ***방합례** 신방 훔쳐보는 사람도 상객이라 불렀는데, 이들이 장난을 쳐야 잘 산다고 믿었다. 상객이 없는 경우 부모가 이를 대신했다. ***신행** 혼례 후 신부는 친정에 머물고 5일째 되는 날 신랑은 걸어서 시댁으로 갔다. 신행 갈 때 친정어머니가 잘 살라고 거름을 한 줌 던진다. 상객으로는 신부의 아버지가 동행했고, 신부는 마을의 가마를 빌려 타고 간다. 가마 안에 찹쌀을 넣고 그 위에 달걀을 하나 얹은 놋요강을 빨간 보자기에 싸서 넣어 간다. 일행이 시댁의 대문 앞에 이르면 가마꾼들은 시댁에서 준비 한 세 무더기의 짚불을 발로 차고 들어간다. 가마가 도착하면 가마 문을 열고 신부에게 감주를 먹인다. 그 후 시어머니는 신부가 가져온 찹쌀을 한 움큼을 그릇에 담고 계란을 가운데 올려 신부에게 주면 신부는 그것을 앉고 가마에서 내려 시댁 여인들이 있는 방으로 들어간다. ***문안인사** 신부는 신행 온 다음날부터 아침 · 저녁으로 시부모에게 문안인사를 올린다. 경북지방에서는 이를 사관(伺觀)이라 하며 사관음식은 친정에서 준비해간다. ***부엌출입** 삼일 입주(入廚)할 때 따뜻하고 포근하게 잘 살길 바라며 부엌의 채에 담아둔 목화부터 만졌다. 신부가 시댁에서 첫 상차림을 하는데 어려움이 없도록 친정에서 밑반찬(찬궤,饌饋, 상견음식)을 준비해 간다. ***근친** 신부집 앞에 짚불을 피우고 콩 · 팥을 뿌리면 가마꾼은 짚불을 차면서 들어온다. 가마가 마루 앞에 놓이면 신랑이 가마문을 열고 근친(近親)의 여자가 감주를 가져온다. 신부는 이것을 먹고 가마에서 나와 자기 방으로 들어간다. 가마에 깔았던 짚방석은 지붕에 얹는다

지역	지역별 특징
동래	*방합례 신랑은 큰방에 들어가서 정해진 방위(方位)에 앉고, 신부는 모방(某房)에 들어가 조용히 앉아 있는다. 신방은 신부의 언니나 어머니가 자리를 펴놓고 요강에는 솜을 깔아두고 바느질 상자도 놓고 나온다. 신부가 먼저 방에 들어와서 웃목에 앉아 있으면 신랑이 들어온다. 얼마 후에 주안상이 들어오면, 신부가 술을 따르고 신랑이 이를 받아 마신다. 그 후 잠자리에 들어가 신랑이 자기 겉옷을 먼저 벗고 나서 신부의 옷을 벗겨서 준다. 먼저 신부의 가슴을 만지면 유종을 앓고 머리를 만지면 상처를 당한다고 하여 발을 만져보고 신부 저고리의 옷고름만 풀어 준다. 이를 '가슴 풀어준다'라고 하며, 그 다음은 신부가 벗기 시작하고 옷을 벗으면 그를 안아다가 자리에 눕힌다고 한다. *폐백 폐백은 시조부모가 계시면 시조부모부터, 시백부가 계시면 시부모보다 시백부에게 먼저 절을 한다. 그 다음 시부모 · 시삼촌 · 시고모 · 시제모 · 시동기간들의 순위로 절을 하고 예물을 올린다. 신부를 부축하는 하님은 신부 대신 술을 따라 올리며, 이 일이 끝나면 절을 받는 사람으로부터 쌀 한 되씩을 받아간다.
김천	*방합례 첫날밤 잠자리에 들기 전 "신랑 방 지킨다."하여 동네 아낙들이 문구멍을 뚫어 엿보기도 한다. *신행 혼례를 치르고 1~2년 정도 처가에 머물면서 시집살이에 관한 범절을 배웠다. 신부집이 형편이 좋지 않은 경우 '3일 신행' 또는 '도신행'이라 하여 초례 3일 만에 신행하기도 하였다. 신랑이 장손이면 먼저 사당에 고한 후에 시아버지와 시어머니에게 4배하고 술을 올린다. *동상례 신랑, 신부가 근친을 오면 친지들은 신랑의 발목을 끈으로 묶어 거꾸로 매달고 방망이나 마른 명태로 발바닥을 때리면서 가져온 음식과 술을 더 내놓으라고 한다. 신랑은 장모를 불러 음식을 더 대접하게 한다.
진주	*방합 신부집에서 혼례식이 끝나면 곧바로 신랑집으로 신행을 갔다가 다시 신부집에 와서 첫날밤을 보낸다. 신방의 주안상을 주물상, 야물상, 차담상이라고 한다. *신행 신행을 가기 전에 신부는 부엌에 들어가 솥뚜껑의 손잡이를 만지거나 솥뚜껑을 세 번 들썩거린 후에 떠난다. 이것은 자기가 살았던 집에 마지막으로 하직을 고하는 뜻에서였다. 이를 '길틔우기'라 하는데 신부집 어른이 연로(年老)해서 여자의 일손이 꼭 필요한 경우에 이런 풍속을 따랐다. 신부집 잔치와 신랑집 잔치를 같은 날 한꺼번에 간소하게 치렀다. 그리고 신랑과 신부는 각자의 집에서 살고 신랑은 신부집으로 옮겨와 잠을 자기도 하였다. 신랑이 상처(喪妻)를 하고 재혼을 할 경우, 빈소(殯所)가 아직 있으면 신부는 남자 갓을 쓰고 빈소에서 절을 올리고 빈소를 철거하였다.
함양	*방합례 신방에는 냉수 한 그릇과 요강에 쌀겨를 담아 놓는다. 신랑이 먼저 들어오고 신부가 들어오는데, 이 때 신랑은 돌아서서 맞이한다. 곧 주안상이 들어온다. 그 다음에 신랑이 신부의 머리부터 벗기는데, 큰다리 · 새끼다리 · 큰머리를 벗기고, 옷고름을 푼 후에 겉적삼을 벗긴다. 불은 이불자락으로 끈다. 신방을 차리고 다음날 새벽 조반 전에 신부를 위하여 초조반상으로 초례청에 놓았던 용떡으로 끓인 떡국이나 잣죽, 깨죽을 끓여 먹게 한다.

지역	지역별 특징
함양	*신행 손 있는 날 신행을 가면 콩과 팥, 소죽, 소금을 가지고 가다가 성황당에 뿌리고 간다. *폐백 시부모에게 먼저 사배를 하고 시조부모 · 시백숙부모 · 시고모 내외 · 시외숙 내외 · 시제모 내외에게 각각 한 차례씩 절을 하고, 시형제지간은 맞절을 한다. 시어머니는 절을 받으면 대추를 머리에 얹고 큰방을 다녀 온다.
고령	*해묵이 보통은 혼례 후 신랑은 신부집에 3일간 머물다가 신랑집으로 돌아간다. 3일 후 신랑집으로 돌아가지 않을 경우 신부의 친척집에서 하루 묵는데, 이것을 '인견'이라 한다. 인견 후 다시 신랑이 3일 동안 신부집에서 묵을 수 있었다. 이후 신랑은 자기 집으로 돌아가고, 신부는 '해묵이'라 하여 친정집에서 1년을 더 보낸다. 신부는 그 동안 길쌈을 하여 시집가서 쓸 이불, 시부모 이불과 한복, 남편 옷과 자기 옷을 만들었다. 이 때 신랑은 두세 달에 한 번 정드 처가에 오는데, 특히 국수를 많이 먹는 여름에 처가에 오는 것을 '밀밭 매러 온다.'고 했다. 해를 묵힌 후 신랑집에서 '시집으로 언제 오라'는 내용의 편지를 신부집으로 보냈다.
구미	*해묵이 혼례는 중매-사주단자-택일-삼행-신행-폐백 순서로 진행되었다. 신부가 혼례 뒤 친정에서 일년정도 '해묵이'를 하는데 신랑이 혼인식이 신부집에서 5일간 지내다가 집으로 돌아간 뒤 한 달 안에 신부집으로 오는 것을 삼행이라 한다. 신부집에서는 신랑이 시댁으로 갈 때 시아버지 도포, 신랑 도포, 바지저고리, 두루마기, 시부모의 금침 이부자리를 보낸다. 신랑이 삼행을 올 때는 무명, 삼베, 명주치마저고리 등을 혼수로 보낸다. 신랑은 삼행을 올 시어른의 허락을 받아야 한다. *신행 신랑은 삼행 뒤에 날을 받아 신부를 데리러 온다. 신행은 폐백 음식과 혼수품 등을 가지고 가는데, 이 때 친정아버지와 하인들이 따른다. 신구는 가마 속에 찹쌀과 계란 세 개 담아가서 시집 간지 사흘 후에 이것으로 밥을 지어 먹는다. 신부는 큰상을 받는데 신부와 신부 아버지가 받는 상을 경반상이라 하고, 손님상을 대반상이라 한다. *폐백 경반상을 받고 헌구례를 한다. 폐백을 마친 다음 좋은 고부사이를 위해 시어머니와 함께 시댁에서 첫날밤을 잔다.
창원	*신행 신부의 사주에 따라 신행일자를 잡는다. 혼례 당일에 당일우귀를 하는 경우 '신부리'라한다. 일반적으로 3일 만에 신행을 가지만 사주에 따라 3년 만에 신행을 가기도 한다. 이를 '해묵이' 또는 '3년 각시'라고 한다. 중방마을에서는 같은 날 불뚝 고개를 넘어 신행을 갈 경우 먼저 고개를 넘는 사람이 팔자가 좋다는 속신이 있어, 고개 밑에서 밤 12시를 기다렸다가 먼저 넘기도 했다. *동상례 신랑은 동상례 때 "신랑은 풍습에 따라 이러한 음식을 낸다"는 문서에 서명을 하고 현금과 함께 낸다. 이때 붓과 벼루를 준비하여 신랑의 실력을 시험하기 때문에 신랑은 미리 글씨연습을 해 둔다. 이는 신랑이 동상례 때 처가의 경제적 부담을 덜어주는 의미도 있다.

지역	지역별 특징
영덕	***폐백** 시부모에게 재배, 시조부모 · 시숙부 · 시고모 등에 단배, 시동기간 등은 맞절을 한다. 이 때 엿 · 대추 · 과실을 놓는데 ,시어머니는 엿을 쓰다듬으면서 모두 입을 다물라고 한다. 이 때 신부는 가지고 온 옷을 나누어 준다. ***신행** 신행때 신랑집 문 앞에다 짚불을 피우고 밥을 놓고 찬을 놓은 상 앞에서 무녀(巫女)가 주문을 외운다.
통영	***큰상** 대례가 끝난 후에 신랑이 큰상을 받으면 함께 온 친구와 같이 먹어버리고 집에는 보내지 않는다. 상객도 큰상을 받지만 같은 용마루 아래서 신랑상과 상객상을 차리는 법이 아니라고 하여, 다른 채(寨)에서 상을 받는다. ***관대벗김** 신랑이 먼저 들어가서 기다리면 신부가 들어온다. 이때 신랑은 돌아서서 신부를 맞이한다. 신부가 돌아서지 않으면 신랑이 돌려 앉힌다. 이윽고 주안상이 들어온다. 상을 물리고 신부가 자리를 깔고 신랑 옷을 신부가 먼저 벗긴다.
울진	***신행** 신행 때 신부는 가마에 요강과 접토방구리(바느질고리)를 넣어서 가져갔다. 알찬 시집살이를 기원하는 의미에서 요강 속에 소금 · 고추 · 목화 · 쌀 · 팥 등을 넣었고 접토방구리에는 바느질거리를 넣어 가져갔다. 그러나 가위는 신행 때 가져가면 좋지 않다는 설이 있어 근친 때 가져갔다. ***근친** 근친을 '첫질간다'고 하며, 이때 가져갈 음식을 시집에서 준비하는데 이를 '눈물정심'이라 한다.
고령	***방합례** 대례 후에 신랑은 사랑방으로, 신부는 자기의 방으로 들어간다. 신랑은 사랑방에서 마을 어른들과 이야기를 나누며 됨됨이를 평가받는다. 신부는 밤이 되면 야물상을 차려 신랑이 있는 방으로 간다. 이때 마을 젊은이들은 신방 문에 구멍을 뚫고 '신방 엿보기'를 한다.
경주	혼례 당일 우귀를 하면 신랑집에서 현구고례를 하고 신부집으로 돌아와 신방을 차리는 곳도 있다.
남해	신랑집에서 신방을 꾸미기도 한다.

6. 혼례음식

<table>
<tr><th>지역</th><th>지역별 특징</th></tr>
<tr><td>성주</td><td>*초례상
암탉 · 수탉 각 한 마리, 쌀 · 건어물 · 용떡 · 초 두 개와 대례상 양쪽 화병에 솔가지와 대나무를 꽂고 청실홍실로 연결한다.

*사당폐백
신부는 다음날 새벽에 일어나 친정에서 준비해 가져온 음식물을 사당에 올린 후, 시부모에게 드린다.</td></tr>
<tr><td>고령</td><td>*초례상
초례상 위에는 호리병에 대나무를 꽂아 청실홍실을 엮어 두고, 수탉 · 암탉, 피문어, 가오리, 명태 등을 올린다. 혼례상 옆 작은 상에 찬물과 술잔을 올려놓는다.</td></tr>
<tr><td>동래</td><td>*큰상
큰상이 난 다음에 다시 술상을 차리는데, 상 위에는 동상례 비용을 청하는 서면을 얹어서 들여간다.

*혼례날 저녁, 다음날 아침상
신방을 치른 다음날 아침 식사로는 대례상 위에 올렸던 용떡을 썰어서 떡국을 만들어 신방에 들여보내기도 한다.</td></tr>
<tr><td>진주</td><td>*초례상
쌀 두 그릇 · 촛대 2개 · 송죽(松竹)화병, 쪽바가지 2개와 청실홍실을 놓는다. 용떡 · 밤 · 대추는 놓지 않는다. 대례상 앞에 주안상 두 개를 놓고 술잔 · 마른명태를 놓는다. 그 앞에 대야를 놓는다.

*혼례날 저녁, 다음날 아침상
첫날밤을 치룰 신랑에게 마즙을 주는데, 산마는 예로부터 정력제로 알려졌으며 즙의 생김새가 정액과 유사하고 마의 모양이 남자의 생식기와 비슷하여 생긴 풍속이다.</td></tr>
<tr><td>함양</td><td>*초례상
쪽바가지 · 송죽 · 초 · 청 · 홍실 · 용떡 · 쌀 · 닭 · 북어에 밤을 물린 것과 대추 물린 것에 각 다리를 만들어 세워 놓는다. 대례상 앞에는 돼지그기 · 술잔 · 술을 놓는다.</td></tr>
<tr><td>안동</td><td>*초례상
청 · 홍보에 싼 닭 한 쌍, 청 · 홍실로 감은 신랑을 뜻하는 소나무와 신부를 의미하는 대나무를 꽂은 병, 밤 · 대추 · 곶감을 놓는다. 송죽 한 쌍은 절개를, 밤은 조상을, 대추는 자손을 청 · 홍실은 인연을 뜻한다.

*큰상
<table>
<tr><td>과실류</td><td>밤, 대추, 곶감, 잣, 사과, 호도, 은행</td><td>조과류</td><td>약과, 다식, 유과, 강정, 엿</td></tr>
<tr><td>정과류</td><td>도라지정과, 건가지정과</td><td>편</td><td>각색절편, 백편, 인절미, 화전</td></tr>
<tr><td>고기류</td><td colspan="3">제육, 육포, 어포, 문어오림, 양지머리편육</td></tr>
</table>
*배별상(拜別床)
배별상은 시댁에 딸을 맡기고 하직할 때 차려지는 상이다. 경반상(硬飯床) · 상객상 · 신발상 등으로 부른다. 사돈댁이 떠나는 시간에 따라 밥상, 떡국상, 주안상이 될 수 있다. 장국수, 찜, 편육, 김치, 나박김치, 떡, 다식, 약식, 정과, 약과, 전골, 전, 포, 과일, 어물, 회, 잡채, 메밀묵 또는 청포묵, 전약, 쇠머리수육, 명태찜, 수란, 쇠고기 산적을 준비한다. 또한 다시마 · 쇠고기 · 무 · 파 · 토란줄기 등을 꾀어 전을 부치고 실고추, 깨 등으로 고명을 얹은 집산적을 준비한다.</td></tr>
</table>

지역	지역별 특징
안동	그밖에도 어육갈납전과 배추적(彩炙) 등이 있다. 물에 추겨 뼈와 껍질을 발라내어 장만한 명태를 간을 한 밀가루집에 적셔서 채반에 쪌 때, 그 위에 실고추와 검은깨 등으로 고명한 명태찜은 경상도의 잔치상에 밑반찬으로 필수음식이었다. 이 음식은 퇴상에도 보냈을 만큼 행사음식으로 고루 쓰였던 것이나, 지금은 만드는 가정이 귀할 정도이다. 그리고 찜, 편육, 김치, 나박김치, 떡, 약식, 다식, 전골, 전(저냐), 포, 강정, 약과, 정과, 과일, 어물, 회 등이 있다. ***혼례날 저녁, 다음날 아침상** 혼례날 저녁상은 7첩 반상이나 9첩 반상을 신랑신부에게 각각 차려준다. 겸상에 약식을 놓는다. 신방에는 삼실과 · 엿 · 술 · 술안주 · 감주(식혜) 등으로 주안상을 차린다. 방합 다음 날 조반으로 깨죽 · 잣죽 · 떡국 등을 차린다. 조반상도 7첩이나 9첩 반상을 차린다. 점심으로는 국수장국상을 차린다. ***폐백** 시아버지께는 밤 · 대추, 시어머니께는 건치(말린 꿩고기) · 폐백닭 · 편포를 준비한다. 이것은 자손번창, 합체의례강조, 시부모 공경을 뜻한다. 그리고 대추는 아들출산과 장수(長壽)를 의미한다. 5합(밤, 대추, 엿, 어육전, 건전과류) 또는 3합으로 위의 음식을 곁드려 담기도 하고, 구절판과 닭찜 또는 육포 또는 쇠고기 산적을 한다. 생선전, 쇠고기산적을 원형의 목판에 담고 그 위에 대추에 실백을 박아서 홍실에 꿰어 돌린 다음, 메추리알 · 호두 · 은행 · 대추 · 황백지단 · 석이채 · 실백 등으로 돌려 장식을 한다. ***문안인사** 신부가 시부모님께 조석으로 문안드릴 때 음식(사관(伺觀))을 함께 드린다. 사관음식은 사관엿, 조과(유과 · 다식 · 정과 · 약과), 음청류(감주, 술), 안주(육포 · 보푸라기) 등이다. ***찬궤(상견음식)** 신부가 시댁에 가서 쓸 밑반찬으로 명태 · 대구 · 가오리 · 문어 등의 포푸름(보푸라기), 우엉조림 · 육장(쇠고기 장조림) · 더덕장아찌 · 고추장 볶기 · 젓갈(창란, 굴 등) 자반(조기, 가자미, 상어 등) 등을 준비해간다.
영덕	***폐백음식** 엿 · 대추 · 오과식을 놓는다. 시어머니는 엿을 쓰다듬으면서 모두 입을 다물라고 한다.

7. 혼수 및 혼례복

지역	지역별 특징
고령	정식혼례복은 가정마다 갖추기가 어려워 마을 공동으로 구비하여 관리하였다. 보통은 신랑은 명주 바지, 저고리에 두루마기를 입고, 신부는 비단 치마, 저고리에 족두리를 착용하였다. 신발은 고무신이나 가죽신 등을 신었다.
안동	신부의 혼례복은 신랑 집에서 보내거나 문중에서 대물림하거나, 마을 공동의 것을 빌려 입는다. 혼례복을 구할 수 없을 때 나삼(羅衫)이라 하여 신랑 집에서 보내온 혼수감을 혼례복으로 대신하였다. 청 · 홍 치마감을 어깨에 걸치고 등과 가슴, 양 겨드랑이에 핀을 꽂아 고정시킨 후, 저고리감을 허리에 둘러 원삼의 흉내를 냈다. 혼수감을 쌌던 종이를 손에 끼워 한삼 대용으로 사용하였다. 족두리는 귀쌍다리(안동 지역에서 신부의 족두리를 고정시키기 위해 머리에 얹은 머리카락 다발)를 이용하여 고정시켰다. 치마 안에는 여름철 속옷인 살창고쟁이를 입었다. 이 옷은 고생스러운 시집살이를 상징한다. 살창고쟁이의 뚫린 구멍으로 신부의 흉이 새어나가 시집살이가 수월하기를 기대하는 마음과 시댁에서 예의를 차리기 위해 여러 벌의 속옷을 입어야 하는 딸을 안타까워 하여 마음을 담아 친정어머니가 준비하였다.

제주도

제주도는 농촌, 어촌, 산촌의 생활방식이 각각 다르다. 그러나 부지런하고 꾸밈없는 성품은 그들의 혼례문화에도 잘 반영되어있다.

1. 제주도 혼례 특징

1) 촌락내혼

제주도 혼례의 가장 큰 특징은 같은 마을 안에서 혼인을 하는 촌락내혼(村落內婚)을 하는 것이다. 문중 조직이 약하고 반촌을 형성하지 않아 여러 성씨가 모여 마을을 이뤄 같은 마을이나 인근 마을과 혼인을 하였다. 촌락내혼이 많은 제주 지역에서는 한 마을의 가구들이 혼인 관계로 서로 연결되는 일이 많다. 이로 인해 부찌사돈관계가 형성되는 데 부찌사돈은 사돈관계에 있는 집안들이 또 사돈이 되는 관계를 말한다.

이런 혼례풍속은 겹사돈 관계를 맺게 되어 성가(姓家), 외가, 처가, 시가가 함께 근거리에 기거하게 되어 친인척과 유대가 돈독하게 된다. 이는 부계혈족과 모계혈족 사이에 동등하게 형성되는 것을 나타낸다. 이는 모계중심적 특성이 잘 보여주는 것이다.

2) 올리친심

제주도의 전통 혼례는 납채(納采)와 친영(親迎)은 육지와 다르고 대례(大禮)없이 신부를 곧장 신랑집으로 가는 것이 특징이다. 신랑은 홍세함을 상객들과 같이 신부집에 가지고 가서 신부측 시중알 따라 방에 들어가 상을 받고, 신부는 부모에게 인사를 하고 신랑과 시댁으로 간다. 신부집에서는 이날 잔치를 벌이며 다음날 신랑 · 신부는 시아버지, 큰아버지를 모시고 친정집을 찾아가 인사를 드리며 신랑 · 신부는 하룻밤을 묵고 신행을 간다.

3) 가마접

예부터 혼례 때 신부의 가마는 신랑집에서 준비하는데, 제주에서는 신부가 탈 가마를 마을에서 공동으로 구입하여 사용하였다. 가마는 보통 마을 단위로 구성되어 있던 '가마접'에 일정한 돈을 내고 가입하고 혼례일에 빌려 사용하는 독특한 제주의 혼례풍속이 있다.

4) 혼례 풍속 및 금기사항

· 혼례 날 비가 내리면 부자로 산다.
· 음력 6월 혼례는 피한다.
· 혼례 날 바람이 거세게 불면 새 살림에 어려움이 일기 쉽다.
· 혼례 날 그릇을 깨면 불길하다.
· 혼례 날 비질을 하면 복이 나간다.
· 상 중인 사람은 상객으로 가지 않는다.
· 혼례 날 신랑이 신부집으로 나설 때 상주가 보면 안 된다.

· 혼례 날 신랑의 앞길을 가로지르면 안 된다.
· 한 마을 안에서 같은 날 두 집에서 혼례를 않는다.
· 같은 해에 한 집안에서 혼례를 두 번 치르면 한 살림은 못 산다.

5) 혼례잔치

제주에서는 4일에 걸쳐 혼례전날의 가문잔치, 혼례 당일의 잔치, 신부집에서의 사돈잔치와 신랑 집에서 사돈잔치까지 양가에서 세 번씩 합계 여섯 번 잔치를 한다.

(1) 가문잔치

혼례 전날 잔치에 필요한 음식을 마련하고, 혼인준비에 도움을 주신 친척이나 이웃들에게 감사를 표하는 맘으로 양가에서 각각 가문잔치가 열린다. 하객들은 이날이 되면 '잔치 먹으러 간다' 또는 '먹을 일 있다.'라며 신랑과 신부측에서 마련한 음식을 대접 받으러 간다. 이날 양가는 돼지고기와 모자반을 넣고 끓인 '맘국'과 '가문반'을 대접한다. 제주에서는 가문잔치를 중시했으며, 가문사람들만 지내는 의례라 하여 가문잔치를 하지 않으면 주변 사람들이 흉보기도 하였다.

(2) 혼례날잔치

신랑집에서는 홍세함에 예장과 폐백을 넣고 문전제를 올리고, 조상에게 제사를 지낸다. 신랑 일행은 말을 타고 신부를 데리러 출발한다. 신부집에서는 홍세함을 받아 상 위에 올려놓고 집례자가 향을 피고 함을 열어 예장을 검토한다. 예장이 접수되고 문전고사 후에 신랑은 중방의 안내를 받아 신랑방으로 들어가며 우시(상객)는 따로 우시방으로 들어가 상을 받는다. 신랑과 일행이 상을 물리면 마루로 나와 양가친척들이 서로 인사를 나눈다. 이를 '사돈열맹'이라 한다.

신부집 마루 중앙에 간소한 주안상을 차리고 신부를 데리러 간 신랑 · 신랑 측 우시와 신부의 부모 · 조부모 · 남녀 친척 등이 소개되는데, 서로 인사를 하고 간단히 술잔이 오간 다음 하직 인사를 한다.

행사가 끝나면 신부는 오른발부터 가마를 타고 이불, 방석, 요강 등을 가마 속에 넣어간다. 신랑집에 도착하면 신부는 대반의 안내를 받아 신부방으로 들어가 부자가 되어 잘 살라는 의미에서 고팡(광)쪽으로 앉는다. 신부 측 우시들도 식사를 마치고 사돈열맹을 한다.

(3) 열맹

열맹은 문안인사', '올래알림', '조례', '숙기둘레'이라고도 혼례 다음 날이나 근시일내로 신랑, 신부가 가까운 친척에게 인사다니는 것을 말한다.

(4) 사돈잔치(査頓잔치)

사돈잔치는 '두불잔치(두 번의 잔치)'라고도 부르며 혼례 후에 양가 가족들은 혼인 다음날은 신부집에서, 그 다음날은 신랑집에서 번갈아 상대방의 집을 방문하여 인사를 나누는 것으로 각각의 집에서 잔치를 치루는 것이다. 사돈잔치는 혼례날은 안사돈에게 제대로 인사를 못 하기 때문에 이에 대한 예우로 신랑, 신부와 신랑 부친 및 근친은 돼지고기와 술 등 음식을 준비하고 신부집으로가서 사돈잔치를 하는 것이다. 혼인 셋째 날은 신랑 · 신부와 신부 부친, 또는 신부 측 근친들이 음식을 준비하여 신랑 집을 방문하여 잔치를 벌인다.

2. 혼례음식

종류	음식차림
혼례상	닭고기, 돼지고기, 밤, 대추, 송애기떡, 오색시루떡을 올린다.
대례상	쌀 · 팥 · 밤 · 대추 · 암수닭 한쌍 · 청 · 홍초, 송 · 죽화병, 2가지 또는 5가지 색떡을 놓는다.
큰상	신랑 · 신부가 받는 큰 상을 '새서방상', '새각시상', 가진상(가진床)이라고 한다. 곤밥(쌀밥), 국(옥돔국, 무국, 돼지갈비국), 돼지고기, 두부, 순대, 닭고기, 달걀완숙, 돼지갈비, 전류(초기전, 간전) 등을 준비한다.
이바지	제주에서는 혼례에 필요한 물자를 신랑측에서 신부측으로 보내며, 이바지라는 단어를 쓰지 않는다. 이바지 품목으로는 과일, 편, 한과, 약반, 해물찜, 큰 생선, 생선, 생고기, 건어물(명태, 오징어), 술, 반찬 등이 보내졌다. 특히 명태와 오징어는 제사에 사용하며 시댁의 조상에게 자손의 혼인을 알리는데 사용하므로 필수품목이었다. 혼례 삼일 전을 흔히 '돗(돼지) 잡는날'이라 하여 신랑신부 양가에서는 잔치 준비에 박차를 가한다. 잔치음식으로는 반드시 돼지고기를 사용하는데 돼지를 잡으면 일손을 거들어 준 동네 사람에게 우선적으로 돼지간과 술을 대접한다. 이바지는 혼례당일날이나 전일 또는 우수일에는 신랑측에서 신부댁 혼례에 필요한 물자를 보내는 것으로, 신부측에서 특별히 거절하지 않는 이상, 이는 당연한 의무로 받아들였다. 신부댁에서 받는 이바지 품목으로 신부댁의 지위가 나타나므로 신랑측에서는 성심성의껏 준비를 하며, 이바지로 돼지 · 닭 · 달걀 · 두부 또는 두부콩 · 쌀 · 술 등을 준비한다.
대반상(對盤床)	신랑과 동행하는 신랑의 동서뻘 되는 사람에게 대접하는 상이다. 신랑상보다 간소하게 차린다.
상객상	곤밥, 국(옥돔국, 무국, 돼지갈비국)돼지고기, 순대, 두부, 닭고기, 물김치, 전류(초기전, 간전) 등의 음식으로 신랑상보다 정성껏 차린다.
가문잔칫상	혼례 전날 친척들에게 대접하는 것으로 돼지고기 남은 것과 내장을 담고 소금을 담아 1인당 하나씩 나누어 주었으며 보리쌀, 쌀, 팥으로 지은 촛불밥과 몸국을 나누어 먹었다.
하객상	밥과 계란전을 대접했으나 면과 메밀전으로 바뀌었다.

3. 혼수 및 혼례복

지역	지역별 특징
제주	제주에서 입던 여자의 전통 의례복은 장옷(장의, 長衣)인데 겉옷인 포(袍)의 일종으로 제주에서는 혼례복과 호상옷[壽衣]으로 명주를 이용해 만들었다. 장옷 입기는 반상(班常) 의식이 사라지면서 1900년대 중반까지 이용되었다. 장옷은 두루마기와 거의 같으나 소매 끝에 흰색 끝동을 넓게 댄 것이 틀리다. 옷깃 · 옷고름 · 겨드랑이에 자주색으로 무를 대었고, 깃에는 동정을 달았다. 제주에서는 명주로 만든 것이 구해 '맹주(明紬)가 비단'이라 하였으며, 염색한 옷을 '물색장옷'이라 하여 귀하게 여겼다.

이북지방

황해도는 무역이 활발하였으며, 부유한 계층이 많아 인심이 좋고 검소했으며 음식은 충청도음식처럼 담백한 것이 특징이다.
평안도는 상업이 발달하여 부유계층이 많았으며, 대륙적이고 진취적인 특성을 가지고 있다. 음식이 푸짐하고 대륙적 기질이 잘 나타나있다.
함경도는 우리나라 가장 북쪽에 위치해 있으며, 음식의 간은 세지 않고, 담백하다. 음식의 모양은 기교가 적고 모양이 큼직한 것이 특징이다.
이북지방의 폐백은 일반적이지 않은데, 이는 혼례 때 신부집에서 오는 재물을 받는 것을 수치로 여겼던 고구려 혼속의 영향이 아직도 내재한 탓으로 여겨진다.

1. 개성

혼례절차	특징
납폐	찹쌀과 통팥을 두 켜로만 넣고 찐 팥시루떡인 함시루떡을 신랑집에서 신부집으로 시루째로 보내면 신부집 아버지가 상 위에 함과 시루떡을 올려서 살림관장의 제석신(帝釋神)이 있는 안방장농 앞에 놓고 절을 한다. 신부집에서도 같은 시루떡을 신랑집에 보낸다. '함시루'는 신부측에 물어서 하는 풍습이 있으며, 함시루떡을 신랑집에서 신부집으로 시루 째 보내면 신부집 아버지가 상 위에 함과 시루떡을 올려서 살림관장의 제석신(帝釋神)이 있는 안방 장농 앞에 놓고 절을 한다. 신부집에서도 같은 시루떡을 신랑집에 보낸다.
큰상	*신랑큰상 신랑은 신부집에서 해준 두루마기를 입고 신부는 홍치마에 노랑저고리를 입는다. 신부집에서 차려 준 신랑의 큰상은 일반적인 환갑상과 동일하며, 형편에 따라서 2~3자 높이로 고인다. *신부큰상 신랑의 큰상과 같다. 새색시가 신랑의 친척집을 돌며 인사한다. 음식대접은 물론이고, 선물로 비단 · 옷감 · 패물 · 돈 등을 받는다.
입맷상	속이 꽉 차라고 편수를 먼저 신랑에게 먹이고, 신부는 수모가 먹인다. 혼사를 일주일 앞두고 신부집에서 큰 놋동이에 크게 튀긴 약과(가로, 세로 10cm, 15cm, 두께 3cm 정도)를 수북이 담고 유산지로 덮어서 꽃무늬 보자기로 싸서 중매를 시켜서 보낸다. 신랑집에서는 답례로 찹쌀 1말과 설탕 1근을 놋동이에 담아 보낸다.
폐백음식	남녀를 상징하는 것으로 청홍 또는 청홍색으로 2개를 싸는데, 제대로 하는 집안에서는 쌀이 3가마니 들어가는 정도의 함지에 담기 때문에 수레 1대에 1개 밖에 못 실을 정도로 크고 무겁다. 초례를 치른 후에 신랑과 신부는 폐백과 사당제 제수를 가지고 신랑집으로 가서 사당에 제사를 지낸 다음, 시부모와 시댁 친척들에게 폐백음식을 놓고 인사를 한다. · **여자를 상징하는 폐백(안 : 홍색, 밖 : 청색)** : 주로 약과, 주악, 전류로써 둥글게 쌓아 올리면서 윗쪽에 삶은 달걀을 두르고 맨위에는 입에 대추를 물린 암탉을 놓는다. 쌓아 올린 것이 안정되면 20cm 길이의 대가지를 5~6가닥으로 끝을 갈라낸 후에 각 가지마다 떡물색을 색색으로 화려하게 꽂아가면서 가득 채운다. 곱게 빻은 멥쌀가루를 더운물에 반죽하여 갖가지 물을 들여서 꽃, 학, 새 등을 만들어 꽂는다. 근래에는 각색의 젤리를 많이 이용한다.

혼례절차	특징
폐백음식	· **남자를 상징하는 쪽(안 : 청색, 밖 : 홍색)** : 주로 과일류를 고이는데, 밤, 대추, 배, 사과 등으로 계절에 따라서 선택한다. 자손번영을 뜻하는 대추는 약간 물에 불려서 뜨거운 번철에 살짝 굴려서 잣을 끼워 꿀물에 무쳐 실에 꿰어서 두른다. 과일 위에 포를 깔고 밤을 물린 수탉을 얹고 앞에서와 같이 떡물색으로 장식한다. 일반적으로 목판의 직경이 50cm, 고임의 높이를 3자 정도로 한다. 모약과, 주악, 전류, 절육, 포, 밤, 대추와 사과 또는 배 등의 과일류, 젤리류, 닭 등으로 만든다. 대추, 약과, 알품은 닭, 술 등이다. 개성지방은 특이하게도 문어봉숭상, 안슬(폐백시), 술잔(황소병, 대추 띄운 술잔, 잣 띄운 술잔) 2개를 사용한다.  개성지방에서 시아버지께 드리는 폐백음식으로 주로 과일류를 고이며, 과일 위에 포를 깔고 밤을 물린 수탉을 얹는다.  시어머니께 드리는 폐백음식으로는 주로 약과, 주악, 전류 등을 둥글게 쌓아 올리며 위쪽에 삶은 달걀을 두르고, 입에 대추를 물린 암탉을 놓는다.
이바지음식	폐백을 마치면 신랑과 신부는 신부집으로 되돌아와서 1주일 또는 3주일, 1달, 3달, 3년을 지내는데, 이는 시집에서 날을 받아 보내는 데 따라서 정해진다. 바리바리 싣고 간다는 말이 이 때에 적합할 것이다. 신부가 필요한 것은 물론 음식의 종류와 양은 새댁 친척과 동네잔치를 하고 갈 때에도 싸주고 나눠주고 두고두고 먹을 정도이다. 떡류는 첫돌 때와 같이 수수경단 · 인절미 · 메떡은 절편 종류로 볼 수 있는데, 두리떡(절편)이라고 하여 직경 10cm의 둥근 흰떡을 만든다.
사당폐백	시부모와 시댁친척들에게 인사를 하기 전에 조상을 모신 사당에 먼저 제사를 지낸다. 형편에 따라서는 폐백에서 조금 꺼내서 제수로 쓰기도 하나 원래는 폐백과 별도로 장만한다. 제수는 홍보자기에 싸며, 제수 중 중요한 것들을 열거하면 다음과 같다. · **홍두깨적** : 2개를 올린다. 조리법상으로 볼 때는 적이면서 회의 일종으로도 볼 수 있다. 재료로는 연하고 질이 좋은 쇠고기살로 1개의 양이 12근인데 곱게 다진 것에 소금과 참기름 등의 육회양념을 하여 둥글게 민다. 크기는 담고자 하는 양푼에 따르는데, 보통 직경 30cm 정도로 본다. 양념을 한 후, 그릇에 담아서 햇볕에 거죽이 거뭇하게 되면 번철에 참기름을 두르고 겉만 살짝 지진다. 이것을 홍두깨처럼 말아서 한 개는 청색종이에 싸서 홍색실로 리본모양으로 맨다. 다른 한 개는 홍색종이에 싸서 청색실로 맨다. · **화양적** : 20장을 파와 호박 썬 것을 넣고 무치며, 어적 20장은 북어적을 만든다. · **육적** : 20장의 돼지고기를 떠서 드문드문 넣고 무친다. · **돼지고기산적** : 갈비살을 넙적하게 떠서 뜨거운 물에 튀겨낸 후에 소금과 깨소금을 넣고 양념하여 굽는다. 위의 음식 외에도 다식 · 과일 · 덕 · 약과 · 약식 등을 장만한다.

2. 황해도

혼례절차	특징
큰상	이 지역에서 대접하는 음식은 다음과 같다. · **찰떡** : 인절미 고물은 콩고물로 크게 만들어 고인다. 그러나 모두 큰 덩어리로만 성형하지 않고 한 주먹 쥐어서 따라 붙는 것만 딱 잘라 내놓는다. · **절편** : 크고 두꺼우며 둥근 대접 만하게 만든다. 쌀 1말에 5~6개 정도 만든다. 절편 웃기는 찹쌀가루에 분홍색 · 노란색 · 파랑색으로 물을 들여 작고 동글납작하게 부친 다음, 절편 고일 때에 켜 사이사이에 놓기도 하고 위에다 크게 부쳐서 꽃모양으로 담기도 한다. · **잔치음식** : 돼지고기편육, 고기전, 여러 가지 전, 암치포(비늘 없는 생선은 안 쓰고 큰 생선만 사용), 큰 생선의 포, 배추김치로 만든 행적, 녹두 부치기(평안도에서 지짐을 말함), 모약과(크게 만듬), 과줄(산자), 당속류, 밤, 대추, 곶감, 사과, 배, 귤, 수정과, 식혜 등의 손이 많이 가는 음식을 한다. 송편은 만들지 않는다. · **사돈인사(살림구경)** : 지역에 따라 결혼 3일 후에 신부집 친정어머니, 이모, 고모, 친척들이 떡과 술, 다과를 가지고 오면 서로 인사를 나누고, 그 음식으로 다시 잔치를 벌인다. 대단히 예를 갖춰서 많이 만들어 가져가는 것이 상례였다.

3. 평안도

지역	지역별 특징
평안도	***큰상** 폐백음식은 따로 없고 혼례가 정해지고 택일이 되면, 신랑이 봉채를 해오고 신부집에서 큰상을 준비한다. 신랑이 장가가는 날, 신부가 시집오는 날은 양가에서 큰상에 고이는 음식 잔치를 하며, 신랑댁은 3~5일 정도 계속 잔치를 베푼다. 큰상에는 콩고물 묻힌 인절미(20~30㎝), 절편(크게 만들어 고임), 증편, 약식과 대약과(10cm), 계절과일, 당속류(사탕), 편육(쇠고기, 제육), 족편, 육전, 녹두지짐(필수), 두부구이, 행적(꼬지를 꽂아 여러 가지를 부친 것), 각종 부침, 북어전, 산적, 술은 소주 혹은 방문주, 수정과, 식혜 등이 있다. 각종 떡에는 조화를 꽂는다. · **신랑 · 신부** : 국수장국상을 받는다. · **신부쪽 상객** : 큰상보다 조금 작은 상을 여러 개 차려서 같이 받게 하여 신랑집안이 번성함을 보여준다. 잔치는 3일간 계속된다. 신부가 가지고 온 치장 등을 친척과 동네 사람들이 와서 구경하고 음식대접도 받고 간다. · **하객** : 인절미를 크게 떼어 고물을 무치고 절편은 꼬리떡 같이 하며 떡살로 찍고, 각종으로 장만한 음식을 받는다. 순대는 하객 대접용으로 이용된다. 가세가 좋은 집에서는 장국밥의 일종인 온반을 대접한다. ***폐백음식** 닭폐백의 닭은 내장을 다 빼고 정하게 씻어서 날개와 목을 꼬치로 중심을 잘 잡는다. 이 닭을 솥에 넣고 푹 찐다. 소금을 꿀물에 타서 닭의 몸에 고루 바른다. 이렇게 하면 닭의 빛깔이 변하지 않고 윤이 난다. 푹 찐 것을 쟁반에 담고 달걀은 황 · 백지단을 부쳐서 채 썬다. 닭 위에 실고추 · 석이버섯 · 달걀 채를 보기 좋게 얹는다. 닭의 부리에 빨간 대추를 물리고 쟁반 앞에다 대추나 실백을 보기 좋게 뿌려도 좋다.
평안북도	***큰상** 하객에게 대접하는 장국밥에 쇠고기와 닭고기를 푹 고아서 국물을 내고, 고기는 무친다. 두부는 기름이 없이 보슬보슬해지도록 노랗게 볶아서 고소하게 만들고, 느타리버섯과 달걀지단채를 얹는다.
평안남도	***큰상** 하객에게 대접하는 장국밥은 쇠고기만으로 국물을 내고, 고기는 양념하여 버섯과 달걀지단을 얹어 낸다. 여름에는 냉면을 대접하기도 한다. 가세가 어려운 집에서는 국수로 대접한다.

4. 함경도

지역	지역별 특징
함경도	*큰상 귀주떡 · 절편 · 인절미 등을 크게 만들어 수북하게 고인다. 돼지고기 삶은 것, 쇠고기 삶은 것, 생선을 반쯤 말려서 굽거나 찐 것도 쓴다. 과일과 과줄 등을 높이 고여 담아 큰상을 꾸민다. 신랑 · 신부 앞에는 장국상을 차려 놓는다. 신랑 · 신부집 사이에 오고가는 음식을 이바지라 하지 않고 '보질'이라고 하며, 온 마을 사람에게 전부 나누어 먹는 풍속이 있다 *폐백음식 대추에 술을 뿌려 불려서 홍실에 길게 꿰어 고인 다음, 쇠고기산적과 닭산적 등을 쓰는 곳도 있다. 또, 이것을 하지 않고 절편이나 인절미를 큼직하게 만들어 한 함지에 가득 담은 다음, 돼지머리를 삶아 등구리에 가득 담거나 시루떡을 해서 함지에 담아 가지고 가는 경우도 있다. 엄격한 격식보다 여러 가지 음식을 푸짐하게 준비한다.
함경북도	*큰상 혼례상에 고이는 음식은 산간지역과 해안지역간에 차이가 있으나, 일반적으로 떡은 찰떡 인절미를 큰 함지에 수북하게 담고, 기지떡(증편)은 분홍색 및 노란색과 파란색으로 물을 들인 흰 깨와 석이채를 고명으로 얹었다. 절미떡(절편)은 온 동네에 다 나누어 준다. 그 밖에 돼지갈비, 편육, 두부구이, 북어찜, 전유어(북어, 버섯, 채소), 적류, 어포류와 과줄도 산자, 당속류, 과일 등이 있다. 혼례 후에 상객이 돌아갈 때, 큰상에 고였던 음식은 전부 석작에 담아서 가득 실어 보낸다. · **신랑 · 신부** : 각각 국수장국상을 받는다. 이 때 신부가 국수를 꾸역꾸역 먹으면 흉이 되었다. · **하객** : 남녀노소에 상관없이 각각에게 국수장국상을 차려준다. 국수는 갈분국수, 고명은 돼지고기 · 숙주나물 무침 · 달걀지단채, 떡은 인절미를 크게 썰어 아랫면에만 고물을 묻힌다. 위에까지 고물이 묻어 있으면 먹던 것을 주는 것이라 하여 아래에만 묻힌다. 기지떡 2쪽 정도를 같이 놋대접에 담고 위에 이기를 덮어 주는데, 이기는 절편 종류로 참기름을 발라서 모양을 아름답게 한다. 목기접시에 손바닥만하게 크게 썬 돼지고기 편육 1점과 구이 등으로 만들어 놓은 음식물을 각 한두 점씩 담고, 위에 순대를 큼직하게 썰어 놓는다. 남은 음식은 각자가 백지에 싸서 집으로 가져간다.
함경남도	*큰상 고이는 음식이 좀 더 많다. 북도의 음식에다 찰떡 · 기지떡 · 절미떡(절편) 등이 있다. 절미떡은 지역에 따라서 홍두깨로 밀어서 홍두깨 길이만큼 크게 하여 먹는데, 이를 '홍두깨 절미'라 한다. · **고임** : 떡은 백설기를 고이고 국수 사리는 크게 하여 고이기도 하며, 순대도 돌려 담아 고이기도 한다. 해안지방에서는 큰 생선을 미리 장만하여 통으로 포를 만들어 쪄서 달걀지단채와 석이버섯채를 만든다. 생선이나 찜은 반드시 고명을 얹는다. 과줄(산자)은 분홍색으로 만든다. · **산심** : 고운 찹쌀가루에 분홍 · 노랑 · 파랑 물감을 들여 익반죽하여 쪄서 떡메에 콩물을 묻혀 쳐서 얇게 밀어 꽃이나 새 모양으로 만들어 볕에 바싹 말린 다음, 기름에 저온으로 튀겨서 증편의 웃기로 쓰는데, 맛은 없지만 화려하다. · **이기** : 멥쌀가루를 익반죽하여 크게 반대기를 만들어 솔잎을 깔고 쪄서 물에 헹구어 솔잎을 떼어내고, 뜨거울 때에 잘 치대어 얇게 밀어 썬 다음, 참기름을 발라서 놋대접에 담은 떡 위에 웃기처럼 얹는다.

婚禮

제 3부 한국의 혼례음식 폐백·이바지음식

제 3부 폐백 · 이바지음식 부분에서는 각별한 애정과 정성을 쏟아 과학적이고 정확한 레시피를 만들기 위해 수많은 실험조리과정을 거쳤으며, 조리 과정을 쉽게 이해할 수 있도록 사진을 통해 자세히 보여주고자 하였습니다. 이는 한국전통음식을 연구하는 선배 동학은 물론이거니와 한국전통음식의 세계로 입문한 어린 학생들과 관심 있는 모든 분들에게 지침서가 되었으면 하는 바람 때문입니다.

대추고임

대추고임은 크고 실한 대추를 홍실로 꿰어 둥근 목기에 켬을 채워가며 대추로 돌려 쌓아 올리는데, 홀수로 단을 쌓는다. 대추고임은 폐백을 드릴 때 신부가 시아버지께 드리는 음식으로 다산과 무병장수를 의미한다. 대추를 꿰는 실은 도중에 끊어지지 않게 쌓는다.

재료 및 분량

대추 3kg, 청주 3컵, 물 3컵, 물엿 3큰술
잣 2컵, 밤 3kg, 식용유 1큰술

준비물 : 바늘, 홍색 면실, 둥근 목기, 청 · 홍 겹보자기, 고무줄, 근봉 띠, 가위, 냄비, 채, 믹싱볼, 넓은 채반, 젓가락

만드는 방법

1. 크고 실한 대추는 젖은 면보로 깨끗이 닦는다.
2. 냄비에 청주와 물, 물엿을 넣고 끓여서 손질한 대추에 넣고 잘 섞어 30분 정도 두었다가 채반에 널어 윤기나게 말린다.
3. 밤은 젖은 면보로 깨끗이 닦고 키친타월에 식용유를 묻혀 2번 정도 닦는다.
4. 대추는 꼭지를 떼어내고 젓가락 끝으로 찔러 잣을 끼우고 홍실로 꿴다.
5. 목기에 홍실로 꿴 대추를 둥글게 돌려 쌓으면서 가운데는 밤을 채운다.

알아두기

· 대추는 바람이 많이 불어도 다른 나무처럼 씨눈이 떨어지지 않아 수정이 잘 되어 꽃이 거의 다 피고, 핀 꽃은 모두 열매를 맺는다 하여, 종족 보존과 다산의 의미가 있다. 신부에게 절을 받은 시아버지께서 대추를 던져주시며 첫 아들을 낳으라고 말해준다.
· 대추고임을 쌀 때 보자기는 홍색이 밖으로 보이게 하여 네 귀를 모아 잡아 근봉(謹封)이라고 쓴 종이 고리를 끼운다. 부부가 살면서 쉽게 화해하고 풀어지라는 의미로 풀기 쉽게 근봉 띠를 두른다.

육포

육포는 지방이 적은 쇠고기의 우둔살이나 홍두깨살을 결대로 얇고 길게 포를 떠서 양념장을 넣고 양념하여 채반에 널어 반듯하게 잘 말린다. 육포는 폐백을 드릴 때 시어머니께 드리는 음식으로 며느리가 잘못해도 넓은 육포와 같이 널리 이해해 주십사하는 마음이 담겨있다.

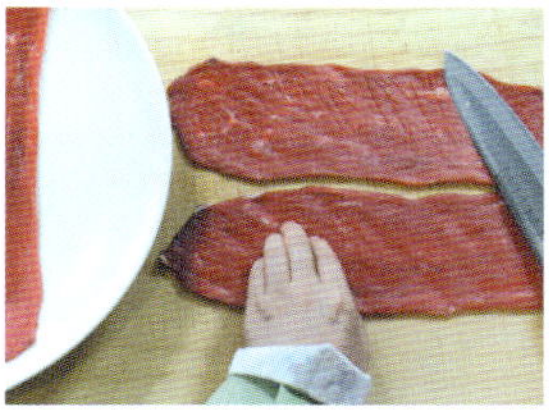
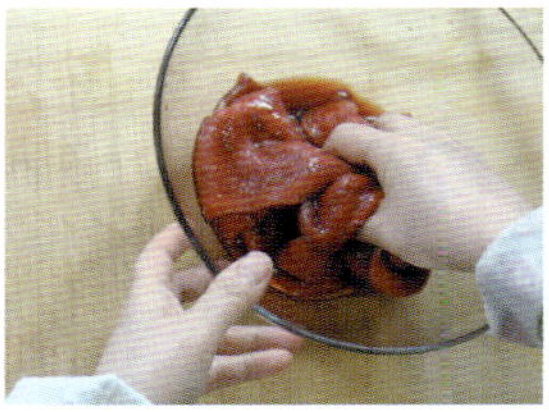

재료 및 분량

쇠고기(우둔살, 홍두깨살) 6kg(10근)
핏물제거용 : 청주 2컵, 설탕 $\frac{1}{2}$컵
채소물 : 물 6컵, 양파 2개, 마늘 100g, 대파 2대, 배 1개, 통후추 1큰술, 건고추 3개
양념장 : 채소물 2컵, 간장 2$\frac{1}{2}$컵, 설탕 1컵, 꿀 $\frac{4}{5}$컵, 매실청 $\frac{1}{5}$컵, 청주 1컵
고명(문양) : 잣, 호박씨, 대추, 행인
풀(찹쌀) : 물 2큰술, 찹쌀가루 1큰술, 물엿 1큰술

***쇠고기 600g 재료**
쇠고기(우둔살, 홍두께살) 600g
설탕 2큰술, 청주 2큰술
채소물 : 물 2컵, 양파 $\frac{1}{4}$개, 배 $\frac{1}{4}$개, 파 $\frac{1}{2}$대, 마늘 3쪽, 통후추 4~5알
양념장 : 간장 5큰술, 꿀 1큰술, 설탕 2큰술, 청주 1큰술, 채소물 1컵

만드는 방법

1. 쇠고기는 길이대로 0.4㎝ 정도의 두께로 썰어 기름기를 떼어내고, 청주와 설탕을 넣고 주물러서 마른 면보로 눌러 핏물을 뺀다.
2. 냄비에 채소물 재료를 넣고 $\frac{1}{2}$양이 남도록 끓인다.
3. 끓인 채소물에 간장과 설탕, 꿀, 매실청, 청주를 넣고 5컵의 간장물이 되도록 끓인다.
4. 양념장이 식으면 쇠고기를 넣고 양념이 잘 흡수되도록 주물러 채반에 펴서 널어 자주 뒤집으면서 꾸덕꾸덕하게 말린다.
5. 비닐을 깔고 고기를 편편히 놓고 다시 비닐을 덮고, 그 위에 계속적으로 반복하여 쌓고 무거운 것으로 눌러 반듯하게 모양을 잡은 다음, 다시 말려서 잣이나 호박씨, 대추, 행인 등으로 문양을 넣는다.

알아두기

· 육포를 먹을 때는 참기름을 발라 살짝 구워서 결 반대로 잘라야 부드럽다.
· 처서가 지난 다음이 대기 중에 수분이 없어 육포 건조에 가장 좋은 시기이다.
· 육포를 쌀 때의 보자기는 청색이 밖으로 보이게 하여 네 귀를 모아 잡아 근봉(謹封)이라고 쓴 종이 고리를 끼운다.

편포

편포는 곱게 다진 쇠고기와 두부, 양파, 표고버섯 등을 간장과 소금으로 양념하여 타원형으로 빚어 오븐에 굽거나 또는 둥글납작하게 만들어 찌거나 지진다. 〈시의전서(是議全書)〉(1800년대 말)에 "연하고 기름진 쇠고기를 가늘게 다져서 소금으로 간을 맞추고 기름, 후춧가루, 거피한 깨 볶은 것, 잣가루를 섞어 주물러 모양을 방정히 만들고 위에 기름을 발라 잘 말려 쓴다."고 기록되어 있다.

재료 및 분량

다진 쇠고기(우둔) 600g

두부 100g, 양파(中) $\frac{1}{2}$개, 표고버섯 100g

양념장 : 진간장 4큰술, 설탕 2큰술, 다진 마늘 1큰술, 소금 $\frac{1}{2}$작은술, 꿀 1$\frac{1}{2}$큰술, 후춧가루 $\frac{1}{8}$작은술, 참기름 1큰술

고명 : 잣가루 3큰술, 물엿 1작은술

준비물 : 청 · 홍색 한지, 목기, 밤, 대추, 호일, 청 · 홍 겹보자기, 근봉 띠

만드는 방법

1. 쇠고기는 기름기와 힘줄을 골라내고 핏물을 빼고, 두부는 면보로 물기를 짜서 곱게 으깬다.
2. 표고버섯과 양파는 곱게 다진다. 다진 양파는 달구어진 팬에 볶아 물기를 말린다.
3. 준비한 쇠고기와 두부, 표고버섯, 양파에 양념장을 넣고 주물러 간이 잘 스며들도록 치대고 타원형으로 빚는다.
4. 230℃ 온도의 오븐에서 10분간 예열한 후 220℃로 온도를 내린다. 오븐 팬에 호일을 깔고 편포를 올려 오븐에 넣고 20~25분 정도 굽다가 꺼내어 식용유를 바르고 170~180℃ 온도로 낮추어 20분 정도 더 굽는다.
5. 편포가 식은 다음에 편포 위에 물엿을 얇게 펴 바르고 잣가루를 뿌린다.

알아두기

- 편포가 반 정도 익었을 때 식용유를 바르고 구우면 갈색으로 색이 고루 나서 좋다.
- 편포를 쌀 때의 보자기는 청색이 밖으로 보이게 하여 네 귀를 모아 잡아 근봉이라고 쓴 종이 고리를 끼운다.

오색편포

쇠고기를 곱게 다져 갖은 양념을 한 다음 원형으로 편편하게 만들어 팬에 지지거나 오븐에 구워서 황·백지단, 청·고추, 석이버섯채로 고명을 올려 만든다. 〈이조궁정요리통고(李朝宮廷料理通攷)〉(1957년)에 "편포는 소고기를 다져서 소금으로 양념하여 반대기를 지어서 볕에 말려 얇게 썰어서 석쇠에 구워 먹는 것인데 반찬이나 안주로 쓴다."고 하였다. 오색편포는 편포와 같은 방법으로 만들어 다섯 가지 색의 고명으로 멋스럽게 만든 음식이다.

재료 및 분량

다진 쇠고기(우둔살, 홍두께살) 1.2kg
두부 200g, 표고버섯 200g, 양파(中) 1개
양념장 : 진간장 8큰술, 소금 1작은술, 설탕 4큰술, 다진 마늘 2큰술, 참기름 3큰술, 꿀 3큰술, 후춧가루 $\frac{1}{4}$작은술
고명 : 청고추 10개, 홍고추 10개, 달걀 5개, 석이버섯 20장, 은행 1컵
밤 1kg, 대추 500g, 잣 $\frac{1}{3}$컵

준비물 : 둥근 목기, 호일, 홍색 면실, 바늘, 꼬지, 가위

알아두기

- 표고버섯과 양파는 아주 곱게 다져서 고기와 함께 많이 치대야 편포의 면이 갈라지지 않고 매끈하다.
- 복자편포는 만드는 방법이 오색편포와 동일하나 석이버섯을 다져 복(福)자로 새긴 것이 다르다.
- 오색편포를 쌀 때 보자기는 청색이 밖으로 보이게 하여 네 귀를 모아 잡아 근봉이라고 쓴 종이 고리를 끼운다.

만드는 방법

1. 다진 쇠고기는 핏물을 빼고, 두부는 면보로 물기를 짜서 곱게 으깨고, 불린 표고버섯은 기둥을 떼어내고 물기를 꼭 짜서 곱게 다진다. 양파는 곱게 다져 팬에 볶아 물기를 말린다.
2. 쇠고기와 두부, 표고버섯, 양파에 양념장을 넣고 간이 고루 배이도록 잘 치댄 다음 직경 25cm 정도 되게 편편하게 만들어서 팬에 약간의 물을 넣고 뚜껑을 덮어서 앞뒤로 익힌다.
3. 달걀은 황백지단으로 부쳐 4cm 정도 길이로 채 썰고 청홍고추는 지단과 같은 길이로 채 썬다. 석이버섯은 물에 불려 돌기를 떼어내고 곱게 채 썬다.
4. 은행은 달구어진 팬에 식용유를 두르고 볶아 껍질을 벗겨 2등분 하고 밤은 젖은 면보로 닦고 키친타월에 기름을 묻혀 윤기 나게 닦는다.
5. 목기에 밤을 깔고 편포를 올려놓고 ② 위에 은행, 석이버섯, 황백지단, 청홍고추 채 썬 것을 색스럽게 돌려 담는다. 대추에 잣을 3개씩 꽂아 편포 주위로 돌린다.

어포

어포는 민어 살을 포 떠서 양념하여 채반에 널어 반듯하게 잘 말린다. 〈고려도경(高麗圖經)〉(1123년)에 "송나라 사신 서긍에게 대접할 술상에 육포와 어포가 차려져 있었다." 라는 기록이 있으며〈시의전서(是議全書)〉(1800년대 말)에는 "민어나 숭어의 살을 너비아니처럼 저며 좋은 진장에 고춧가루, 깨소금, 기름, 후춧가루를 섞어 주물러 간을 맞게 하여 채반에 말린다."고 기록되어 있다.

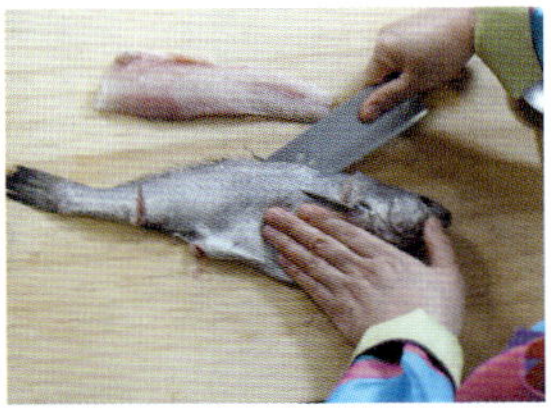

재료 및 분량

민어 1마리

양념장 : 생강즙 3큰술, 청주 3큰술, 꿀 2큰술, 소금 1큰술, 채소물 $\frac{1}{2}$컵

채소물 : 양파 $\frac{1}{2}$개, 생강 $\frac{1}{4}$쪽, 마늘 2개, 배 $\frac{1}{8}$개 후추 $\frac{1}{8}$작은술, 물 2컵

만드는 방법

1. 민어는 깨끗이 씻어서 3장 뜨기를 하여 껍질을 벗긴다.
2. 냄비에 채소물 재료를 넣고 $\frac{1}{2}$컵이 되도록 끓여 걸러서 채소물을 만든다.
3. 냄비에 양념장 재료를 넣고 2분 정도 끓여 양념장을 만든다.
4. 양념장에 민어를 넣고 2시간 정도 재웠다가 채반에 널어 말리면서 양념장을 덧발라 가며 반듯하게 잘 말린다.
5. 민어가 꾸덕꾸덕하게 마르면 무거운 것으로 눌러 반듯하게 모양을 잡는다.

알아두기

· 민어포가 어느 정도 말랐을 때 무거운 것으로 눌러 놓아야 편편하게 잘 된다.
· 민어포 이외에도 대구포와 북어포 등을 만들 수 있다.
· 민어포를 암치포라고도 한다.

고명닭

고명닭은 양념한 닭을 찜기에 쪄서 오색고명을 올려 장식한 다음 입에 밤과 대추를 각각 물린다. 폐백음식으로 고명닭을 올리는데 강원도에서는 엿과 닭이 대표적인 폐백음식으로 쓰인다. 엿은 시어머니께 드리고, 닭은 시아버지께 드린다.

재료 및 분량

폐백용 닭 2마리

양념 : 생강즙 $\frac{1}{2}$컵, 양파즙 $\frac{1}{2}$컵, 마늘즙 $\frac{1}{2}$컵, 청주 4큰술, 소금 4큰술, 흰후춧가루 $\frac{1}{2}$작은술

고명 : 청고추 12개, 홍고추 12개, 석이버섯 20장, 달걀 7개, 은행 40알

대추 1.5㎏, 밤 1.5㎏, 잣 $\frac{1}{2}$컵

대추양념 : 청주 1.5컵, 물 1.5컵, 물엿 1.5큰술, 식용유 3큰술

준비물 : 홍실, 바늘, 키친타월, 쿠킹호일, 한지, 솔잎, 면 끈(고무 밴드), 나무젓가락, 꼬챙이, 꼬지, 청 · 홍 겹보자기, 근봉 띠, 가위

알아두기

· 닭은 너무 오래 찌면 닭 뼈가 빠져서 닭의 모양이 좋지 않다.

· 한 쌍의 고명닭을 쌀 때 보자기는 청색이 밖으로 보이게 하여 네 귀를 모아 잡아 근봉이라고 쓴 종이 고리를 끼운다.

만드는 방법

1. 닭은 깨끗이 손질하여 준비한 양념에 30분 정도 재웠다가 닭 모양을 보기 좋게 면 끈으로 묶는다. 찜기에 물이 끓으면 닭을 넣고 30분 정도 쪄낸다.
2. 석이버섯은 불려 잘 씻어 돌기를 떼어내고 채 썰어 팬에 살짝 볶고 달걀은 황 · 백지단을 부쳐 5㎝ 길이로 채 썬다. 청홍고추는 5㎝ 길이로 곱게 채 썰고 각각 식용유를 두르고 20초 정도 볶아낸다.
3. 은행은 달구어진 팬에 식용유를 두르고 살짝 볶아 껍질을 벗긴 다음 실로 꿰어 닭 목걸이를 만든다.
4. 대추는 젖은 면보로 깨끗이 닦는다. 냄비에 청주와 물, 물엿을 넣고 끓여서 준비한 대추에 붓고 잘 섞어서 30분 정도 두었다가 채반에 널어 윤기 나게 말린다. 대추는 꼭지를 떼고 잣을 꽂은 다음 홍실에 꿴다.
5. 밤은 젖은 면보로 깨끗하게 닦고 키친타월에 기름을 묻혀 윤기 나게 닦는다.
6. 목기에 밤을 깔고 그 위에 닭을 안친 다음 대추를 돌린다. 닭 등에 오색고명을 올리고 입에 밤과 대추를 물린다.

오징어오림닭

오징어 오림닭은 양념한 닭을 찜기에 쪄서 마른 오징어를 깃털 모양으로 오려 닭에 꽂아 장식한 다음 입에 밤과 대추를 각각 물린다. 〈도문대작(屠門大嚼)〉(1611년)에 오징어를 으적어(烏賊魚)라 하여, 서해에는 드물지만 전라도 홍덕(興德), 부안(扶安)의 것이 가장 좋다고 기록되어 있다. 전라도지방에서는 폐백 상에 폐백닭이 빠지지 않고 올라간다.

재료 및 분량

폐백용 닭 2마리

양념 : 소금 2큰술, 생강즙 $\frac{1}{2}$컵, 양파즙 $\frac{1}{2}$컵, 마늘즙 $\frac{1}{2}$컵, 청주 4큰술, 흰후춧가루 $\frac{1}{2}$작은술

마른오징어 10마리(1축 당 3kg 이상 기준)

밤 1kg, 대추 1kg

대추양념 : 청주 1컵, 물 1컵, 물엿 1큰술

잣 $\frac{1}{2}$컵

준비물 : 붉은색 캔트지 25×37cm, 파란색 캔트지 25×37cm, 철사 20개, 오공본드, 자, 커터칼, 흰색 한지, 은박지, 시침핀, 가위, 쥐눈이콩, 면 끈, 사각목기, 스티로폼, 꼬지

만드는 방법

닭 찌기

닭은 내장을 꺼내고 깨끗이 씻어, 양념에 30분 정도 재웠다가 닭의 모양을 보기 좋게 면 끈으로 고정시켜 찜기에 30분 정도 쪄서 식힌 다음 면 끈을 푼다.

꼬리만들기

청홍색의 켄트지를 폭 2.5cm, 길이 25cm 정도로 자르고 가운데 철사를 놓고 풀칠을 한 후 청·홍색을 마주 붙여 마르면 사선으로 가위질을 한다.

목 만들기

오징어 머리는 끝을 1cm 정도 남기고 삼각형이 되게 8등분하고 사선으로 가위집을 넣고 비틀어 놓는다.

몸통 만들기

오징어 몸통을 길이로 2등분하고 각각 1cm 정도 간격으로 길게 자른 다음 끝을 1cm 정도 남기고 양쪽에 사선으로 가위집을 넣고 비틀어 놓는다.

닭에 오징어 붙이기

1. 닭의 꼬리는 오징어 몸통을 2cm 간격으로 오징어 길이대로 자른 후 양쪽에 사선으로 가위집을 넣고 비틀어 놓는다.
2. 스티로폼은 두께 2cm, 높이 7cm, 길이 10cm 정도의 크기로 자른다.
3. 찐 닭은 은박지로 싸고 다시 흰색한지로 싼다. 닭의 꼬리에 한지로 싼 사다리꼴 모양의 스티로폼을 세우고 꼬지로 고정시킨 다음 그 위에 켄트지로 만든 꼬리를 꽂고 켄트지 위에 오징어로 만든 꼬리를 꽂는다.
4. 몸통과 목, 머리 등에 오려 놓은 오징어를 덮고 핀으로 고정시킨다.
5. 켄트지를 오려 닭의 머리에 씌우고 쥐눈이콩으로 눈을 붙인다.

한지오림닭

한지오림닭은 양념한 닭을 찜기에 쪄서 한지를 깃털 고양으로 오려서 붙여 장식한다. 한지를 이용하여 깃털 모양으로 잘라 닭에 붙여 옷을 입힌 한지폐백닭은 한 쌍을 준비하여 올린다. 수컷은 양(陽)이므로 음(陰)의 색인 남색으로 꾸미고, 암컷은 음(陰)이므로 양(陽)의 색인 홍색으로 입혀 음양(陰陽)의 조화를 이룬다. 시댁 쪽 양친이 모두 계시면 남색, 홍색 옷을 입힌 폐백닭을 두 마리 준비하고 밤과 대추를 물리지만, 한쪽이 안 계시면 닭 한 마리에 흰색의 옷을 입혀 준비하고 대추나 밤도 물리지 않는다.

재료 및 분량

폐백용 닭 2마리

양념 : 소금 4큰술, 생강즙 1컵, 양파즙 $\frac{1}{2}$컵, 마늘즙 $\frac{1}{2}$컵, 청주 4큰술

밤 1kg, 대추 1kg, 잣 1컵

대추양념 : 물 1컵, 청주 1컵, 물엿 1큰술

준비물 : 붉은색 한지 2장, 푸른색 한지 1$\frac{1}{2}$장, 노란색 $\frac{1}{4}$장, 초록색 한지 $\frac{1}{4}$장, 흰색 한지 $\frac{1}{2}$장, 도화지 $\frac{1}{2}$장, 대나무꼬지 8개, 면 끈, 핀, 가위, 클립, 풀, 쥐눈이콩 4개, 테이프, 호일, 목기, 사각목기, 홍실

알아두기

· 찐닭은 경사지게 놓아 뱃 속의 기름과 수분이 빠져 나가게 한다

· 한지닭은 목이 길어야 예쁘다.

· 닭을 너무 오래 찌면 뼈가 무너져 형태가 나쁘다.

만드는 방법

닭 찌기

닭은 내장을 꺼내고 깨끗이 씻어 준비한 양념에 30분 정도 재웠다가 닭의 모양을 면 끈으로 고정시켜 찜기에 30분 정도 쪄서 식힌 다음 면 끈을 푼다.

꼬리 만들기

1. **大(몸통)** : 붉은색, 푸른색 한지를 1장씩 3회 접은 다음 똑바로 잘게 가위질한다.
2. **中(몸 중간 · 목)** : 붉은색, 노란색, 초록색 한지 $\frac{1}{3}$장을 다시 $\frac{1}{4}$로 나누어서 몸의 중간 부분에 중, 목 부분에 소를 접은 다음 똑바로 잘게 가위질한다.
3. **꼬리** : 붉은색, 푸른색 한지를 $\frac{1}{4}$장씩 이용하여 접어서 꼬리를 만든다.

닭에 한지 붙이기

1. 찐 닭을 은박지로 싸고 다시 흰색 한지로 싼다.
2. 암탉은 몸통 부분을 붉은색 한지로, 수탉은 청색 한지로 돌려가며 붙여준다.
3. 목 부분을 암탉은 노란색 한지를, 수탉은 연두색과 붉은색을 섞어가며 사용한다. 오린 한지는 칸 사이사이로 어긋나게 일정하게 붙여준다.
4. 닭 머리는 붉은 색 한지를 머리가 덮일 만큼 넉넉한 크기로 양옆에 맞붙인 다음 완전히 마르면 가위로 모자를 잘라주고, 쥐눈이콩으로 눈을 붙인다.

구절판 I

마른구절판은 구절판에 어포와 잣솔, 은행, 호두튀김, 대추 미삼쌈, 곶감쌈, 대구포, 생률, 육포, 생란 등 9가지를 담는다. 구절판은 아홉 개의 칸으로 나뉘어져 있다하여 '구절판'이라 하는데, 둘레에 8칸이 있고, 그 가운데 1개의 칸으로 이루어져 있다. 구절판은 목기, 나전칠기, 유기, 도자기 등으로도 만들며 폐백음식에 올리는 구절판은 마른 음식을 담아내는 마른구절판이다.

재료 및 분량

잣솔 : 잣 $\frac{1}{2}$컵, 솔잎(오엽송), 홍실
은행꼬지 : 은행 1컵, 소금, 식용유, 꼬지
호두튀김 : 호두 1컵, 소금, 식용유
대추미삼쌈 : 대추 30개, 미삼 5뿌리
곶감말이 : 곶감 8개, 호두 20쪽
대구포 : 대구포 1$\frac{1}{2}$장, 고명(대추, 물엿)
생률 : 밤 7개
육포 : 육포 2장, 고명(행인, 대추, 물엿)
생란 : 생강 200g, 생강물녹말 1큰술, 물 1큰술, 꿀 1큰술, 잣가루
물엿, 식용유 3컵

준비물 : 구절판목기, 홍실, 가위, 꼬지

알아두기

· 구절판에 사용하는 재료는 계절에 따라 다를 수 있으나 밤, 대추, 잣, 은행, 곶감은 자손을 의미하기 때문에 변함없이 사용한다.

만드는 방법

1. **잣솔 끼우기** : 잣은 고깔을 떼고 손질해서 푸르고 싱싱한 솔잎에 끼워 5개 또는 7개씩 붉은 실로 풀리지 않도록 감는다.
2. **은행 볶아 끼우기** : 팬이 달궈지면 식용유를 두르고 중불에서 은행을 2분 정도 볶아 껍질을 벗기고 꼬지에 끼운다.
3. **호두튀김** : 뜨거운 물에 살짝 데쳐서 껍질을 벗기고 160℃의 기름에서 튀겨 소금을 뿌린다.
4. **대추미삼쌈** : 16개의 대추는 돌려깎기 하여 씨를 뺀다. 돌려깎은 대추에 나머지 대추를 곱게 다져 얇게 펴 바른 다음 미삼을 넣고 꼭꼭 만다.
5. **곶감 쌈** : 곶감 씨를 발라내고 속에 호두 2쪽을 맞붙여 넣고 만다.
6. **대구포** : 대구포는 구절판 크기에 맞춰 자른 다음 위에 물엿을 바르고 대추를 고명으로 얹는다.
7. **생률** : 밤을 속껍질까지 벗겨 예쁘게 깎는다.
8. **육포** : 육포는 구절판 크기에 맞춰 자른 다음 위에 물엿을 바르고 행인과 대추로 고명을 얹는다.
9. **생란** : 생강을 껍질을 벗겨 강판에 갈아서 물에 헹구어 꼭 짠다. 냄비에 생강건지와 물을 동량으로 넣고 설탕을 넣어 졸인 다음 생강녹말물을 넣어 윤기 나게 졸이다가 꿀을 넣고 졸여 삼각뿔 모양의 생란을 만들어 잣가루를 묻힌다.

구절판 II

마른 구절판은 구절판에 잣솔과 은행, 육포, 대추미삼쌈, 곶감쌈, 어채말이, 오징어오림, 칠보편포 · 대추편포, 율란 등 9가지를 담는다. 구절판은 일상식 보다는 경사로운 잔치음식으로 주로 사용되며 계절, 사용목적 등에 따라 재료를 바꿀 수 있으며 담을 때는 음양의 조화에 맞춰 담는다.

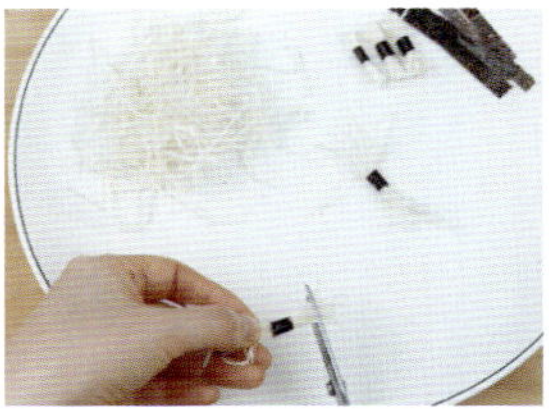

재료 및 분량

잣솔 : 잣 $\frac{1}{2}$컵, 솔잎, 홍실
은행꼬지 : 은행 1컵, 소금, 식용유, 꼬지
어채말이 : 진미채 100g, 김
대추미삼쌈 : 대추 30개, 미삼 5뿌리
곶감쌈 : 곶감 8개, 호두 20쪽
육포 : 육포 2장, 행인, 대추, 물엿
칠보편포 · 대추편포 : 쇠고기(우둔살) 200g, 진간장 1큰술, 설탕 $\frac{1}{2}$큰술, 소금 $\frac{1}{2}$작은술, 다진 마늘 1작은술, 참기름 $\frac{1}{4}$작은술, 후춧가루 $\frac{1}{8}$작은술, 잣 $\frac{1}{4}$컵
오징어오림 : 오징어 2마리
율란 : 밤 20개, 꿀 2큰술, 계피가루 1큰술

준비물 : 구절판, 가위, 꼬지

알아두기

· 육포나 칠보편포, 대추편포를 먹을 때에 참기름을 발라서 살짝 굽는다.
· 계절에 따라 구절판의 재료를 바꿀 수 있다.

만드는 방법

1. **잣솔 끼우기** : 잣은 고깔을 떼고 손질해서 푸르고 싱싱한 솔잎에 끼워 5개 또는 7개씩 붉은 실로 풀어지지 않게 감는다.
2. **은행꼬지** : 팬을 달구어 식용유를 두르고 은행을 넣고 2분 정도 볶아 꼬지에 끼운다.
3. **어채말이** : 오징어채는 가늘게 찢어 0.5㎝ 두께로 모아 길이를 4㎝로 자른 다음, 0.5㎝폭으로 길게 자른 김으로 말아준다.
4. **대추미삼쌈** : 16개의 대추는 돌려깎기 하여 씨를 뺀다. 돌려깎은 대추에 나머지 대추를 곱게 다져 얇게 펴 바른 다음 미삼을 손질하여 넣고 말아 준다.
5. **곶감쌈** : 곶감 씨를 발라내고 속에 호두 2쪽을 맞붙여 넣고 말아 준다.
6. **육포** : 육포는 구절판 크기에 맞춰 자른 다음 위에 물엿을 바르고 행인과 대추로 고명을 얹는다
7. **칠보편포 · 대추편포** : 칠보편포는 쇠고기 다진 것을 양념하여 $\frac{1}{2}$양은 지름 2.5㎝, 두께 0.3㎝ 정도 동글납작하게 만들어서 잣을 7개 꽂고, 대추편포는 대추모양으로 만들어 양 끝에 잣을 끼우고 채반에 널어 뒤집어가며 말린다.
8. **오징어오림** : 오징어는 껍질을 벗겨 장미꽃 모양으로 오린다.
9. **율란** : 삶은 밤은 반으로 갈라 속을 파 내어 체에 내리고 꿀을 넣어 반죽한 다음 다시 밤 모양으로 빚어 넓은 쪽에 계피가루를 묻힌다.

개성폐백(시아버지)

개성지방에서 시아버지께 드리는 폐백이다. 고려의 수도였던 개성은 고려시대의 풍습을 그대로 이어왔으며, 개성식의 전통성을 고수하려는 주체성이 강했다. 남자를 상징하는 쪽에는 주로 과일류를 고이는데 밤, 대추, 배, 사과 등 계절에 따라서 선택한다. 과일 위에 포를 깔고 대추를 물린 수탉을 얹고 색떡으로 장식한다. 일반적으로 목판의 직경이 50㎝, 고임의 높이를 3자 정도로 한다.

재료 및 분량

오징어 5마리(또는 문어 1마리)
꽃떡 : 멥쌀가루 3kg,
색(치자, 쑥, 오미자, 계피가루 적당량)
사과 35개, 배 35개, 밤 5kg, 대추 3kg, 곶감 1접
북어포 20마리, 육포 2kg
양념찜닭 1마리

준비물 : 꼬지, 홍실

만드는 방법

1. 쌀가루에 소금과 물을 넣고 버무려서 찜기에 물이 끓으면 젖은 면보를 깔고, 준비한 쌀가루를 얹어 20분 정도 쪄서 5색으로 물을 들인 다음 꽃과 새를 만든다. 30cm 정도 길이의 대나무 꼬지에 만들어 놓은 꽃과 새를 꽂아 세워서 말린다.
2. 사과와 배는 깨끗이 씻어 물기를 닦고 밤과 대추는 젖은 면보로 닦는다. 북어포와 육포, 곶감을 준비한다.
3. 함지박 안에 밤을 담고 둘레에 사과와 배를 쌓아 올리면서 안쪽으로 북어포와 육포, 곶감, 대추를 각각 13cm 정도의 높이로 쌓아 올린다.
4. 맨 위에 양념찜닭을 올리고 둘레에 밤과 대추를 넣고 대나무 꼬지에 꽂은 꽃과 새를 둘레에 꽂고, 마지막에 오징어나 문어를 오려 돌린다.

알아두기

- 떡 꽃을 만들 때 색은 조금 진하게 들여야 화려하고 예쁘며, 쌓아 올릴 때 한쪽이 기울지 않게 쌓는다.
- 양념찜닭은 닭에 갖은 양념하여 30분 정도 쪄낸다.

개성폐백(시어머니)

개성지방에서 시어머니께 드리는 폐백이다. 개성에서는 시어머니께 드리는 폐백음식으로 육포보다는 닭산적을 많이 썼다. 여자를 상징하는 폐백에는 주로 약과, 주악으로 등글게 쌓아 올리고 그 안에 전(煎)을 담고 윗쪽에 삶은 달걀을 두르고 입에 밤을 물린 암탉을 맨 위에 놓는다. 쌓아 올린 것이 안정되면 20㎝ 길이의 대가치를 5~6가닥으로 끝을 갈라낸 후 각 가지마다 색떡을 색색으로 화려하게 꽂아가면서 가득 채운다.

재료 및 분량

멥쌀가루 3kg
색 : 치자, 쑥, 오미자, 계피가루 적당량
약과 150개, 주악 150개, 오징어(또는 문어) 5마리
북어전 2kg, 생선전 2kg, 쇠고기산적 3kg
홍해삼 3kg, 화양적 3kg, 두부전 3kg, 해삼전 3kg
제육전 3kg, 설야멱 3kg, 달걀 30개
양념찜닭 1마리

준비물 : 꼬지, 청실

알아두기

· 양념찜닭은 닭에 갖은 양념하여 30분 정도 쪄낸다.

만드는 방법

1. 쌀가루에 소금과 물을 주고 버물버물해서 찜기에 물이 끓으면 젖은 면보를 깔고 쌀가루를 얹어 20분 정도 쪄서 5색으로 물을 들인 다음 꽃과 새를 만든다. 30cm 정도 길이의 대나무 꼬지에 꽃과 새를 꽂아 말린다.
2. 약과와 주악을 식용유에 튀겨 집청에 담갔다가 건진다.
3. 북어전과 홍해삼, 해삼전, 생선전, 화양적, 제육전, 쇠고기산적, 두부전, 설야멱을 각각 2~3kg 정도씩 만든다. 달걀을 30개 정도 삶아 껍질을 벗긴다.
4. 함지박 안에 북어전을 담고 약과와 주악을 둘레에 쌓아 올리면서 안쪽으로 홍해삼, 해삼전, 생선전, 화양적, 제육전, 쇠고기산적, 두부전, 설야멱을 각각 5~6cm 정도의 높이로 차곡차곡 쌓아 올리고 약과와 주악도 둘레에 계속 쌓는다.
5. 맨 위에 양념찜닭을 올리고 둘레에 삶은 달걀과 밤과 대추를 안쪽으로 얹는다. 다 쌓아올린 다음 약과와 주악 둘레에 떡꽃나무 가지를 꽂고 오징어 오림이나 문어오림을 돌린다.

오징어오림(다알리아, 장미)

문어오림은 예식이나 잔칫상, 제사상 등 고임상을 꾸밀 때에 반드시 장식용으로 만들어 놓았다고 한다. 오징어나 문어를 오리는 것은 매우 숙련을 요하는 일이며 음식에다 뜻을 표현한 의미 있는 일이다.

재료 및 분량

오림용 오징어 5마리

준비물 : 오징어용 칼 · 가위, 구슬핀

*오징어 보관방법

오림용 오징어를 머리, 몸통, 다리를 따로 구분해서 보관한다. 몸통은 두 마리를 뼈와 뼈가 마주보게 해서 여러 마리를 겹쳐 신문으로 한 번 싼 후 랩으로 다시 한 번 싸서 반드시 냉동 보관한다.
반드시 오리기 직전에 껍질을 벗긴다. 미리 껍질을 벗겨서 냉동보관하면 수분이 날아가 오리기가 어려워진다.

만드는 방법

다알리아

1. 껍질을 벗겨 손질한 오징어를 얇은 부분이 위로가게 해서 3cm 폭으로 길게 자른다.
2. 분이 핀 부분이 위로 오게 한 뒤 길게 반 접는다.
3. 가위를 15도 각도로 해서 수술 부분 3개 정도 0.1cm 간격으로 자르고 나머지 부분은 0.2cm 간격으로 자른다.
4. 꽃잎 한 장 한 장이 앞을 향하게 하나하나 손으로 펴준다.
5. 촘촘하게 말아서 구슬핀으로 고정시킨 후 다시 한 번 꽃잎 한 장 한 장을 잘 펴준다.(오징어를 말아줄 때는 밑 부분을 반듯하게 해야 구슬핀을 뺏을 때 모양이 쉽게 풀리지 않고 오래 간다.)

장미꽃

1. 오징어 몸통의 껍질을 벗겨 잘 손질된 오징어 $\frac{1}{2}$을 얇은 쪽이 위로 향하게 잡고 2cm 폭으로 길게 자른다.
2. 1:2:3:4비율로 0.5㎝씩 크기를 점점 키워가며 자른다.
3. 꽃잎 끝을 가위로 다듬어 꽃잎을 뒤로 살짝 둥글게 꺾은 후 촘촘하게 말아준다.완성된 꽃을 구슬핀으로 고정시킨다.

오징어오림(학, 매화)

매화는 엄동설한을 견디고 일찍 개화하는 꽃으로 향이 맑고 도도한 기상과 고고한 자태를 뽐내 군자다움을 상징한다.

재료 및 분량

오림용 오징어 5마리

준비물 : 오징어용 칼 · 가위, 송곳, 구슬핀

알아두기

· 오림용 오징어는 반 정도 마른 오징어가 좋다.
· 오림용 오징어는 크기가 큰 것이 자투리가 적게 생기므로 한축에(20마리) 4kg 정도가 적당하다.

만드는 방법

학

1. 오징어 귀를 반으로 접는다.
2. 가위로 입→머리→목→날개→다리→꼬리 순서로 이어서 오린다.
3. 오징어 껍질을 0.1cm 굵기로 만다.
4. 머리 부분에 송곳을 이용해 구멍을 내어 말아놓은 껍질을 넣고 눈을 만들어 완성한다.

매화

1. 오징어 몸통은 껍질을 벗겨 1.5~2cm 전후의 크고 작은 정사각형으로 자른다.
2. 정사각형의 모서리를 다듬어 원을 만들고 송곳으로 가운데 구멍을 내어 다섯 개의 꽃잎을 만든다.
3. 오징어 발에 가위 집을 넣어 꽃대를 만들어 비틀어서 매화나무를 만든다.
4. 꽃대에 꽃잎을 끼워서 수술부분을 둘로 쪼개거나 말아서 꽃잎이 떨어지지 않게 고정한 다음 완성한다.

오징어 오림(도라지꽃, 수련)

어화(魚花)는 먹기 위한 용도보다는 상을 꾸미기 위한 용도로 만들어 진 것으로 선조들의 멋과 여유를 느낄 수 있다.

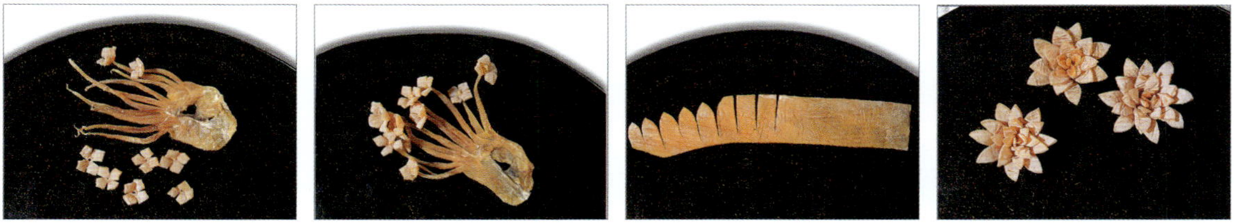

재료 및 분량

오림용 오징어 5마리

준비물 : 오징어용 칼 · 가위, 송곳, 구슬핀

알아두기

· 오림용 오징어를 실온에 두면 색깔이 붉게 변하므로 냉동실에 보관하고 사용한다.
· 오징어오림을 할 때는 오징어오림 전용가위가 필요하다.

만드는 방법

도라지꽃

1. 오징어 다리의 빨판은 가위로 깨끗하게 잘라내고 껍질을 벗긴다. 오징어 다리마다 잎을 만들기 위해 반 타원형으로 잘라준 후 칼로 잎을 만든다. 다리는 사선으로 잘라 잔가지를 만들어 준다. 꽃잎을 만들기 위해 오징어 귀나 다른 자투리 부분을 정사각형으로 잘라준다. 정사각형의 각 모서리 가운데 부분을 삼각지게 가위 집을 넣고 중심을 송곳으로 뚫어준다.
2. 잔가지 끝 부분에 꽃잎을 끼우고 다리 끝부분을 살짝 말아준다. 이 때 꽃을 약간 오므려 자연스러운 모양이 되게 한다.

수련

1. 오징어는 몸통의 껍질을 벗기고 폭 1.5~2㎝, 길이는 몸통 길이로 자른다.
2. 이 때 꽃잎의 폭은 폭의 차이를 두어가며 길게 자르고 꽃잎의 가장자리를 둥글리면서, 꽃잎끝부분을 약간 뾰족하게 한다.
3. 자른 꽃잎은 뒤쪽으로 뉘어 손질한 다음 돌돌 말아 핀으로 고정시켜 자연스러운 꽃잎 모양으로 잡히면 핀은 빼낸다.

오징어 꽃바구니

말린 오징어나 문어를 꽃이나 봉황 등의 모양을 오려 장식하고 길상의 의미를 부여했다. 특히 국화는 소국과 대국으로 나누는데 소국은 좋은 행사에 복과 행운을 뜻하며, 대국은 번뇌를 벗어난 깨끗한 세상을 뜻한다.

재료 및 분량

오림용 오징어 20마리

준비물 : 오징어용 칼 · 가위, 송곳, 구슬핀, 대바구니

만드는 방법

국화꽃 만들기

1. 잘 손질한 오징어를 얇은 쪽이 위로가게 해서 1.5cm 폭으로 길게 잘라준다.
2. 전체 길이의 $\frac{3}{4}$ 정도를 $\frac{2}{3}$ 깊이로 잘라낸다.
3. $\frac{1}{4}$ 부분을 0.2cm 간격으로 $\frac{2}{3}$ 깊이로 고르게 가위질 한다.
4. 밑이 바르게 되도록 촘촘하게 말아서 구슬핀으로 고정한 후 꽃잎을 펴준다.

알아두기

· 오징어 꽃바구니는 다양한 꽃모양의 오징어오림을 담으면 더 좋다.
· 오징어 꽃바구니는 둥근 것이나 네모진 것이나 모두 좋다.
· 오린 오징어는 그릇에 담아 냉동보관했다가 사용한다.

사지꼬지

사지(絲紙)는 누름적이나 산적꼬지 끝에 종이를 감아 늘어뜨린 것으로 제례에는 흰색 한지를 쓰고 잔치에는 오색 한지를 쓴다. 전라도에서는 오색 한지로 견과류나 닭 등에 꼬지로 감아 폐백상에 화려함을 더했다.

재료 및 분량

오색한지(남색, 분홍, 노랑, 초록, 빨강) 1장씩
대나무꽂이 1묶음
호두, 잣, 은행, 건포도
붉은색실, 오림용 가위, 풀

만드는 방법

1. 전지 $\frac{1}{4}$장을 12등분(11×12cm)해서 자른다.
2. 한지 끝을 1.5cm 남기고 0.2cm 간격으로 앞뒤 방향을 바꿔가며 부챗살처럼 접는다.
3. 접어진 색지를 45도 각도로 0.2cm 간격으로 자른다.
4. 남색, 분홍, 노랑, 초록, 빨강의 순서로 붙인다.
5. 잣, 호두, 은행, 건포도를 각각 대나무꽂이에 꽂아 빨강색 실로 묶는다.
6. 5의 견과류 묶음을 4의 사지종이로 말아 붙인 다음 소담스럽게 펴준다.

곶감오림

곶감은 절기상 찬이슬이 맺힌다는 한로(寒露)부터 서리가 내리기 시작하는 상강(霜降) 사이에 떫은 감을 따서 껍질을 벗겨 햇볕에 정성껏 말린 곶감은 일 년 내내 의례상에 올리는 중요한 과실로 이용되었다. 감나무가 상징 하는 것은 사람으로 태어났다고 다 사람이 아니라 가르치고 배워야 비로소 사람이 된다는 뜻이다. 가르침을 받고 배우는 데는 생가지를 칼로 쳐서 접붙일 때처럼 아픔이 따른다. 그 아픔을 겪으며 선인의 예지를 이어 받을 때 비로소 하나의 인격체가 될 수 있다는 뜻을 담고 있다.

재료 및 분량

곶감 30개, 잣 $\frac{1}{2}$컵

준비물 : 가위, 칼, 솔잎, 목기

만드는 방법

1. 감꼭지가 가운데 있는 하얗게 분이 핀 오림용 곶감을 크기가 비슷한 것으로 3개 준비한다.
2. 곶감 3개중 하나를 가운데 감꼭지를 살려서 16등분한다.
3. 16등분한 곶감을 가위로 가로로 하나하나 잘라서 잘 만져준다.
4. 나머지 2개의 곶감은 감꼭지를 떼고 곶감 모양을 살려 칼을 이용해 둘로 나눈다.
5. 반으로 자른 4개의 곶감(곶감①, 곶감②, 곶감③, 곶감④)을 각각 16등분한 후, ①은 1개+15개, ②는 3개+13개, ③은 5개+11개, ④는 7개+9개로 자른다.
6. 큰 조각부터 순서대로 쌓아서 한송이 꽃을 완성한다. 15→13→11→9→7→5→3→1
7. 꼬지에 잣을 끼워 가운데 장식으로 올려준다.

알아두기

· 곶감오림 모양은 기본 오림 모양에서 다양하게 응용할 수 있다.
· 오림용 곶감은 너무 덜 마르면 속에 곶감살이 으깨져서 오리기가 어렵다.
· 가을부터 3월까지는 곶감이 덜 말라 오리기가 어렵다.

오품냉채(쇠고기 냉채, 오이선, 패주냉채, 새우 냉채, 전복수삼냉채)

여러 가지 채소와 과일, 편육, 신선한 해물 등을 새콤, 달콤, 매콤한 소스로 버무린 맛이 잘 어우러진 냉채이다. 오색을 살린 호화스러운 음식으로 입맛을 돋우는 역할을 하기도 하며 손님 접대용으로 주안상 등에 많이 쓰인다.

쇠고기 냉채

아롱사태 200g
향채 : 파 $\frac{1}{2}$대, 마늘 2쪽
고추기름소스 : 고추기름 1큰술, 식초 $\frac{1}{4}$큰술, 설탕 $\frac{1}{4}$큰술, 다진 마늘 $\frac{1}{2}$큰술, 간장 1작은술, 참기름 $\frac{1}{2}$작은술, 소금 약간

1. 쇠고기는 면보로 핏물을 닦고, 끓는 물에 20분 정도 삶다가 향채를 넣고 20분 정도 더 삶아 건져 식혀서 결 반대방향으로 얇게 썬다.
2. 그릇에 고추기름소스 재료를 넣고 잘 섞어 소스를 만들어 함께 낸다.

오이선

오이1개, 소금 1작은술, 물 1컵
쇠고기 30g, 표고버섯 10g
양념장 : 간장 $\frac{1}{3}$작은술, 설탕 1작은술, 다진 파 $\frac{1}{2}$작은술, 다진 마늘 $\frac{1}{4}$작은술, 깨소금 $\frac{1}{2}$작은술, 후춧가루 $\frac{1}{8}$작은술, 참기름 $\frac{1}{2}$작은술
달걀 1개, 식용유, 실고추 1g
단촛물 : 소금 1작은술, 설탕 2큰술, 식초 4큰술, 물 1큰술

1. 오이는 소금으로 비벼 씻어 길이로 반을 갈라 껍질 쪽에서 폭 0.5㎝정도 간격으로 비스듬히 칼집을 세 번 넣고 네 번째에서 완전히 자른 다음 소금물에 15분 정도 절인 후 물기를 닦는다. 쇠고기는 두께 0.2㎝, 길이 2.5㎝ 정도로 채 썰고 불린 표고버섯은 쇠고기와 같은 크기로 채 썰어 양념장으로 양념하여 팬에 볶는다. 달걀은 황백지단을 부쳐 쇠고기와 같은 크기로 채 썰고, 실고추는 1㎝ 길이로 자른다.
2. 오이 칼집 사이로 볶은 쇠고기와 표고버섯, 황백지단을 각각 넣고 실고추를 위에 올리고 단촛물과 함께 낸다.

패주냉채

패주 3개
케첩소스 : 케첩 1큰술, 설탕 $\frac{1}{2}$큰술, 다진 마늘 $\frac{1}{2}$큰술, 고추기름 $\frac{1}{2}$큰술, 간장 1작은술, 소금 $\frac{1}{4}$작은술, 참기름 $\frac{1}{2}$작은술

1. 패주는 소금물에 씻은 다음 막을 벗기고 0.5㎝ 두께로 포를 떠서 양면에 사선으로 0.2㎝ 깊이로 칼집을 넣고 살짝 데친다.
2. 그릇에 케첩소스 재료를 넣고 잘 섞은 다음 함께 낸다.

· 차갑게 먹는 음식이므로 보관이나 그릇 선택을 잘해야 되며, 이바지로 보낼 때는 냉채소스는 따로 보낸다.

새우 냉채

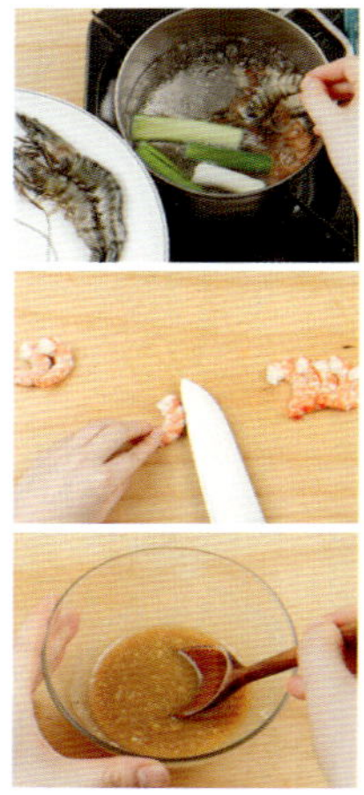

새우 5마리
향채 : 파 $\frac{1}{4}$대, 마늘 $\frac{1}{2}$쪽
겨자소스 : 발효된 겨자 $\frac{1}{2}$큰술, 식초 2큰술, 간장 1작은술, 설탕 2큰술, 소금 $\frac{1}{4}$작은술, 참기름 $\frac{1}{2}$작은술, 다진 마늘 $\frac{1}{2}$큰술

1. 새우는 꼬지로 등에 있는 내장을 빼내고 끓는 물에 향채와 새우를 넣고 데친다. 한 김 나가면 껍질을 벗겨 길이로 반을 가른다.
2. 그릇에 겨자소스 재료를 넣고 잘 섞은 다음 함께 낸다.

전복수삼냉채

전복 4마리, 인삼 30g, 대추 2개, 밤 2개, 오이 $\frac{1}{4}$개
잣소스 : 잣 $\frac{1}{2}$컵, 생수 $\frac{1}{2}$컵, 꿀 1큰술, 식초 1큰술, 매실청 1큰술, 소금 1작은술

1. 전복은 깨끗하게 씻어 살을 떼어내고 다듬어 씻어 0.3㎝ 두께로 어슷하게 저민다. 인삼은 뇌두를 잘라내고 전복과 같은 크기로 썬다. 밤은 껍질을 벗기고 전복과 같은 두께로 저며 썬다. 오이는 소금으로 문질러 씻어 길이로 반을 갈라 전복과 같은 두께로 어슷썬다.
2. 대추는 젖은 면보로 잘 닦아 돌려깎기 하여 0.2㎝ 정도로 채 썬다.
3. 믹서에 잣소스 재료를 넣고 잘 갈아서 잣 소스를 만든다.
4. 전복껍질에 전복, 인삼, 오이, 밤을 켜켜이 담고 소스를 함께 낸다.

장국수

국수는 잔칫날의 대표적인 음식이라 할 수 있으며, 조선왕조의 〈연향식의궤〉에서 1765년부터 1902년까지 등장하는 찬품이었다. 잔칫날에는 그날의 뜻을 오래도록 기린다는 뜻에서 길게 연결된 국수를 먹는 풍습이 있다.

재료 및 분량

국수 300g, 쇠고기(양지) 600g
향채 : 파 1대, 마늘 5쪽, 양파(中) 1개
고기 양념장 : 국간장 1큰술, 다진 파 $\frac{1}{2}$큰술, 다진 마늘 1큰술, 깨소금 2작은술, 후춧가루 $\frac{1}{2}$작은술, 참기름 1큰술
고명 : 애호박 $\frac{1}{3}$개, 달걀 1개, 소금 $\frac{1}{8}$작은술, 실고추 2g, 식용유 $\frac{1}{2}$작은술
국간장 1큰술, 소금

만드는 방법

1. 쇠고기는 물에 담가 핏물을 뺀다. 냄비에 물과 쇠고기를 넣고 20분 정도 삶다가 고기가 익으면 양파, 마늘, 대파 등을 넣고 다시 40분 정도 삶는다. 쇠고기를 꺼내어 채 썰어 고기양념에 무치고, 국물은 식혀 면보에 걸러 기름기를 걷어낸다.
2. 애호박은 채 썰어 소금에 10분 정도 절였다가 물기를 닦고 팬에 식용유를 두르고 30초 정도 볶는다. 달걀은 황백지단을 부쳐 3㎝ 길이로 채 썬다.
3. 냄비에 준비한 장국을 넣고 불에 올려 끓으면 국간장과 소금으로 간을 맞춘다.
4. 국수는 팔팔 끓는 물에 넣고 삶아서 냉수에 헹궈 똬리를 틀어 채반에 올려 물기를 뺀다.
5. 그릇에 국수를 담고 장국을 부은 다음 쇠고기, 애호박, 황·백지단채, 실고추를 얹는다.

알아두기

· 애호박은 달궈진 팬에 빨리 볶아야 색이 변하지 않는다.
· 밀국수 대신에 메밀국수를 사용해도 좋다.
· 김을 살짝 구워서 부수어 얹어도 된다.

오색국수

오색국수는 밀가루에 치자물, 백년초가루, 쑥가루, 흑미가루 등을 넣고 반죽하여 오색으로 만든다. 이바지에 오색국수를 뽑아 마른채로 보내는데 천연재료로 오색을 내어 몸에도 이롭고 색이 은은하여 잔치의 흥을 돋우고 축하의 의미를 느낄 수 있다.

재료 및 분량

밀가루 2kg, 소금 2큰술

색 : 치자물 4큰술, 흑미가루 100g, 쑥가루 100g, 백년초가루 50g

만드는 방법

1. 밀가루는 5등분 한다.
2. 흑미는 깨끗이 씻어 24시간 정도 물에 담갔다가 물기를 빼고 빻아 가루로 만든다.
3. 밀가루에 소금과 치자물, 흑미가루, 쑥가루, 백년초가루를 각각 넣고 잘 섞어 색을 들인 다음 물을 넣고 반죽한다. 흰색은 밀가루에 물을 넣고 반죽한다. 각각의 반죽을 비닐봉투에 30분 정도 싸둔다.
4. 도마에 밀가루를 뿌리고 반죽을 밀대로 얇게 밀어 접어서 채 썬 다음 실타래처럼 만든다.

알아두기

- 밀가루에 색을 들일 때에는 너무 진하게 들이지 않는다.
- 반죽을 해서 오래 치대야 국수가 끈기가 있다.
- 쑥가루 대신에 모시잎가루나 뽕잎가루를 넣어도 좋다.
- 시중에 판매되는 국수를 사용할 수도 있다.

쇠갈비찜

갈비찜은 쇠갈비를 삶아서 갖은 양념을 하여 육수를 넣고 은근한 불에서 오래 끓인다. 〈시의전서(是議全書)〉(1800년대 말)에 '가리찜'으로 소개되어있는데 "갈비를 1치 길이씩 잘게 자르고, 양은 끓는 물에 잠깐 넣었다가 검은 털을 뽑아서 부화, 곱창, 통무, 다시마를 같이 넣어 무르게 삶아 건진다. 무는 탕무처럼 썰되 잘게 썰고, 다른 고기도 무와 같이 썬다. 다시마는 골패조각처럼 썰고, 표고와 석이도 모두 썰고 파와 미나리는 잠깐 데쳐서 넣는다. 여기에 갖은 양념과 가루를 섞어 주물러 볶는데, 국물을 조금 있게 하여 그릇에 담는다. 그 위에 달걀을 부쳐 석이와 같이 채를 쳐서 얹는다."고 하였다.

재료 및 분량

갈비 600g

양념장 : 진간장 3큰술, 설탕 1큰술, 다진 마늘 1큰술,
꿀 $\frac{1}{2}$큰술, 배즙 5큰술, 깨소금 1큰술,
청주 1작은술, 양파즙 1큰술,
후춧가루 $\frac{1}{4}$작은술, 참기름 1큰술

무 200g, 표고버섯 3개, 당근 $\frac{1}{4}$개, 밤 5개

은행 5개, 대추 3개, 잣 1작은술

달걀 1개, 식용유

만드는 방법

1. 갈비는 5㎝ 길이로 잘라서 찬물에 담가 1시간마다 3번 정도 물을 바꿔가며 핏물을 빼고 1㎝ 정도의 간격으로 칼집을 넣는다. 냄비에 갈비가 잠길 정도로 물을 붓고 20분 정도 삶아 갈비는 건져내고, 육수는 식혀서 면보에 걸러 기름기를 걷어낸다.
2. 무와 당근은 가로·세로 3㎝ 크기로 썰어 가장자리를 다듬고, 표고버섯은 불려서 기둥을 떼어내고 2등분이나 4등분으로 썬다.
3. 갈비양념장을 만들어 삶은 갈비에 양념장의 $\frac{1}{2}$분량만 넣고 30분 정도 재운다.
4. 냄비에 양념한 갈비를 넣고 재료가 잠길 정도로 육수를 붓고 끓으면 중불에서 20분 정도 서서히 끓이다가 무와 당근, 밤, 표고버섯을 넣고 남겨 놓은 양념장을 넣는다.
5. 40분 정도 더 끓여 갈비가 익고 국물이 반 정도로 줄어들면 대추, 은행, 잣을 넣고 위아래를 섞고 양념장을 끼얹어 가며 윤기를 낸다. 국물이 자작해 지면 그릇에 담고 황백지단을 얹는다.

알아두기

· 쇠갈비를 처음부터 양념간장에 재우면 육즙이 빠져나와 질기므로 삶은 후 양념간장을 넣는다.
· 갈비에 칼집을 깊게 넣으면 모양도 좋지 않고 뼈가 빠져나오기 쉽다.
· 갈비는 마지막에 고기가 익으면 뚜껑을 열고 양념장을 끼얹어 가며 졸여야 맛이 나고 윤기가 난다.

북어찜 · 북어구이

명태 말린 것을 북어 또는 건태라 하였다. 조선 태조 이성계가 함경도 지방에 있을 때 명태를 매우 좋아하였고, 그 후 명태가 관혼상제에서 빠지지 않는 품목으로 되었다고 한다. 북어(北魚)란 고려시대에 강원도에서 불리어진 명칭으로 북방 바다에서 온 고기란 뜻에서 북어(北魚)라 하였다고 한다.

북어찜

북어포 $1\frac{1}{2}$마리
양념장 : 간장 2큰술, 설탕 1큰술, 다진 파 $\frac{1}{2}$큰술, 다진 마늘 $\frac{1}{2}$작은술, 깨소금 1작은술,
후춧가루 $\frac{1}{8}$작은술, 참기름 $\frac{1}{2}$큰술, 물 $\frac{1}{2}$컵
고명 : 청고추 $\frac{1}{2}$개, 홍고추 $\frac{1}{2}$개

1. 북어포는 머리와 지느러미, 꼬리는 잘라내고 물에 10초 정도 담가 젖은 면보에 싸서 30분 정도 두었다가 등뼈는 떼어내고 북어 껍질 쪽에 칼집을 넣고 4㎝ 정도의 길이로 자른다.
2. 청홍고추는 2cm 정도로 채 썬다.
3. 냄비에 준비한 북어와 양념장을 켜켜로 넣고 물을 부은 후 중불에서 10분 정도 끓이다가 뚜껑을 열고 양념장을 끼얹어가며 5분 정도 끓인 다음 청홍고추를 얹어 참기름을 넣고 2분 정도 더 끓인다.

· 북어찜에 간장과 고춧가루를 넣기도 한다.

북어구이

북어 2마리
유장 : 간장 2작은술, 참기름 2작은술
다진 쇠고기 300g
양념장 : 간장 4큰술, 설탕 1큰술, 다진 파 2작은술, 다진 마늘 1큰술, 후춧가루 $\frac{1}{2}$작은술,
깨소금 2작은술, 참기름 1큰술
고명 : 잣가루 2큰술

1. 마른 북어는 머리와 지느러미, 꼬리를 잘라내고 물에 10초 정도 담가 젖은 면보에 싸서 30분 정도 둔 다음 뼈와 가시를 떼어내고 북어 껍질 쪽에 칼집을 넣고 유장에 재운다.
2. 다진 쇠고기는 핏물을 닦고 양념장을 넣고 치댄다.
3. 유장에 재운 북어에 밀가루를 살짝 묻히고 준비한 쇠고기를 얇게 펴 바른 다음 잔칼질을 한다.
4. 석쇠를 달구어 식용유를 바르고 북어를 얹어 15㎝ 정도의 높이로 올려 센불에서 앞, 뒤로 굽고 잣가루를 고명으로 얹는다.

해산물찜 I (민어찜, 조기찜, 도미찜)

해산물찜은 민어와 조기, 도미를 꾸덕꾸덕 말려 양념하여 쪄서 양념장을 바르고 고명을 올린다.

재료 및 분량

민어 1마리, 조기 1마리, 도미 1마리, 소금 1큰술

공통 양념 : 소금 1큰술, 양파즙 $\frac{1}{2}$컵, 생강즙 $\frac{1}{3}$컵, 마늘즙 3큰술

공통 소 : 다진 쇠고기 100g

쇠고기 양념 : 간장 1큰술, 설탕 $\frac{1}{2}$큰술, 다진 파 1작은술, 다진 마늘 $\frac{1}{2}$작은술, 깨소금 2작은술, 후춧가루 $\frac{1}{8}$작은술, 참기름 1작은술

공통 조림장 : 간장 6큰술, 채소물 6큰술, 물엿 4큰술, 청주 2큰술, 설탕 2큰술

민어 고명 : 청고추 1개, 홍고추 1개, 마늘 2쪽, 생강 10g

조기 고명 : 청고추 1개, 홍고추 1개, 마늘 2쪽, 생강 10g

도미 고명 : 청고추 3개, 홍고추 3개, 달걀 2개, 석이버섯 10장

만드는 방법

1. 민어와 조기, 도미는 비늘을 긁고 내장을 꺼내어 깨끗이 씻고 소금을 뿌린 다음 하루 정도 채반에 널어 꾸덕꾸덕하게 말린다.
2. 냄비에 조림장의 재료를 넣고 끓여서 $\frac{1}{2}$정도 남도록 한다.
3. 도미와 민어, 조기에 소금, 청주, 후추, 마늘즙, 생강즙, 양파즙을 함께 섞어서 30분 정도 재워둔다. 양념한 다진 쇠고기를 3등분 하고 각각 생선의 뱃속에 넣고 호일에 싸서 찜기에 넣어 약 15분 정도 찐 다음 식혀서 조림장을 바른다.
4. 도미 고명용 청홍고추는 씨를 빼고 과육을 저미고 3~4㎝ 길이로 채 썬다. 석이버섯은 물에 불려 깨끗이 손질하고 고추와 같은 길이로 채 썰고 팬을 달구어 식용유를 두르고 각각 볶는다. 달걀은 황백지단을 부쳐서 4㎝길이로 곱게 채 썬다. 조기 고명용 청홍고추는 씨를 빼고, 마늘과 생강도 깨끗이 손질하여 다진다. 민어 고명용 청홍고추는 씨를 빼고 마늘과 생강도 손질하여 1㎝ 정도의 길이로 채 썬다.
5. 각각의 생선 위에 준비된 고명을 올린다.

해산물찜 II (대하찜, 대합찜, 소라찜)

대합찜은 대합살에 쇠고기 등을 양념하여 대합 조개껍질에 담아 쪄낸 것으로 대합은 껍데기 두 개가 꼭 맞물려 있어 부부의 화합을 상징한다. 소라는〈도문대작(屠門大嚼)〉(1611년)에 "서해에 많이 나나 황해도 옹진 것이 가장 좋다."고 하였다. 소화가 잘 안 되는 사람이나 노인에게 좋고, 소라국물은 빈혈에 도움을 주며, 열을 내리게 하고 눈을 맑게 한다.

대하찜

대하 4마리
양념 : 청주 1큰술, 소금 1작은술, 흰후춧가루 $\frac{1}{8}$작은술
향채 : 대파 $\frac{1}{3}$대, 마늘 3쪽
고명 : 달걀 1개, 청고추 $\frac{1}{2}$개, 홍고추 $\frac{1}{2}$개, 석이버섯 2장
꼬지 8개

1. 대하는 머리와 꼬리를 남기고 등쪽에 내장을 빼내고 길이대로 길게 칼집을 넣어 판판하게 펴놓고 소금과 흰후춧가루, 청주로 간을 하고 꼬리에서 머리 쪽으로 뒤틀리지 않도록 꼬지를 꽂는다.
2. 찜기에 물과 양파, 마늘, 생강을 편으로 썰어 넣고 끓으면 새우를 얹어 3분 정도 찐다.
3. 달걀은 황·백지단을 부치고 석이버섯은 물에 불려 돌기를 떼어 내어 깨끗이 씻는다. 청홍고추는 씨를 뺀다. 준비한 재료를 1.5㎝ 정도의 길이로 채 썬 다음 쪄 놓은 대하에 오색으로 고명을 올린다.

대합찜

대합 4개, 소금 $2\frac{1}{2}$작은술
다진 쇠고기 100g, 두부 100g, 양파 50g
양념장 : 소금 $\frac{1}{2}$작은술, 설탕 $\frac{1}{2}$작은술, 청주 1작은술, 다진 파 2작은술,
다진 마늘 1작은술, 깨소금 1작은술, 후춧가루 $\frac{1}{8}$작은술, 참기름 1작은술
밀가루 2큰술, 달걀 2개, 식용유 1큰술
고명 : 청고추 $\frac{1}{2}$개, 홍고추 $\frac{1}{2}$개

1. 대합은 소금물에 담가 해감을 시킨 다음 씻는다. 끓는 물에 대합을 넣고 입이 벌어지면 건져서 대합살을 떼내어 곱게 다지고 대합 껍질은 깨끗이 씻어 물기를 뺀다.
2. 쇠고기는 핏물을 닦고 두부는 물기를 꼭 짜서 으깨고 양파는 곱게 다져 팬에 볶아서 대합살, 두부와 함께 섞어 양념장을 넣고 치댄다.
3. 대합껍질 안쪽에 밀가루를 바르고, 준비한 재료를 꼭꼭 눌러 수평으로 담고 그 위에 밀가루를 얇게 바른 다음 황·백 달걀물을 각각 씌워 물이 끓은 찜기에 넣고 10분 정도 찐다.
4. 청홍고추는 $\frac{1}{2}$은 3㎝ 정도로 채 썰고 $\frac{1}{2}$은 둥글게 썰어 놓는다.
5. 쪄낸 대합은 밀가루를 묻히고 달걀물을 씌워 달구어진 팬에 식용유를 두르고 지진 다음 고명을 얹는다.

소라찜

소라 5개, 소금 $\frac{1}{8}$작은술, 참기름 $\frac{1}{2}$작은술
쇠고기 100g
쇠고기양념장 : 간장 $\frac{1}{2}$큰술, 다진 파 $\frac{1}{2}$큰술, 다진 마늘 $\frac{1}{4}$큰술, 설탕 $\frac{1}{4}$작은술,
깨소금 $\frac{1}{2}$작은술, 참기름 $\frac{1}{2}$작은술
식용유 1큰술
고명 : 청고추 $\frac{1}{4}$개, 홍고추 $\frac{1}{4}$개

1. 소라는 깨끗이 씻어 끓는 물에 삶아 소라살을 빼내고, 모양대로 얇게 썰어 소금과 참기름으로 양념하고 껍질은 깨끗이 씻어 물기를 뺀다.
2. 쇠고기는 0.2㎝ 두께로 저며 쇠고기양념장으로 양념 하고 소라와 같이 섞는다.
3. 청고추와 홍고추는 0.1㎝ 두께로 썬다.
4. 준비한 재료를 소라껍질 속에 넣고 찜기의 물이 끓으면 10분 정도 찐 다음 고명으로 장식한다.

홍어찜

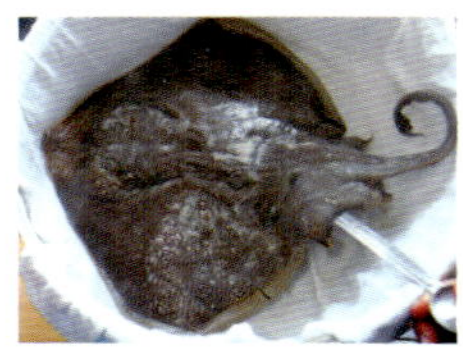

홍어는 톡 쏘는 맛이 일품이어서 이바지음식에 빠지지 않는다. 특히 흑산도 근해에서 잡은 흑산도 홍어가 유명하다. 경상도 지방에서는 홍어를 쪄서 찢어 초고추장에 찍어 먹기도 한다.

홍어 1마리(2kg), 소금 $\frac{1}{2}$큰술, 막걸리 1컵
양념즙 : 마늘즙 4큰술, 생강즙 4큰술, 양파즙 4큰술
달걀 3개, 소금 $\frac{1}{8}$작은술, 청고추 7개, 소금 $\frac{1}{4}$작은술, 당근 $\frac{1}{2}$개
소금 $\frac{1}{4}$작은술, 석이버섯 20장
조림간장 : 간장 6큰술, 물 6큰술, 설탕 3큰술, 청주 2큰술, 마늘 3쪽, 생강 10g, 참기름 1큰술

1. 홍어는 내장을 꺼내어 깨끗이 씻고 소금과 막걸리에 5시간 정도 재웠다가 채반에 말린다.
2. 냄비의 조림간장의 재료를 넣고 중불에서 $\frac{1}{2}$정도 남도록 끓여 참기름을 넣고 섞는다.
3. 석이버섯은 물에 불려 깨끗이 씻고 물기를 닦고 곱게 채 썬다. 참기름을 묻혀 팬에 살짝 볶는다.
4. 청고추는 씨를 빼고 과육을 떼어내고 4㎝ 길이로 곱게 채 썬다. 당근은 풋고추 길이에 맞추어 채 썬 다음 소금에 살짝 절여 물기를 닦고 각각 팬을 달궈 식용유를 두르고 20초 정도씩 볶는다. 달걀은 황·백 지단을 부쳐 곱게 채 썬다.
5. 찜기에 물이 끓으면 10분 정도 찐 다음 식혀서 조림장을 바르고 위에 준비한 고명을 얹는다.

· 홍어는 살이 연하여 완전히 식은 다음에 만져야 부서지지 않는다.

전복찜

〈시의전서(是議全書)〉에 "큰 전복을 삶되 한 번 삶아 물을 퍼 버리고 쇠고기와 해삼, 문어, 홍합 등을 넣어 무르게 곤다. 큰 전복은 저미든지, 통째로 잘게 에어서 열십자로 자르고 황육, 해삼, 문어, 홍합을 큰 조각으로 저며 놓고 파, 마늘을 다져서 후춧가루 기름, 깨소금, 꿀과 같이 삶는 물에 넣고 조려야 좋다고 하였다.

전복 12개, 마늘 3쪽, 양파 $\frac{1}{4}$개
양념장 : 간장 3큰술, 물 9큰술, 설탕 1$\frac{1}{2}$큰술, 청주 1작은술, 참기름 1작은술
은행 5개, 홍고추 1개, 청고추 1개
준비물 : 사각목기, 소금, 파슬리

1. 전복은 솔로 문질러 깨끗이 씻어 살을 떼어낸 다음 내장과 입 부분을 저며 내고, 껍질은 깨끗하게 닦아 물기를 뺀다.
2. 전복은 앞뒤 면에 가로, 세로 0.3㎝ 간격으로 칼집을 넣는다.
3. 마늘은 편으로 썬다. 은행은 팬을 달구어 식용유를 드르고 2분 정도 볶아서 속껍질을 벗기고 홍고추와 청고추는 씨를 빼내고 1㎝ 크기의 마름모 모양으로 썬다.
4. 냄비에 양념장과 마늘편, 양파를 넣고 끓여 양념장이 $\frac{2}{3}$정도 남으면 전복을 넣어 약한 불에서 윤기 나게 찌듯이 졸인다.
5. 껍질에 전복을 담고 은행, 홍고추, 청고추 등을 고명으로 얹는다.

· 전복찜 고명에 당근과 밤을 은행알 만하게 둥글려 모양을 내어 올릴 수도 있다.

문어찜

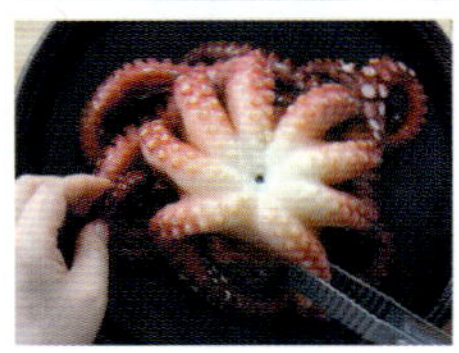

〈규합총서(閨閤叢書)〉에 문어는 "일명은 팔초어(八梢魚)니 북도에서 나는 것이다. 돈같이 썰어 볶으면 그 맛이 깨끗하고 담담하며 그 알은 머리, 배 보혈에 귀한 약인 고로 토하고 설사하는 데 유익하다. 낙지는 소팔초어(小八梢魚)라 한다."고 하였다.

문어 1마리, 소금 2큰술, 밀가루 $\frac{1}{3}$컵
오징어 1마리, 청고추 3개, 홍고추 3개, 달걀 $\frac{1}{2}$개(황색지단)양파 1개, 마늘 5쪽, 생강 10g
초고추장 $\frac{1}{2}$컵, 소금기름 3큰술
준비물 : 사각목기, 파슬리

1. 문어는 머리의 먹물주머니와 내장을 빼내고 소금과 밀가루를 넣고 주물러 깨끗이 씻는다.
2. 오징어는 껍질을 벗기고 깨끗이 씻어 안쪽에 칼집을 넣고 데친다.
3. 양파는 깨끗이 씻어 채 썰고 마늘과 생강도 깨끗이 손질하여 편으로 썬 다음 냄비에 물과 함께 넣고 끓으면 그 위에 문어머리가 밑으로 가게 통째로 넣고 앉혀서 10분 정도 찐다.
4. 청홍고추는 길이로 잘라 씨를 빼고 고추길이대로 채 썰고 황색지단도 청홍고추 길이에 맞추어 채 썬다. 오징어 속에 청홍고추, 황색지단을 넣고 돌돌 말아 2㎝ 두께로 썬다.
5. 목기에 문어를 앉히고 준비한 오징어를 문어발 주위에 돌려 담고 초고추장과 소금기름을 함께 낸다.

· 어패류는 장시간 조리하지 않으며, 특히 오징어나 문어는 잠시 익혀야 부드럽고 연하다.

해삼찜

〈음식디미방(飮食知味方)〉에 "해삼을 칼로 따고 긁어서 깨끗하게 씻어 잘 무르게 고아 반은 그대로 말리고, 나머지는 썰어서 말려둔다. 급할 때 쓸 일이 있으면 물에 담가 원 크기대로 부른 것을 양념을 하는데, 꿩을 잘게 다진 것에 호초, 천초, 밀가루를 섞어 해삼 속에 넣고 실로 동여매서 닭 찌듯 쪄가지고 실을 풀어 썰어서 쓴다."고 하였다.

불린 해삼 3마리
해삼양념장 : 간장 1큰술, 청주 1큰술, 후춧가루 $\frac{1}{8}$작은술
다진 쇠고기 150g, 두부 30g
쇠고기 · 두부 양념 : 간장 1작은술, 설탕 $\frac{1}{2}$작은술, 다진 파 1작은술, 다진 마늘 $\frac{1}{2}$작은술, 깨소금 $\frac{1}{4}$작은술, 후춧가루 $\frac{1}{8}$작은술, 소금 $\frac{1}{8}$작은술, 참기름 $\frac{1}{2}$작은술
밀가루 2큰술, 달걀 1개
겨자초장 : 발효겨자 $\frac{1}{2}$큰술, 소금 $\frac{1}{4}$작은술, 설탕 1작은술, 꿀 $\frac{1}{2}$큰술, 식초 1큰술

1. 불린 해삼은 깨끗이 씻어 물기를 닦고 해삼양념장으로 양념한다.
2. 두부는 면보에 싸서 물기를 짜고 곱게 으깬 다음 쇠고기와 함께 양념하여 끈기가 생기도록 치댄다.
3. 해삼은 안쪽에 밀가루를 바르고 양념한 소를 채운다. 달걀은 황백으로 나누어 풀어 놓는다.
4. 소를 채운 해삼에 밀가루를 묻히고 황 · 백 달걀물을 입혀서 달구어진 팬에 식용유를 두르고 지진 후 김이 오른 찜기에 넣고 찐다. 식으면 1㎝ 두께로 썰어 겨자초장과 함께 낸다.

· 건해삼은 먼저 차가운 물에 반나절 정도 담가두었다가 다시 끓는 물을 부어서 또 반나절을 그대로 두는 방법을 5~6회 반복하면 건해삼이 먹기 좋게 야들야들해진다.

돼지뒷다리수육

전라도 지방에서는 돼지뒷다리찜을 복이 있으라고 이바지 음식이나 생신 등에 빠지지 않고 만들어 시댁으로 보냈다.

재료 및 분량

돼지뒷다리 1개(13kg), 삶는 물 18ℓ
향채 : 양파5개, 마늘 400g, 생강 200g, 대파 5뿌리, 통후추 1큰술
된장 1컵
새우젓 1컵

만드는 방법

1. 돼지뒷다리는 지저분한 부분을 저며 내고 손질하여 씻은 다음 뼈 쪽으로 길이로 칼집을 넣는다.
2. 큰솥에 물을 넣고 끓으면 돼지뒷다리를 넣고 튀한 다음 찬물에 헹군다.
3. 큰솥에 삶는 물을 넣고 물이 끓으면 준비한 돼지뒷다리를 넣고 30분 정도 끓이다가 향채와 된장을 넣고 3~4시간 정도 푹 삶는다.
4. 돼지뒷다리수육이 식으면 청 · 홍띠로 묶은 다음 새우젓과 함께 낸다.

치즈찜

치즈찜은 치즈를 깔고 대추로 인삼을 말아서 견과류와 함께 넣고 치즈로 덮어서 찐다.

재료 및 분량

슬라이스 치즈 24장
인삼 1뿌리, 대추 8개, 은행 20개, 호두 10개
석이버섯 5장

만드는 방법

1. 인삼은 뇌두를 자르고 깨끗이 씻어 잔뿌리를 떼어내고 물기를 닦는다. 대추는 젖은 면보로 닦고 돌려깎아 씨를 뺀 다음 인삼을 넣고 돌돌 만다.
2. 은행은 팬을 달구어 식용유를 두르고 볶아 껍질을 벗긴다. 호두는 끓는 물에 데쳐 속껍질을 벗겨 팬에 볶는다. 석이버섯은 물에 불려 깨끗이 씻어 돌기를 떼어내고 팬에 살짝 볶는다.
3. 스테인리스 틀에 유산지를 깔고 치즈를 바닥에 $\frac{1}{2}$정도 담고 말아놓은 대추를 길이로 가운데 놓고 양 옆에 은행과 호두, 석이버섯을 순서대로 놓은 다음 나머지 치즈를 위에 얹어서 수증기가 들어가지 않도록 유산지를 잘 덮는다.
4. 찜기의 물이 끓으면 준비한 재료를 넣고 40분 정도 쪄서 식힌다.

삼계선·장어구이

선(膳)은 재료에 소를 넣고 찐 것으로 좋은 음식을 뜻한다. 장어구이는 여름철 대표적인 고단백 보양식으로 이바지 음식으로 많이 이용한다. 비타민이 풍부하며 불포화지방산이 많고 칼슘도 풍부해 노화방지, 정력증강에 좋은 식품이다.

삼계선

삼계선은 닭안심을 다져 갖은 양념하여 편편하게 펴 놓고 그 위에 대추로 만 인삼을 놓고 돌돌 말아 찜기에 찐다.

닭안심 200g, 소금 ½작은술, 후춧가루 ⅛작은술, 대추 15개, 미삼 2뿌리, 녹말
겨자장 : 겨자 1큰술, 물 ½큰술, 식초 2큰술, 설탕 2큰술, 소금 1작은술
준비물 : 사각목기

1. 닭안심은 곱게 다져 소금과 후춧가루를 넣고 잘 치댄다. 미삼은 직경 0.7cm 정도의 굵기로 둥글게 깎고 대추 10개는 돌려깎기 하고 5개는 곱게 다져서 돌려깎은 대추 안쪽에 펴놓고 가운데에 미삼을 놓고 돌돌 만다.
2. 김발 위에 젖은 면보를 깔고 녹말가루를 살짝 뿌리고 양념한 닭고기를 얇게 펴놓은 다음 가운데에 준비한 대추를 놓고 둥글게 만다. 김이 오른 찜기에 넣고 15~20분 정도 쪄서 식으면 1~1.5cm 두께 정도로 썰고 겨자장과 함께 낸다.

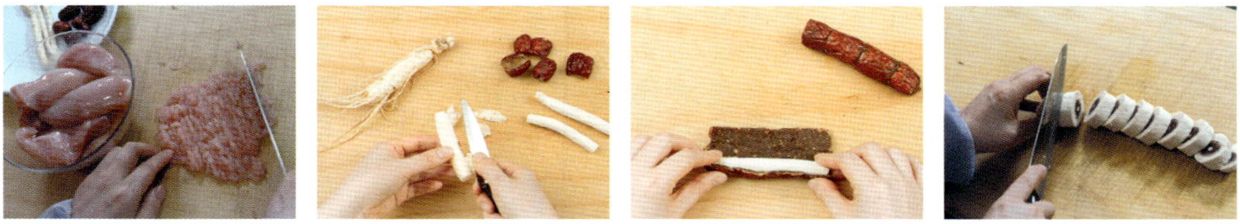

장어구이

장어는 포를 떠서 유장을 발라 애벌구이 하고 양념장을 덧발라가며 석쇠에 굽는다.

장어 2마리
유장 : 참기름 1큰술, 간장 1큰술
양념장 : 간장 4큰술, 고추장 1큰술, 설탕 1큰술, 물엿 1큰술, 꿀 1큰술, 청주 1큰술, 마른 고추 1개, 파 ⅓대, 마늘 6쪽, 생강 10g, 통후추 3g, 물 ½컵
고명 : 생강 10g, 마늘 3쪽, 홍고추 ½개, 실파 10g

1. 장어는 등 쪽에 길이로 칼집을 넣고 펴서 뼈를 떼어내고 핏물을 닦고 유장을 바른다.
2. 냄비에 양념장의 모든 재료를 넣고 끓여 ½정도가 되게 졸인다.
3. 석쇠를 달구어 식용유를 바르고 유장 바른 장어를 얹고 15cm 정도 높이로 올려 센불에서 앞뒤로 뒤집어가며 애벌구이 한 다음 양념장을 3회 정도 덧 발라가며 앞뒤로 굽는다.
4. 생강과 마늘, 홍고추는 1.5cm 길이로 곱게 채 썰고 실파는 0.5cm 크기로 썬 다음 장어 위에 올린다.

홍해삼

홍해삼은 다진 쇠고기와 두부를 양념하여 해삼과 홍합을 각각 넣고 말아서 찐 다음 달걀을 입혀 지진다. 홍해삼은 개성지방의 사철음식이며, 폐백 · 이바지음식으로 많이 이용된다. 〈한국민속대관(韓國民俗大觀)〉(1982년)에 경기도 향토음식으로 개성 홍해삼을 소개하고 있다. 계란을 황백으로 나누어 해삼에는 흰자를, 홍합에는 노른자를 씌워 기름에 지져 익힌다. 해삼은 남자, 홍합은 여자를 상징한다.

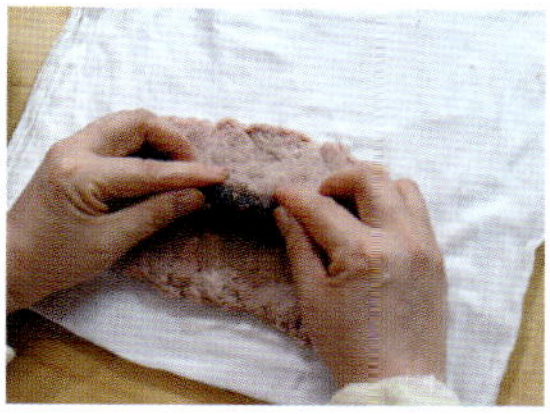

재료 및 분량

해삼 100g, 홍합 100g

양념 : 소금 $\frac{1}{4}$작은술, 후춧가루 $\frac{1}{8}$작은술,
참기름 1작은술, 밀가루 1큰술

다진 쇠고기 150g, 두부 1모

쇠고기 양념장 : 진간장 1$\frac{1}{2}$큰술, 설탕 $\frac{1}{2}$작은술,
소금 $\frac{1}{2}$작은술, 다진 파 $\frac{1}{2}$큰술,
다진 마늘 $\frac{1}{2}$큰술, 깨소금 1작은술,
후춧가루 $\frac{1}{4}$작은술, 참기름 1큰술

밀가루, 달걀 2개

초간장 : 간장 1큰술, 물 1큰술, 식초 1큰술

만드는 방법

1. 불린 해삼은 내장을 빼고 씻는다. 홍합은 소금물에 살살 씻어 끓는 물에 데친다.
2. 다진 쇠고기는 핏물을 닦고 양념장의 $\frac{1}{2}$량을 넣고 양념하고 두부는 면보에 싸서 물기를 꼭 짜고 체에 내려 나머지 양념으로 양념하여 끈기가 생기도록 치댄다. 해삼과 홍합은 양념하여 밀가루를 뿌린다.
3. 젖은 면보를 깔고 다진 쇠고기와 두부 섞은 것을 2등분하여 가로 10cm, 세로 15cm, 두께 2cm 정도로 각각 반대기를 만든 다음 가운데 해삼과 홍합을 각각 길게 놓고 돌돌 말아 타원형 모양으로 빚어 밀가루를 묻히고 젖은 면보에 싸서 찜기에 찐다.
4. 식으면 밀가루를 묻히고 달걀을 황 · 백으로 나누어 해삼에는 흰자, 홍합에는 노른자를 씌워서 달궈진 팬에 식용유를 두르고 중불에서 굴려가며 지진 다음 식으면 1cm 두께로 썰어 담고, 초간장과 함께 낸다.

알아두기

· 홍해삼 반죽은 오래 치대야 갈라지지 않는다.
· 홍해삼에 달걀을 황 · 백으로 입힐 때는 중불에서 지져야 깨끗하다.
· 홍해삼의 홍합은 여자를 뜻하고 해삼은 남자를 뜻해서 남녀의 구별을 보여주는 음식이다.

절육(문어, 가오리, 오징어, 홍합, 돔배기, 군소)

절육은 건어물인 피문어, 가오리, 북어, 대구, 홍합, 오징어 등을 물에 불려 양념장을 넣고 윤기 나게 졸인다. 경상도 지방의 혼례음식이며 제사나 큰 잔치에 빠지지 않고 오르는 음식이다. 경상도 지방으로 시집가는 사람은 빠지지 않고 절육을 만들어 보낸다.

재료 및 분량

건피문어 2마리 , 반건가오리 1마리, 건홍합 30개,
반건대구 1마리, 건오징어 2마리
돔배기 400g, 군소 1마리
채소물 : 물 20컵, 양파 2개, 파 1뿌리, 마늘 5톨
졸임장 : 청장 8큰술, 채소물 10컵, 설탕 4큰술, 참기름 4큰술

알아두기

· 문어는 덜 불으면 머리 속에 다리를 넣기가 힘드므로 부드럽게 완전히 불린다.
· 오징어는 등뼈가 있는 부분이 밑으로 오게 하고 다리를 넣고 말아야 풀어지지 않아 단단하다.

만드는 방법

1. 피문어는 작고 다리가 다 붙어 있는 것으로 준비하고, 가오리는 너무 크지 않고 반 정도 마른 것으로 구입한다. 대구는 반 정도 마른 것으로, 건홍합은 붉은 색으로 잘 마른 것으로 준비한다. 건오징어는 살이 두껍고 큰 것으로 준비한다.
2. 피문어, 가오리, 홍합은 재료가 담길 정도의 물에 넣고 8시간 정도 부드러워질 정도로 불리고, 오징어는 2시간 정도 불린다.
3. 군소는 길이로 배를 갈라 내장을 꺼낸 다음 끓는 물에 튀하여 3~4등분 한다. 돔배기는 물에 담가 핏물을 빼고 두께 1.5cm, 가로 5cm, 세로 7cm 정도로 썰어 아래 위쪽에 꼬지를 2개 꽂는다.
4. 문어는 다리의 빨판을 떼고 물기를 닦은 다음 다리를 3번 정도 접어 머리 속으로 집어넣어 면실로 꽁꽁 묶는다.
5. 오징어는 다리를 떼어 빨판을 떼고, 껍질을 벗긴다. 오징어 몸통 위에 손질한 다리를 가지런히 놓고 돌돌 말아 면실로 묶는다.
6. 냄비에 채소물 재료를 넣고 끓여 $\frac{1}{2}$정도가 되도록 끓인다.
7. 궁중 팬을 달구어 청장을 넣고, 끓으면 채소물을 넣어 한소끔 끓인 후 설탕과 참기름을 넣고 끓여 조림장을 만든 후 모든 재료를 넣고 윤기 나게 졸인다.

해산물초(상어, 소라, 패주, 전복)

해산물초는 조림장에 상어와 패주, 전복, 소라를 넣고 윤기 나게 졸인다. 〈조선무쌍신식요리제법(朝鮮無雙新式料理製法)〉(1943년) 에 초(炒)의 개념을 "국은 국물이 가장 많고, 지짐이는 국물이 바특하고, 초(炒)는 국물이 더 바특하여 찜보다 국물이 조금 있는 것이다."고 하였다.

재료 및 분량

상어(돔배기) 300g, 소라 3개, 패주 5개, 전복 3개

채소물 : 양파 $1\frac{1}{2}$개, 배 $\frac{1}{2}$개, 마늘 5쪽, 생강 10g, 파 1대, 물 10컵

조림장 : 채소물 5컵, 진간장 2컵, 물엿 1컵, 청주 1컵, 꿀 3큰술, 참기름 1큰술

참기름 1큰술

만드는 방법

1. 냄비에 채소물 재료를 넣고 5컵 정도가 되도록 끓인 다음 채소는 건져내고 조림장 재료를 넣고 한소끔 더 끓인다.
2. 상어는 핏물을 빼고 가로 5cm, 길이 7cm, 두께 1.5cm 정도로 썰어 아래 위쪽으로 꼬지를 꽂는다.
3. 패주는 소금물에 씻어 얇은 막을 벗기고 두께로 2~3등분하여 0.2cm 깊이로 잔칼집을 넣는다. 전복은 소금으로 문질러 닦고 살을 떼어 0.3cm 깊이로 잔칼집을 넣는다.
4. 소라는 씻어 껍질 째 삶아서 소라살을 꺼낸 다음 0.3cm 두께로 썰어 꼬지에 꽂는다.
5. 냄비에 조림장 $\frac{1}{3}$량에 준비한 상어, 패주, 전복, 소라를 넣고 30분 정도 재워 간장색이 들으면 건져서 나머지 $\frac{2}{3}$량의 조림장에 넣고 졸이다가 마지막에 참기름을 넣어 맛과 윤기를 더한다.

알아두기

· 초(炒)는 조림과 비슷하나 양념장을 끼얹어 조리므로 단순한 조림보다 더 윤기가 나게 조린 음식이다.
· 상어는 핏물을 잘 빼야 비린내가 나지 않는다.
· 참기름을 나중에 넣어야 각각 제맛을 낸다.

갑오징어초

갑오징어는 뼈오징어류로서 외투의 등 쪽에 단단하고 두꺼운 석회질로 된 뼈가 껍질 속에 있고 먹물 주머니가 커서 먹오징어라고도 한다. 갑오징어의 뼈는 지혈 작용이 있어 지혈제로 쓰인다.

갑오징어 5마리
채소물 : 물 3컵, 양파 $\frac{1}{2}$개, 마늘 3쪽, 생강 10g, 대파 1뿌리, 배 $\frac{1}{8}$개
조림장 : 채소물 2컵, 간장 $\frac{1}{2}$컵, 꿀 3큰술, 청주 2큰술, 참기름 1큰술
참기름 1작은술

1. 냄비에 채소물 재료를 넣고 2컵 정도 되도록 끓인 다음 채소는 건져내고, 조림장 재료를 넣고 한소끔 끓여 식힌다.
2. 갑오징어는 다리를 떼어내고 몸통은 껍질을 벗겨 안쪽에 0.3㎝길이로 사선으로 칼집을 넣고 조림장 $\frac{1}{3}$량에 담가 30분 정도 재워 간장색이 들면 건진다.
3. 냄비에 조림장 $\frac{2}{3}$량을 넣고 준비한 갑오징어를 넣고 졸이다가 마지막에 참기름을 넣어 맛과 윤기를 더 한다.

· 갑오징어 안쪽에 사선으로 칼집을 넣을 때 아주 촘촘히 넣어야 데친 다음 모양이 아름답다.
· 갑오징어 다리는 껍질을 벗기면 늘어지므로 벗기지 않는다.

홍합초

홍합은〈규합총서(閨閤叢書)〉에 "바닷것이 모두 짜지만 홍합만이 싱겁기 때문에 담채(淡菜)라 하고 또 동해부인(東海夫人)이라고도 한다. 살이 붉은 것은 암컷이니 맛이 좋고, 흰 것은 수컷이니 맛이 그것만 못하다. 동해것은 작고 검으나 보익(補益)에 으뜸이요, 북해것은 크고 살쪄 있으나 맛이 그것만 못하다."고 하였다.

홍합 400g
채소물 : 물 3컵, 양파 $\frac{1}{2}$개, 마늘 3쪽, 생강 10g, 대파 1뿌리, 배 $\frac{1}{8}$개
조림장 : 채소물 2컵, 간장 $\frac{1}{2}$컵, 꿀 $\frac{1}{4}$컵, 청주 2큰술, 참기름 $\frac{1}{2}$큰술, 잣가루

1. 냄비에 채소물 재료를 넣고 2컵 정도 되도록 졸인 다음, 채소는 건져내고 조림장 재료를 넣고 한소끔 끓여 식힌다.
2. 홍합은 수염을 떼어내고 소금물에 씻은 다음 물기를 빼고 꼬지에 꿴다.
3. 조림장 $\frac{1}{3}$량에 홍합을 넣고 30분 정도 두었다가 간장물이 들면 건져낸다.
4. 냄비에 조림장 $\frac{2}{3}$량과 준비한 홍합을 넣고 졸이다가 마지막에 참기름을 넣어 맛과 윤기를 더한다.

· 홍합살은 적색을 띤 적홍색이 암컷이며, 더 맛이 있다.
· 홍합에는 해양성 유독균이 자주 발생되므로 여름에는 피하는 것이 좋고, 생식하는 것은 금물이다.

낙지호롱

낙지호롱은 짚을 막대모양으로 만들어 유장 처리한 세발낙지의 머리를 끼워 풀어지지 않게 돌돌 말아 양념장을 발라 굽는다. 정약전의〈자산어보〉에 "말라빠진 소에게 낙지 서너 다리를 먹이면 금방 힘을 얻는다."라는 말이 나와 있듯이 최고의 보양식 중의 하나이다. 세발낙지는 9월~10월이 제철이다.

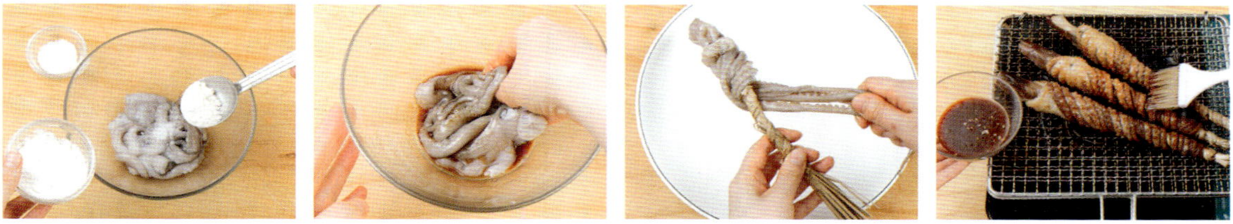

재료 및 분량

세발낙지 5마리

유장 : 참기름 1큰술, 간장 1작은술

양념장 : 간장 4큰술, 고추장 1큰술, 설탕 2큰술, 다진 파 1큰술, 다진 마늘 $\frac{1}{2}$큰술, 깨소금 1큰술, 후춧가루 $\frac{1}{8}$작은술, 참기름 1큰술

만드는 방법

1. 낙지는 머리를 뒤집어서 먹통을 떼어내고 소금과 밀가루를 넣고 주물러서 깨끗이 씻은 뒤 물기를 닦는다.
2. 유장을 만들어 손질한 낙지에 넣고 버무려 10분 정도 재운다.
3. 짚의 나락이 있던 부분은 잘라내고 깨끗이 씻어 굵기 1㎝, 길이 20㎝ 정도로 접어 흐트러지지 않게 막대모양으로 묶는다.
4. 준비한 낙지의 머리를 짚의 한쪽 끝에 끼우고 다리를 풀어지지 않게 돌돌 말아 유장을 한 번 더 바른다.
5. 석쇠를 달궈 식용유를 바르고 짚에 말은 낙지를 얹고 높이 15㎝ 정도 올려 센불에서 돌려가며 굽다가 양념장을 3번 정도 덧발라가며 굽는다.

알아두기

· 볏짚이 없으면 나무젓가락을 사용한다.
· 높은 불에서 서서히 구워야 양념장이 잘스며들고 타지 않는다.
· 세발낙지는 다리가 가늘은 낙지를 말한다.

쇠갈비구이

쇠갈비구이는 쇠갈비를 포 떠서 양념장으로 양념하여 석쇠에 올려 숯불에 굽는다. 〈시의전서(是議全書)〉(1800년대 말)에 '가리구이'로 소개되어 있으며 "갈비를 2치 길이씩 잘라 깨끗이 씻어서 고기의 가로결로 매우 잘게 안팎을 자른다. 그 다음에 세로도 잘라 가운데를 갈라 좌우로 젖히고, 갖은 양념을 하여 새우젓국으로 간을 맞추어 주물러 재웠다가 굽는다."고 기록되어 있다

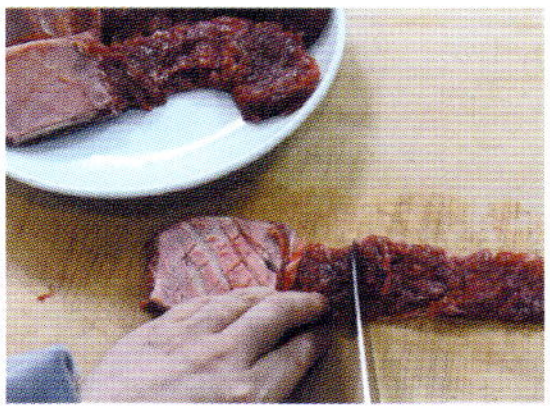

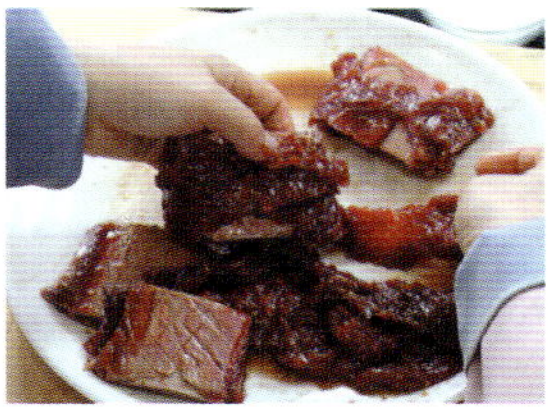

재료 및 분량

쇠갈비(뼈 포함) 1.3kg

양념 : 배즙 $\frac{1}{2}$컵, 청주 1큰술

양념장 : 간장 4큰술, 설탕 2큰술, 다진 파 2큰술, 다진 마늘 1큰술, 깨소금 1큰술, 후춧가루 $\frac{1}{4}$작은술, 양파즙 $\frac{1}{2}$컵, 꿀 1큰술, 참기름 2큰술

식용유 2큰술, 잣가루 1큰술

만드는 방법

1. 갈비는 6~7cm 정도의 길이로 잘라서 뼈에 붙은 기름과 힘줄을 떼어 낸다. 1시간 마다 물을 갈아주면서 3번 정도 핏물을 뺀다.
2. 갈비뼈의 끝부분에 갈빗살이 붙어 있도록 하고 0.3cm 정도의 두께로 포를 떠서 앞뒷면에 잔칼집을 넣는다.
3. 갈비에 양념을 넣고 10분 정도 재운 다음 양념장을 넣어 간이 충분이 배도록 1시간 정도 재운다.
4. 달궈진 석쇠에 식용유를 바르고 갈비를 얹고 높이 15cm 정도 올려 센불에서 앞뒷면을 4분 정도 타지 않게 굽는다. 이때 갈비를 재웠던 양념장을 덧바르면서 윤기 나게 굽는다.
5. 뼈에 붙은 힘줄이 바짝 오그라들도록 구워 잣가루를 뿌린다.

알아두기

· 갈비살에 칼집을 넣을 때는 칼을 뉘어 어슷하게 칼집을 넣어야 연하다.
· 화력이 너무 약하면 고기의 육즙이 흘러나와 맛이 없어지므로 센불에서 높이 올려 서서히 굽는다.

너비아니

너비아니는 쇠고기를 얇게 저며 양념장에 재웠다가 불에 굽는다. 우리나라 전통적인 고기구이는 맥적(貊炙)으로, 맥은 중국의 동북 지방의 고구려를 가리키는 말로서, 고구려 사람들의 고기구이를 뜻한다. 맥적은 고려시대에 들면서 불교의 영향으로 조리법이 잊혀졌으나, 13세기 이후 고려가 몽고의 지배를 받게 되면서 몽고사람들이 많이 살던 개성에서 설하멱(雪下覓)이라는 이름으로 되살아나고 설야멱적(雪夜覓炙), 설야적(雪夜炙), 설하멱으로 불리다가 오늘날의 너비아니로 이어졌다.

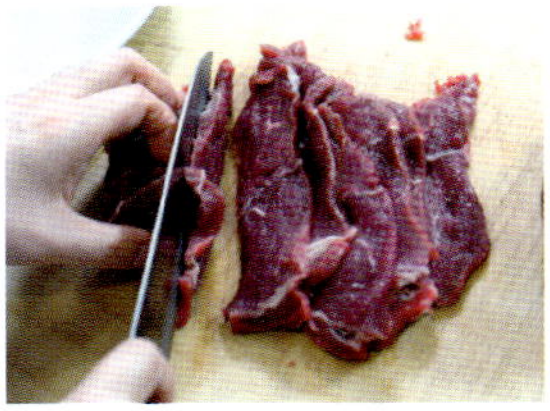
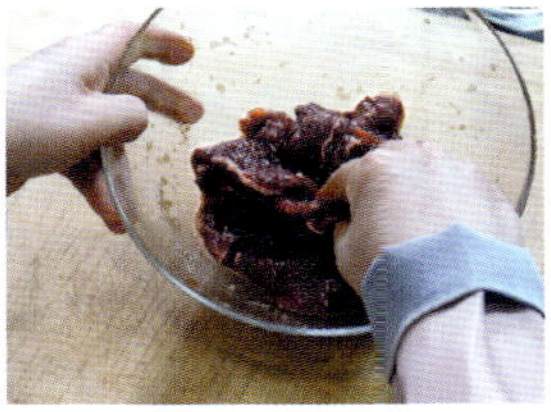

재료 및 분량

쇠고기(등심) 600g, 배즙 $\frac{1}{3}$컵

양념장 : 간장 3큰술, 설탕 1$\frac{1}{2}$큰술, 꿀 1큰술,
다진 파 2큰술, 다진 마늘 1큰술,
생강즙 1큰술, 깨소금 1큰술

후춧가루 $\frac{1}{5}$작은술, 참기름 1$\frac{1}{2}$큰술

식용유 1큰술, 잣가루 1작은술

만드는 방법

1. 쇠고기는 핏물을 빼고 기름기와 힘줄을 떼어낸 다음 쇠고기 결 반대 방향으로 가로 5㎝, 세로 6㎝, 두께 0.4㎝ 정도로 썰어서 잔칼질을 한 다음 배즙에 10분 정도 재운다.
2. 쇠고기에 양념장을 넣고 간이 충분히 베이도록 주물러 30분 정도 재워둔다.
3. 석쇠를 달궈 식용유를 바르고 양념한 쇠고기를 한 장씩 가지런히 얹고 높이 15㎝ 정도로 올려 센불에서 앞뒷면을 5분 정도 타지 않게 굽는다.
4. 잘 구워진 너비아니에 잣가루를 뿌린다.

알아두기

· 쇠고기를 양념장에 너무 오래 재우면 탈수 작용이 일어나 질기고 색도 검게 되므로 시간에 주의 한다.
· 팬에 한꺼번에 덩어리로 많은 양을 넣고 볶듯이 구우면 육즙이 흘러나와 색도 좋지 않을 뿐 아니라 맛도 덜하다.

떡갈비

떡갈비는 쇠갈비의 살과 돼지 삼겹살을 함께 곱게 다져서 양념장을 넣고 주물러서 쇠갈비에 붙여 석쇠에 굽는다. 전라남도 지방의 향토음식으로 인절미 치듯이 쳐서 만들어 떡갈비라는 이름이 붙게 되었다.

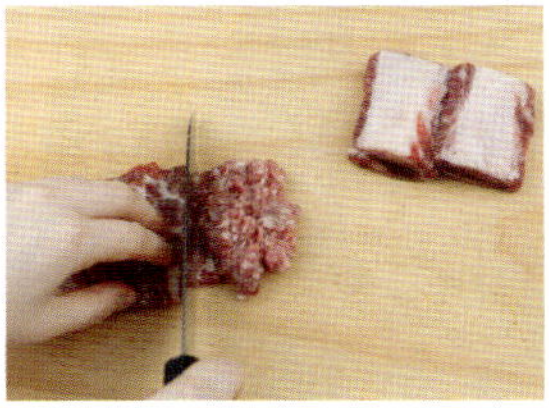

재료 및 분량

쇠갈비 1.4kg, 돼지고기(삼겹살) 100g
표고버섯 4장, 양파(大) $\frac{1}{2}$개
양념장 : 간장 3큰술, 소금 1작은술, 설탕 2큰술, 다진 파 1$\frac{1}{3}$작은술, 다진 마늘 2작은술, 후춧가루 $\frac{1}{4}$작은술, 배즙 3큰술, 참기름 2큰술
밀가루 4큰술, 은행 8개
식용유 4큰술

만드는 방법

1. 갈비는 6~7cm 정도의 길이로 자르고 뼈에 붙은 기름기와 힘줄을 떼어내고 1시간마다 물을 갈아주면서 3번 핏물을 뺀다. 갈빗살을 뼈에서 떼어 돼지 삼겹살과 함께 곱게 다진다.
2. 표고버섯은 물에 불려 기둥을 떼어내고 꼭 짜서 곱게 다진다. 양파는 곱게 다진 다음 팬을 달궈 양파를 넣고 중불에서 볶아 식힌다. 팬을 달궈 식용유를 두르고 은행을 넣고 중불에서 2분 정도 굴려가며 볶아 껍질을 벗긴다.
3. 다진 쇠갈비살과 돼지 삽겹살, 표고버섯, 양파를 한데 섞고 양념장을 넣어 간이 충분히 배도록 치댄다.
4. 갈비뼈에 밀가루를 묻히고 준비한 떡갈비살을 두께 1.5cm 정도로 붙이고 중앙에 은행을 붙인다.
5. 석쇠를 달궈 식용유를 바르고 준비한 떡갈비를 얹고 높이 15cm 정도 올려 센불에서 앞뒤로 타지 않게 굽는다.

알아두기

· 갈비는 핏물을 충분히 빼야 누린내도 나지않고 색도 좋다.
· 쇠갈비살에 돼지삼겹살이 들어가야 부드럽고 더 맛있다.
· 팬에 기름을 두르고 뚜껑을 덮고 익히거나 오븐(230℃)에서 15분 정도 굽기도 한다.

섭산적

〈조선요리(朝鮮料理)〉(1940년)에 섭산적은 "우육을 살코기로만 잘게 썰어가지고 곱게 이겨서 두고 마늘, 파, 생강을 이겨서 고기에 넣고 깨소금, 후춧가루, 기름을 치고 칼로 이기면서 섞나니, 이것을 다섯에 나누어서 각각 도마에서 너푼 두께로 넓적하게 반대기를 만들고 칼로 자근자근 칼금을 넣고 깨소금을 뿌려 석쇠에 구워, 칠팔푼 장광으로 반듯하게 썬다"고 하였다.

재료 및 분량

다진 쇠고기(우둔) 300g
두부 90g
양념장 : 간장 1$\frac{1}{2}$작은술, 소금 $\frac{1}{3}$작은술,
설탕 1작은술, 다진 파 1$\frac{1}{2}$작은술,
다진 마늘 $\frac{1}{3}$작은술, 깨소금 1$\frac{1}{2}$작은술
후춧가루 $\frac{1}{4}$작은술, 청주 1$\frac{1}{2}$작은술,
참기름 1큰술
식용유 3큰술
잣가루 1$\frac{1}{2}$큰술

만드는 방법

1. 다진 쇠고기는 핏물을 닦는다.
2. 두부는 면보에 싸서 물기를 짜고 곱게 으깨어 쇠고기와 함께 양념장을 넣고 주물러 치댄다.
3. 준비한 섭산적 재료는 0.7㎝ 정도의 두께로 네모반듯하게 반대기를 지어 잔칼질을 한다. 석쇠를 달궈 식용유를 바르고 준비한 섭산적을 얹고 높이 15㎝ 정도 올려 센불에서 앞뒤로 타지 않게 굽는다.
4. 구어 낸 섭산적은 가로 2㎝, 세로 2㎝ 정도의 크기로 썰고 잣가루를 얹는다.

알아두기

· 고기와 두부를 잘 섞고 많이 주물러야 표면이 매끈하다.
· 장산적은 섭산적을 만들어 조림간장에 졸인 것이다.

더덕구이·도라지 좌반

더덕은 생김새가 인삼과 비슷하여 '사삼(沙蔘)'으로 불렸으며 〈해동역사(海東歷史)〉에 고려시대에 더덕을 나물로 먹었다는 기록이 있고, 그 성질이 따뜻하고 강장제로서 맛과 향이 좋아 귀한 반찬으로 쓰인다. 도라지는 길경, 도랒, 길경채, 백약, 질경, 산도라지라고도 불리며 사포닌 성분이 풍부하고 기관지와 천식에 좋다.

더덕구이

더덕구이는 더덕을 길이로 2등분하여 펴서 고추장양념장을 발라 석쇠에 얹어 굽는다.

더덕 600g
유장 : 간장 2큰술, 참기름 3큰술
양념장 : 고추장 4큰술, 고춧가루 2작은술, 설탕 2큰술, 다진 파 1큰술, 다진 마늘 2작은술, 깨소금 1큰술, 참기름 2큰술
식용유 2큰술, 잣가루 1큰술

1. 더덕은 깨끗이 씻어 껍질을 벗기고 길이로 2등분하고 소금물에 5분 정도 담가 건져 물기를 닦고 밀대로 민다.
2. 준비한 더덕에 유장을 바르고 잠시 재웠다가 석쇠에 식용유를 바르고 더덕을 얹어 타지 않게 굽는다.
3. 준비한 더덕에 양념장을 덧바르고 석쇠를 달궈 식용유를 바르고 더덕을 얹어 높이 15㎝ 정도 올려 센불에서 구운 다음 잣가루를 얹는다.

도라지 좌반

도라지좌반은 도라지를 길이로 2등분 하여 밀대토 민 다음 찜기에 쪄서 소금, 간장, 후춧가루로 양념하여 재웠다가 말려서 참기름을 발라 굽는다.

도라지 1.2kg
소금 1큰술, 간장 2큰술, 후춧가루 $\frac{1}{4}$작은술, 참기름 3큰술

1. 도라지는 깨끗이 씻어 껍질을 벗겨 길이로 2등분하고, 소금으로 주물러서 물에 담가 헹궈 쓴맛을 뺀 다음 밀대로 민다.
2. 손질한 도라지를 찜기에 5분 정도 쪄서 소금, 간장, 후춧가루를 넣고 버무려 재웠다가 햇볕에 말린다.
3. 먹을 때 참기름을 발라서 살짝 굽는다.

각색전 I (전복전, 인삼전, 콩전, 더덕전)

전(煎)이라 함은 일반적으로 고기, 채소, 생선 등의 재료를 열이 잘 통하게 다지거나 얇게 저며서 밀가루, 달걀로 옷을 입혀 번철에 기름을 두르고 양면을 지져 내는 것을 말한다. 궁중에서는 '전유화(煎油花)'라 적고 전유어, 전유아라 읽으며 속간(俗間)에서는 저냐, 전, 부침개, 지짐개라고도 한다. 또한 제물(祭物)로 쓰이는 전유어를 간남(肝南)이라고도 하였다.

전복전

전복 5마리, 소금 $\frac{1}{4}$작은술, 흰후춧가루 $\frac{1}{8}$작은술
밀가루 2큰술, 달걀 1개, 식용유 2큰술
고명 : 청고추 1개, 홍고추 1개
식용유 2큰술
초간장 : 간장 1큰술, 식초 1큰술, 물 1큰술, 잣가루

1. 전복은 솔로 깨끗이 씻어 전복살을 떼어 넣고 입과 내장을 떼어낸 다음 얇게 저며서 소금, 흰후춧가루를 뿌린다.
2. 청홍고추는 씻어 길이로 반을 갈라 씨를 빼고 고명을 만든다.
3. 전복에 밀가루를 입히고 달걀물을 씌운 다음 팬을 달궈 식용유를 두르고 전복을 넣고 고명을 얹고 중불에서 앞뒷면을 지진 다음 초간장과 함께 낸다.

콩전

흰콩 $\frac{1}{2}$컵, 멥쌀 $\frac{1}{2}$컵, 물 $\frac{3}{4}$컵, 소금 $\frac{1}{8}$작은술
다진 돼지고기 80g
양념 : 소금 $\frac{1}{2}$작은술, 다진 청고추 2큰술, 다진 파 1작은술,
다진 마늘 $\frac{1}{2}$작은술, 생강즙 $\frac{1}{8}$작은술,
참기름 1작은술, 깨소금 2작은술, 후춧가루 $\frac{1}{8}$작은술
고명 : 청고추 1개, 홍고추 1개
식용유 3큰술

1. 흰콩은 씻어 일어서 8시간 정도 불려 비벼 씻어 껍질을 벗기고 멥쌀은 깨끗이 씻어 30분 정도 불려 물기를 뺀 다음 믹서에 물과 함께 넣고 갈아 소금을 넣고 콩부치개 반죽을 만든다.
2. 다진 돼지고기에 양념장을 넣고 잘 섞은뒤 준비한 콩부치개 반죽과 함께 잘섞는다.
3. 청홍고추는 반을 갈라 씨를 빼고 고명을 만든다.
4. 팬을 달궈 식용유를 두르고 반죽을 직경 5cm 정도로 둥글게 놓고 준비한 고명을 얹어 중불에서 앞뒷면을 지진다.

인삼전

인삼 100g
밀반죽 : 물 1컵, 인삼 잔뿌리, 소금 $\frac{1}{2}$작은술, 밀가루 1컵
고명 : 대추 3개, 인삼 $\frac{1}{3}$개
식용유 2큰술
초간장 : 간장 1큰술, 식초 1큰술, 물 1큰술, 잣가루

1. 인삼은 뇌두를 자르고 솔로 깨끗이 씻어 길이 2cm 정도로 어슷썬다.
2. 믹서에 물과 인삼 잔뿌리를 넣고 곱게 간 다음 소금과 밀가루를 넣고 인삼전 반죽을 한다.
3. 팬을 달궈 식용유를 두르고 준비한 반죽을 지름 4cm 정도로 놓고 그 위에 어슷 썰은 인삼과 대추고명을 위에 얹고 2분 정도 지진 다음 초간장과 함께 낸다.

더덕전

더덕 400g, 소금 $\frac{2}{3}$작은술
밀가루 2큰술, 달걀 2개
고명 : 청고추 1개, 홍고추 1개
식용유 2큰술
초간장 : 간장 1큰술, 식초 1큰술, 물 1큰술, 잣가루

1. 더덕은 껍질을 벗기고 깨끗이 씻어 두께 0.5cm 정도로 저며 썬 다음 소금물에 5분 정도 담가 쓴 맛을 빼고 물기를 닦는다.
2. 더덕을 밀대로 밀어 밀가루를 입히고 달걀물을 씌운다.
3. 청홍고추는 반을 갈라 씨를 빼고 고명을 만든다.
4. 팬을 달궈 식용유를 두르고 더덕을 넣고 고명을 얹어 앞뒤로 2분 정도 지져 초간장과 함께 낸다.

각색전 Ⅱ (애호박전, 표고전, 새우전, 생선전)

〈음식디미방(飮食知味方)〉(1670년)에 어전법(魚煎法)이 기록되어 있는데 "살찐 숭어나 아무 고기라도 가시가 없게 저며서 간장기름에 밀가루로 개어 발라서 기름에 지져 쓴다."그 하여 오늘날 밀가루와 달걀을 입혀서 기름에 지지는 전유어법과 달랐음을 알 수 있다.

재료 및 분량

애호박전

애호박 1개, 소금 $\frac{1}{2}$작은술
다진 고기(우둔) 60g, 두부 20g
양념장 : 간장 1작은술, 소금 $\frac{1}{4}$작은술, 설탕 $\frac{1}{4}$작은술, 다진 파 1작은술, 다진 마늘 $\frac{1}{2}$작은술, 깨소금 $\frac{1}{2}$작은술, 후춧가루 $\frac{1}{8}$작은술, 참기름 1작은술

표고전

표고버섯 12장
유장 : 간장 1작은술, 참기름 $\frac{1}{2}$작은술
다진 고기(우둔) 60g, 두부 20g
양념장 : 간장 1작은술, 소금 $\frac{1}{4}$작은술, 설탕 $\frac{1}{4}$작은술, 다진 파 1작은술, 다진 마늘 $\frac{1}{2}$작은술, 깨소금 $\frac{1}{2}$작은술, 후춧가루 $\frac{1}{8}$작은술, 참기름 1작은술

새우전

새우(중하) 12마리
양념 : 소금 $\frac{1}{4}$작은술, 청주 $\frac{2}{3}$큰술, 생강즙 1작은술, 흰후춧가루 $\frac{1}{8}$작은술

생선전

흰살생선(동태) 1마리
소금 $\frac{1}{4}$큰술, 흰고춧가루 $\frac{1}{8}$작은술

공통재료

밀가루 1컵, 달걀 7개, 식용유 $\frac{3}{4}$컵
고명 : 청고추 $\frac{1}{3}$개, 홍고추 $\frac{1}{4}$개
초간장 : 간장 4큰술, 식초 4큰술, 물 4큰술, 잣가루 3작은술

만드는 방법

1. 애호박은 0.6㎝ 정도의 두께로 둥글게 썰어 소금에 살짝 절였다가 물기를 닦는다.
2. 표고버섯은 물에 불려 기둥을 떼어 내고 꼭 짜서 유장을 바른다.
3. 새우는 머리를 떼고 등에 있는 내장을 꼬지로 빼낸 다음 꼬리는 남기고 껍질을 벗긴 후 등 쪽에 길이로 칼집을 넣고 펴서 새우 양념으로 양념한다.
4. 생선살은 포를 떠서 껍질을 벗기고 가로 5㎝, 세로 6㎝, 폭 0.5㎝ 정도로 저민 다음 소금과 후춧가루를 뿌렸다가 물기를 닦는다.
5. 청홍고추는 길이로 반을 갈라 씨와 속을 떼어내고 꽃모양을 만든다.
6. 애호박전과 표고전용 다진 쇠고기는 핏물을 닦고 두부는 물기를 꼭 짜서 으깬 다음 쇠고기와 함께 양념장으로 양념한다.
7. 애호박의 씨가 있는 부분을 둥글게 떼어낸 다음 밀가루를 묻혀 양념한 쇠고기로 채우고, 표고버섯 안쪽 면에도 밀가루를 묻히고 쇠고기를 얇게 바른다.
8. 애호박과 표고버섯, 생선살, 새우에 밀가루를 입히고 달걀물을 씌운다.
9. 팬을 달궈 식용유를 두르고 애호박과 표고, 새우, 생선살을 순서대로 각각 지지면서 청홍고추로 고명을 얹고 초간장과 함께 낸다.

모듬적 I (두릅산적, 송이산적, 도라지산적, 떡산적)

산적(散炙)은 여러 가지 재료를 각각 같은 길이로 썰어서 양념하여 꼬챙이에 꿰어서 석쇠에 굽는 것이다. 화양적(華陽炙)은 재료를 양념하여 다 익힌 다음 색을 맞추어서 꿴 것을 말한다. 조선시대 궁중연회의 식단에 화양적이 나오는데 각색화양적, 천엽화양적, 양화양적, 어화양적, 동과화양적 등이 기록되어있다.

재료 및 분량

두릅산적
두릅 320g, 소금 $\frac{1}{2}$작은술, 다진 마늘 2작은술
깨소금 2작은술, 후춧가루 $\frac{1}{4}$작은술
참기름 1$\frac{1}{3}$큰술, 쇠고기 260g

송이산적
송이 280g, 소금 $\frac{1}{2}$작은술, 참기름 1큰술
쇠고기 260g

도라지산적
도라지 300g, 소금 $\frac{1}{2}$작은술

떡산적
가래떡 500g, 간장 $\frac{2}{3}$작은술, 참기름 2작은술
쪽파 200g, 참기름 2작은술, 쇠고기 260g

공통재료
쇠고기양념장 : 간장 2작은술, 설탕 1작은술, 다진 파 1작은술, 다진 마늘 $\frac{1}{2}$작은술, 깨소금 1작은술, 후춧가루 $\frac{1}{8}$작은술, 참기름 1작은술
식용유 2큰술, 잣가루 2큰술, 꼬지 20개
초간장 : 간장 1큰술, 식초 1큰술, 물 1큰술

만드는 방법

1. 두릅은 손질하여 깨끗이 씻고, 끓는 물에 소금을 넣고 데친 다음 길이 7㎝ 정도로 자른다.
2. 송이버섯은 물에 살살 씻어 길이 7㎝, 폭 1.5㎝, 두께 0.8㎝ 정도로 자른다.
3. 도라지는 길이로 2등분하고 길이 7㎝, 폭 1.5㎝ 정도로 잘라 소금에 주물러 쓴맛을 뺀다.
4. 떡은 6㎝ 길이로 자르고 길이로 4등분한다. 쪽파는 깨끗이 씻어 길이 7㎝ 정도로 자른다. 위의 5가지 재료를 각각의 양념으로 양념한다.
5. 쇠고기는 핏물을 닦고 길이 7㎝, 폭 1㎝, 두께 0.5㎝ 정도로 썰어 잔칼질을 하고 각각 양념장을 넣어 양념한다.
6. 꼬지에 각각의 재료와 쇠고기를 번갈아 꿰고 양끝에는 각각의 주가 되는 재료를 꼬지에 꽂는다. 떡산적은 쪽파를 1개씩 더 꽂는다.
7. 석쇠를 달궈 식용유를 두르고 송이산적을 얹고 15㎝ 정도의 높이의 센불에서 굽는다.
8. 두릅산적과 도라지산적, 떡산적은 팬을 달궈 식용유를 두르고 준비한 재료를 각각 넣고 중불에서 앞뒤로 지진 다음 초간장을 함께 낸다.

모듬적 Ⅱ (파산적, 새송이산적, 승검초산적, 한치산적, 화양적)

적(炙)은 고기를 양념하여 꽂이에 꿰어 굽는 조리법으로, 본래는 불에 구워 만드는 음식 모두를 뜻하다가 꽂이에 여러 가지 재료를 꿴 음식으로 그 의미가 변천하게 되었다. 떡산적은 영양적으로도 우수하며 지역적으로 해산물을 주재료로 꽂기도 하고 계절에 따라 버섯이나, 파 등을 꽂는다. 이바지로 보내는 경우는 다시 데워서 상에 내야 하므로 너무 익혀서 질감이나 색이 나빠지지 않도록 한다.

파산적, 새송이산적, 승검초산적

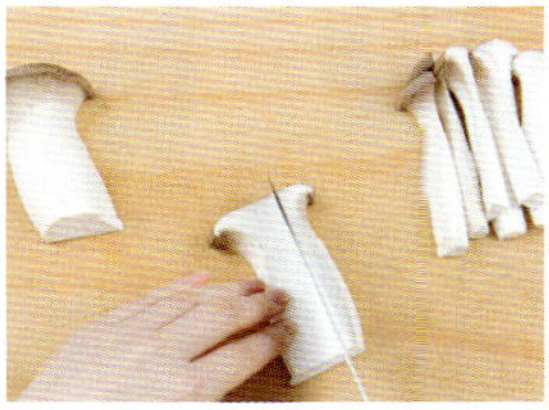

재료 및 분량

파산적
실파 100g, 소금 $\frac{1}{8}$작은술, 참기름 1작은술
쇠고기 260g

새송이산적
새송이 140g, 쇠고기(우둔) 260g

승검초산적
승검초 100g, 쇠고기(우둔) 260g

공통재료
쇠고기(우둔 260g) 양념장 : 간장 2작은술, 설탕 1작은술, 다진 파 1작은술, 다진 마늘 $\frac{1}{2}$작은술, 깨소금 1작은술, 후춧가루 $\frac{1}{8}$작은술, 참기름 1작은술
초간장 : 간장 1큰술, 식초 1큰술, 물 1큰술
식용유 3큰술, 잣가루 2큰술, 꼬지 15개

만드는 방법

1. 실파는 손질하여 깨끗이 씻고 길이 7㎝ 정도로 자른다. 새송이버섯은 물에 살짝 씻어 길이 7㎝, 두께 0.8㎝ 정도로 썬다.
2. 승검초는 깨끗이 손질하여 끓는 물에 소금을 넣고 데쳐 물기를 뺀 다음 길이 7㎝ 정도로 각각 썰어 소금과 참기름으로 양념한다.
3. 쇠고기는 핏물을 닦고 두께 0.5㎝, 길이 8㎝, 폭 1.5㎝ 정도로 썰어 잔칼질을 하고 각각의 양념장을 넣어 양념한다.
4. 꼬지에 각각의 재료와 쇠고기를 번갈아 꿰고 양끝과 가운데는 주가 되는 재료가 오도록 한다.
5. 팬을 달궈 식용유를 두르고 준비한 재료를 각각 넣고 중불에서 앞뒤로 지진 다음 초간장과 함께 낸다.

한치산적

한치 200g, 아스파라거스 100g, 소금 $\frac{1}{8}$작은술, 참기름 $\frac{1}{2}$큰술
양념장 : 간장 2작은술, 다진 파 $\frac{1}{4}$작은술, 다진 마늘 $\frac{1}{4}$작은술, 깨소금 $\frac{1}{2}$작은술, 참기름 1작은술
초간장 : 간장 1큰술, 식초 1큰술, 물 1큰술
식용유 2큰술, 잣가루 꼬지

1. 아스파라거스는 손질하여 깨끗이 씻어 길이 6㎝ 정도로 자르고 소금과 참기름으로 양념한다.
2. 한치는 껍질을 벗기고 안쪽에 사선으로 칼집을 넣고 길이 7㎝, 폭 1.5㎝ 정도로 자르고 끓는 물에 데쳐 물기를 빼고 양념장으로 무친다.
3. 꼬지에 한치와 아스파라거스를 번갈아 끼우고 양끝은 주재료가 오도록 한다. 팬을 달궈 식용유를 두르고 한치산적을 넣고 중불에서 앞뒤로 지져 초간장과 함께 낸다.

화양적

쇠고기(우둔) 200g, 불린 표고 6장
양념장 : 간장 2큰술, 설탕 1큰술, 다진 파 1작은술, 다진 마늘 $\frac{1}{2}$작은술, 깨소금 1작은술,
후춧가루 $\frac{1}{4}$작은술, 참기름 1큰술
오이 $\frac{1}{2}$개, 소금 $\frac{1}{2}$작은술, 껍질 벗긴 도라지 150g, 소금 $\frac{2}{3}$작은술
당근 $\frac{1}{2}$개, 소금 $\frac{1}{4}$작은술, 달걀 4개, 소금 $\frac{1}{4}$작은술, 식용유 2큰술
잣즙 : 잣가루 2큰술, 육수 2큰술, 소금 $\frac{1}{2}$작은술

1. 쇠고기는 핏물을 닦고 두께 0.5㎝ 정도로 크게 포를 떠서 잔칼질하고 길이 7㎝, 폭 1.5㎝ 정도로 썰어 양념장의 $\frac{2}{3}$정도 넣고 양념한다. 불린 표고버섯은 기둥을 떼고 폭 1㎝ 정도로 썰고 나머지 양념장을 넣어 양념한다.
2. 오이는 소금으로 비벼 씻고 길이 6㎝ 정도 잘라 폭 1㎝, 두께 0.6㎝ 정도로 자르고, 도라지는 깨끗이 씻어 길이 6㎝, 폭 1㎝, 두께 0.6 정도로 썰어 각각 소금을 넣고 절여 물기를 꼭 짠다.
3. 당근은 손질하여 도라지와 같은 크기로 썬 다음 끓는 물에 소금을 넣고 도라지와 당근을 데친다. 달걀은 두께 0.5㎝ 정도로 황백지단을 부쳐 폭 1㎝, 길이 6㎝ 정도로 썬다.
4. 팬을 달궈 식용유를 두르고 도라지와 오이, 당근, 쇠고기, 표고버섯을 각각 볶은 다음 준비한 재료를 꼬지에 색 맞추어 꿰어서 위에 잣즙을 한 줄로 얹는다.

사태편육과 수삼겨자채

고기를 푹 삶아 내어 물기를 뺀 것이 숙육(熟肉)이고, 이것을 얇게 저미면 편육(片肉) 또는 숙편(熟片)이 된다. 모든 부위의 고기가 편육이 되는 것이 아니고 적절한 부위가 따로 있다. 〈시의전서(是議全書)〉 숙육 만드는 법에 의하면 "양지머리, 부화, 유통, 우낭, 쇠머리, 사태, 이자, 돼지고기를 다 삶아 썰어 쓴다. 삶아서 뼈를 추려 한데 합하여, 보자기로 싸서 눌렀다가 다 쓰면 좋다."고 하였다.

재료 및 분량

쇠고기(아롱사태) 600g
향채 : 파 1대, 마늘 6쪽, 양파 1개, 통후추 1큰술
인삼 1뿌리, 밤 2개, 대추 3개, 부추 40g, 홍고추 1개
겨자소스 : 연겨자 3큰술, 연유 2큰술, 배즙 1큰술, 설탕 2큰술, 식초 4큰술, 소금 $\frac{1}{6}$작은술

만드는 방법

1. 쇠고기는 물에 담가서 핏물을 빼고 가로 15㎝, 세로 9㎝ 정도의 크기로 썰어 면실로 둥글게 묶는다.
2. 끓는 물에 쇠고기를 넣고 20분 정도 끓이면서 위에 떠오르는 거품과 불순물을 걷어낸다. 향채를 넣고 1시간 정도 더 삶은 다음 건져 식혀서 면실을 풀고 얇게 썬다.
3. 인삼은 깨끗이 손질하여 3㎝ 길이, 0.3㎝ 두께로 채 썰고 밤과 대추도 손질하여 같은 크기로 채 썬다.
4. 영양부추는 3㎝ 정도 길이로 썰고, 홍고추는 3㎝ 정도 길이로 채 썬다.
5. 접시에 썰어 놓은 편육과 준비한 채소를 담고 겨자 소스를 만들어 함께 낸다.

알아두기

· 고기가 식기 전에 실을 풀면 모양이 둥글게 잡히지 않는다.

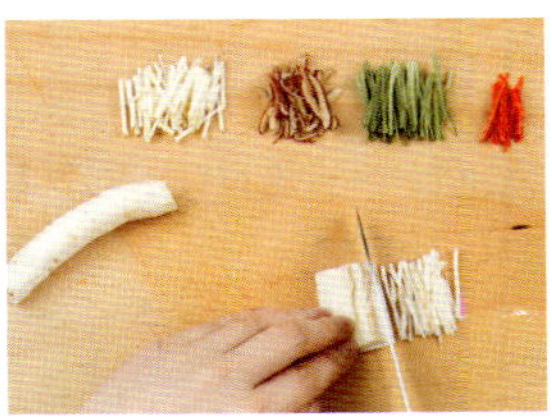

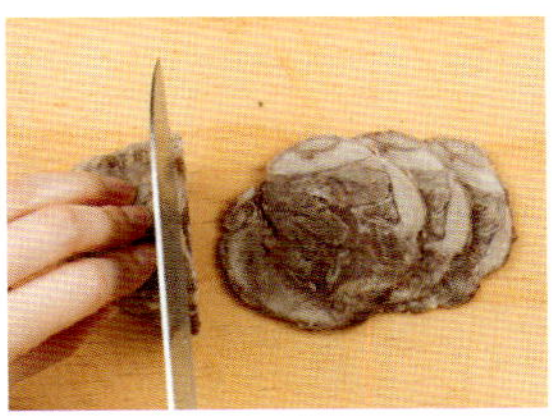

참죽부각

부각은 채소나 해조류 등을 말려 두는 저장식품이며, 경상도와 전라도에서는 참가죽나무의 순으로 부각을 많이 하며 이바지 음식으로 이용하였다.

참죽잎 30장
북어육수 : 물 3컵, 북어 30g, 무 30g, 다시마 10g, 양파 $\frac{1}{2}$개
찹쌀풀 : 육수 2컵, 찹쌀가루 1컵
마늘즙 1작은술, 청장 2작은술, 고추장, 통깨 1컵, 실고추 1g, 식용유 3컵

1. 참죽은 억센 줄기는 떼어내고 깨끗이 씻은 다음 끓는 물에 소금을 넣고 살짝 데쳐 찬물에 헹구고 물기를 닦는다.
2. 냄비에 북어육수재료를 함께 넣고 끓여 2컵 정도가 되면 다시마를 넣고 불을 끄고 5분 정도 두었다가 걸러 북어육수를 만든다.
3. 냄비에 북어육수와 찹쌀가루를 넣고 찹쌀풀을 쑤고 마늘즙과 청장 고추장을 넣고 2분 정도 더 끓인다.
4. 참죽잎에 찹쌀풀을 바르면서 2~3가닥씩 붙이고 어느 정도 마르면 다시 앞뒤로 찹쌀풀을 바르면서 통깨와 실고추를 뿌리고 채반에 널어 바람이 잘 통하는 그늘에 말린다. 자주 뒤집어서 말리다가 4㎝ 길이로 자르고 바싹 말린다.
5. 팬에 식용유를 넣고 170℃ 정도의 기름에 튀긴다.

김부각

김부각에 사용하는 김은 구멍이 뚫리지 않고 두꺼운 것으로 골라 찹쌀풀을 발라 통풍이 잘되는 곳에서 말려야 맛과 향이 그대로 유지된다. 찹쌀풀을 되직하게 쑤어 발라 말리면 부각을 튀겼을 대 눈송이가 내려앉은 것처럼 하얗게 일어나 보기 좋다.

김 20장
북어육수 : 물 3컵, 북어 20g, 무 30g, 다시마 10g, 양파 $\frac{1}{2}$개
찹쌀풀 : 육수 2컵, 찹쌀가루 1컵
마늘즙 1작은술, 청장 2작은술, 소금 1작은술, 통깨 $\frac{1}{2}$컵, 식용유 3컵

1. 냄비에 북어육수 재료를 함께 넣고 끓여 2컵 정도가 되면 다시마를 넣고 불을 끄고 5분 정도 두었다가 걸러 북어육수를 만든다. 냄비에 북어육수와 찹쌀가루를 넣고 찹쌀풀을 쑨다.
2. 김은 티 없이 깨끗이 손질한다.
3. 김발위에 식힌 찹쌀풀을 살짝 바르고 김의 반짝거리는 쪽이 위쪽으로 오도록 놓고 손바닥으로 살짝 누른 다음 다시 찹쌀풀을 바르고 김을 덮고 그 위에 찹쌀풀을 바른다.
4. 두꺼운 비닐이나 쟁반 위에 김을 옮겨놓고 김이 꾸덕꾸덕하게 마르면 6등분으로 접고 손가락 끝에 깨를 묻혀 꼭꼭 누른 다음 채반에 널어 통풍이 잘 되는 곳에서 바싹 말린다.
5. 팬에 식용유를 넣고 170℃ 정도의 기름에 넣고 주걱으로 누르면서 잠깐 튀겨 낸 다음 바로 가위로 자른다.

모듬부각(감자, 연근, 느타리버섯, 달래, 깨송이, 다시마, 고추부각)

부각은 다시마, 김, 미역 등을 비롯하여 철따라 생산되는 신선한 식품 중 향미가 있는 것과 맛이 좋은 재료를 사용하고 깻잎, 풋고추, 콩잎 등도 부각 재료로 많이 이용한다

재료 및 분량

감자 400g, 찹쌀풀 1컵, 소금 3g
연근 100g, 찹쌀가루 $\frac{1}{2}$컵, 느타리버섯 60g, 찹쌀풀 1컵
달래 50g, 찹쌀풀 1컵, 깨송이 15개, 찹쌀풀 1컵
공통 북어육수 : 물 3컵, 북어 30g, 다시마 10g, 양파 $\frac{1}{2}$개, 무 100g, 파 20g, 마늘 5쪽
공통 찹쌀풀 : 북어육수 2컵, 찹쌀가루 1컵, 청장 $\frac{1}{2}$작은술, 소금 $\frac{1}{2}$작은술, 마늘즙 1작은술, 생강즙 $\frac{1}{2}$작은술
다시마 1장(40×30㎝), 찰밥 1컵
고추(서리 맞은 것) 50개, 소금 $\frac{1}{3}$작은술, 밀가루 $\frac{1}{2}$컵

알아두기

· 온도가 낮으면 기름을 많이 흡수하므로 170℃에서 잠깐 튀긴다.
· 부각을 튀길 때는 각각의 재료를 손잡이 채에 4~5개씩 넣고 재빨리 튀겨낸다.

만드는 방법

1. 냄비에 북어육수 재료를 함께 넣고 2컵의 북어육수가 되도록 끓인 다음 다시마를 넣고 불을 끄고 5분 정도 두었다가 걸러 북어육수를 만든다.
2. 냄비에 북어육수와 찹쌀가루를 넣고 불에 올려 찹쌀풀을 쑨 다음 청장, 소금, 마늘즙, 생강즙을 넣고 2분 정도 끓여 식힌다.
3. 감자는 깨끗이 씻어 껍질을 벗긴 다음 얇게 썰어 물에 담가 전분을 뺀다. 연근은 껍질을 벗기고 0.2㎝ 두께로 썰어 끓는 물에 소금을 넣고 각각 데친다.
4. 느타리버섯은 밑동을 다듬고 버섯모양을 살려 손으로 찢는다. 깨송이는 살살 씻어 채에 밭쳐 물기를 뺀다. 달래는 깨끗이 손질하여 2~3개씩 접어 묶는다.
5. 다시마는 젖은 면보로 닦고 가로 2㎝, 세로 3㎝ 정도로 자른 다음 찰밥을 10알 정도씩 펴서 붙인다.
7. 고추는 꼭지를 떼어내고 깨끗이 씻어 길이로 반을 갈라 씨를 털어낸 다음 물기가 있을 때 소금과 밀가루를 넣고 버무려서 찜기에 넣어 살짝 찐다.
8. 준비된 감자와 느타리버섯, 달래, 깨송이는 끓여 식힌 찹쌀풀을 바르고 연근은 찹쌀가루에 무친다. 준비된 모든 재료를 채반에 널어 말린다.
9. 둥근 팬에 식용유를 넣고 170℃ 정도 온도의 기름에서 각각 튀긴다.

삼색북어보푸라기

북어보푸라기는 북어포를 강판에 갈아 소금과 고춧가루, 간장을 넣고 삼색으로 색을 들여 만든다. 북어포 살을 보푸라기로 만들어 양념하여 소금과 고춧가루, 간장으로 색을 낸 요리이다. 밑반찬으로 좋으며, 죽(粥)과 잘 어울리는 마른 반찬이다.

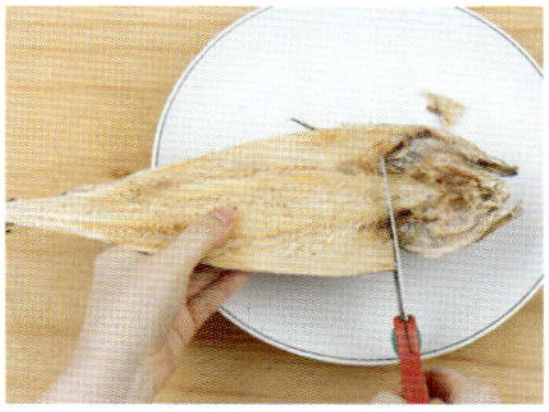

재료 및 분량

북어포(껍질 벗긴 황태포) 2마리

소금양념 : 소금 $\frac{1}{2}$작은술, 설탕 2작은술,
깨소금 1작은술, 참기름 2작은술

고춧가루양념 : 소금 $\frac{1}{2}$작은술, 설탕 1작은술,
고운고추가루 $\frac{1}{2}$작은술,
깨소금 2작은술, 참기름2작은술

간장양념 : 간장 $\frac{1}{2}$큰술, 설탕 2작은술,
깨소금 2작은술, 참기름 1작은술

만드는 방법

1. 북어포는 머리와 꼬리, 지느러미를 떼어내고 젖은 면보로 싸서 5분 정도 둔 다음 뼈와 가시를 떼어낸다.
2. 손질한 북어포는 강판에 갈아서 보푸라기를 만든다.
3. 북어보푸라기를 3등분하여 소금양념과 고춧가루양념, 간장양념을 각각 넣고 색이 고르게 나도록 손으로 비벼 삼색으로 무친다.

알아두기

· 북어포를 믹서에 갈아도 된다.
· 바짝 마른 북어포는 너무 곱게 갈아지므로 젖은 면보에 싸서 부드러워지면 간다.
· 북어보푸라기에 간장양념을 넣을 때 한꺼번에 넣으면 뭉치므로 뿌리듯이 조금씩 고루 넣어 비빈다.

밀반찬 I (쇠고기장조림, 메추리알장조림, 새송이장조림)

조림은 반상차림에 올리는 일반적인 찬품으로 채소류, 육류, 해산물류 등으로 만든다. 오래 두고 먹을 수 있게 간을 세게 한다.

쇠고기장조림

쇠고기(우둔)200g, 물 3컵
양념장 : 간장 4큰술, 설탕 1큰술
마늘 30g, 꽈리고추 50g

1. 쇠고기는 핏물을 닦고 가로5cm, 세로 6cm, 두께 5cm 정도로 썬다.
2. 마늘은 다듬어 씻고, 꽈리고추는 꼭지를 떼고 깨끗이 씻는다.
3. 냄비에 쇠고기와 물을 붓고, 센불에 올려 끓으면 중불로 낮추어 30분 정도 끓인다.
4. 쇠고기가 익으면 간장과 설탕을 넣고, 간장 국물이 절반이 되도록 더 끓인 다음 마늘과 꽈리고추를 넣어 끓인다. 쇠고기는 1cm 굵기로 찢어 다늘과 꽈리고추와 함께 그릇에 담고, 간장 국물을 위에 끼얹는다.

메추리알장조림

메추리알 200g, 물 5컵
청고추 1개, 홍고추 $\frac{1}{2}$개, 마늘 10g, 다시마 2g
양념장 : 간장 1$\frac{1}{2}$큰술, 설탕 $\frac{1}{2}$큰술, 식용유 $\frac{1}{2}$큰술, 청주 1큰술, 물 $\frac{3}{4}$컵
물엿 $\frac{1}{2}$큰술, 참기름 $\frac{1}{2}$큰술

1. 냄비에 메추리알과 물을 붓고 센불에 올려 끓으던, 중불로 낮추어 2분 정도 삶아서 껍질을 벗긴다.
2. 청홍고추는 씻어서 길이 2cm 정도로 어슷 썰고, 다늘은 다듬어 길이로 2등분한다.
3. 냄비에 다시마와 양념장을 함께 넣고 센불에 올려 끓으면 다시마는 건져내고, 메추리알과 마늘을 넣고 중불에서 10분 정도 졸이다가 양념장이 반으로 줄어들면 약불에서 10분 정도 졸인 다음 청홍고추와 물엿, 참기름을 넣고 10분 정도 더 졸인다.

새송이장조림

새송이 200g, 물 2컵
청고추 1개, 홍고추 $\frac{1}{2}$개, 마늘 10g,
양념장 : 간장 2큰술, 설탕 $\frac{1}{2}$큰술, 다시마 2g, 물 $\frac{3}{4}$컵
물엿 $\frac{1}{2}$큰술, 참기름 $\frac{1}{2}$큰술

1. 새송이를 손질하여 끓는 물에 살짝 데친다.
2. 청홍고추는 씻어서 길이 2cm 정도로 어슷 썰고 마늘은 다듬어 씻어 길이로 2등분 한다.
3. 냄비에 다시마와 양념장재료 넣고 센불에 올려 끓으면 다시마는 건져내고, 새송이와 마늘을 넣고 중불로 낮추어 5분 정도 끓어 양념장이 반으로 줄어들면 청홍고추와 물엿, 참기름을 넣고 약불에서 5분 정도 더 졸인다.

밀반찬 II (오가피장아찌, 마늘장아찌, 당귀잎장아찌)

장아찌는 장과(醬瓜)라고도 하는데 채소를 바짝 말려서 장류나 식초에 절였다가 맛이 든 것을 그대로 또는 양념해서 먹는 저장식품이며, 불로 익혀서 즉석에서 만드는 숙장과(熟醬瓜)도 있다.

오가피장아찌

오가피 1㎏, 국간장 $2\frac{1}{2}$컵, 설탕 $1\frac{1}{2}$컵, 식초 $1\frac{1}{2}$컵

1. 오가피는 깨끗이 씻어 물기를 뺀 다음 단지에 차곡차곡 담고 간장과 설탕, 식초를 넣고 섞어서 붓는다.
2. 일주일 지난 후 간장을 따라내어 끓여 식혀서 다시 단지에 붓고 보름이 지나면 먹을 수 있다.

마늘장아찌

마늘 1㎏, 물 1컵, 설탕 1컵, 식초 1컵, 소금 5큰술

1. 마늘은 속껍질을 깨끗이 벗겨 씻어 체에 밭쳐 물기를 뺀다.
2. 냄비에 물과 설탕, 소금을 넣고 끓여 식혀서 식초를 넣고 섞는다.
3. 단지에 마늘을 담고 끓여 식힌 식초물을 붓는다. 보름이 지나면 먹을 수 있다.

당귀잎장아찌

당귀잎 500g, 설탕 400g, 고추장 300g

1. 당귀잎은 깨끗이 씻어 물기를 뺀다. 당귀잎과 설탕을 섞어 단지에 담고 한 달 정도 절여둔다.
2. 당귀잎을 단지에서 건져 설탕물이 빠지면 고추장 $\frac{1}{2}$량과 섞어 단지에 담아 5일 정도 둔다.
3. 5일이 지난 후 단지에서 당귀잎을 건져 남은 $\frac{1}{2}$량의 고추장과 섞은 후 다시 단지에 꼭꼭 담아 떠오르지 않게 보관한다. 한 달이 지나면 먹을 수 있다.

밑반찬Ⅲ(고추장멸치볶음, 미역자반, 뱅어포구이)

자반은 한가지의 특정한 조리법을 지칭하는 것은 아니다. 해산물이나 채소 등을 염장하거나 풀을 발라 말리거나 튀겨, 조리거나 무친 것을 말한다.

고추장멸치볶음

잔멸치 100g, 호두 30g, 호박씨 20g, 청고추 1개, 홍고추 1개
양념장 : 고추장 1큰술, 설탕 1큰술, 물 3큰술, 물엿 2큰술, 다진 파 2작은술, 다진 마늘 1작은술
식용유 1큰술, 참기름 2작은술, 통깨 1작은술

1. 멸치는 채에 담아 가루를 털어내고 티를 골라낸다. 팬을 달궈 멸치를 넣고 중불에서 3분 정도 볶는다.
2. 청홍고추는 깨끗이 씻어 길이 2㎝ 정도로 어슷 썬다.
3. 팬을 달궈 고추장 양념장을 넣고 끓으면 잔멸치를 넣고 약불로 볶는다. 견과류와 청홍고추를 넣고 볶은 후 참기름과 통깨를 뿌린다.

미역자반

자반미역 35g, 식용유 5큰술
설탕 1큰술, 통깨 1작은술

1. 미역자반은 돌이나 잡티를 골라내고, 3㎝ 정도의 길이로 자른다.
2. 팬을 달궈 식용유를 두르고 미역을 넣고 중불로 낮추어 살짝 볶아 체에 밭쳐 여분의 기름은 뺀 다음 설탕과 통깨를 뿌린다.

· 자반미역은 파랗게 튀겨야 식감이 좋다.

뱅어포구이

뱅어포 8장, 식용유 1큰술
양념장 : 간장 1큰술, 고추장 4큰술, 설탕 2큰술, 물엿 1큰술, 다진 파 1큰술,
다진 마늘 ½큰술, 깨소금 2작은술, 참기름 1큰술, 물 2큰술
다진 실파 2큰술, 통깨 1큰술

1. 뱅어포는 잡티를 골라낸다.
2. 팬을 달궈 식용유를 두르고 뱅어포를 살짝 지진다. 양념장을 만들어 뱅어포에 골고루 바르고 여러 장을 겹쳐서 재워둔다.
3. 석쇠를 달궈 식용유를 바르고 뱅어포를 1장씩 얹고 높이 15㎝ 정도 올려 센불에서 앞뒤로 뒤집어 가며 구운 다음 8등분하고 실파와 통깨를 얹는다.

밑반찬Ⅳ(어리굴젓, 명란젓, 오징어젓갈)

명란젓은 명태의 알로 담근 젓갈로, 명란젓이 기록되기는 〈오주연문장전산고(五洲衍文長箋散稿)〉(1850년)에서부터이고, 제조법은 〈시의전서(是議全書)〉(1800년대 말)에 기록되어 있다. 명란젓은 밥상에 자주 오르는 반찬 중의 하나로 젓갈 담그는 시기는 동지전이 좋다.

어리굴젓

굴 250g, 소금 $\frac{1}{2}$큰술
양념 : 멸치액젓 1큰술, 고운 고춧가루 1$\frac{1}{2}$큰술, 채 썬 마늘 10g

1. 굴은 싱싱하고 작은 것으로 골라 소금물에 살살 흔들어 씻으면서 굴 껍질을 골라내고 물기를 뺀다. 굴에 소금을 넣고 버무려 냉장고에 하루 정도 둔 다음 체에 밭쳐 소금물을 받는다.
2. 멸치액젓에 받아 놓은 소금물과 고운 고춧가루, 마늘채를 함께 넣고 잘 섞는다.
3. 단지에 어리굴젓을 담고 2~3일 후부터 먹을 수 있다.

명란젓

명란 1kg, 소금 $\frac{1}{2}$컵, 고운 고춧가루 4큰술

1. 명란은 소금물에 터지지 않도록 잘 씻어 건져 물기를 뺀다.
2. 준비한 명란에 소금을 $\frac{1}{2}$분량을 켜켜로 넣고 하룻밤 두었다가 체에 밭쳐 소금물을 받는다.
3. 물기 없는 단지 바닥에 남은 소금과 고춧가루를 섞어 한 켜를 넣고, 소금에 절인 명란과 남은 소금, 고운 고춧가루를 켜켜이 넣는다.
4. 명란이 보이지 않도록 맨 위에 웃소금을 충분히 뿌리고 뚜껑을 덮어 서늘한 곳에 둔다. 15일이 지나면 먹을 수 있다.

· 명란젓을 먹을 때 마늘, 파, 참기름 등으로 양념하여 먹기도 하고, 터뜨려서 양념하여 무쳐 먹기도 한다.

오징어젓갈

물오징어(몸통) 2마리
청고추 1개, 홍고추 1개, 마늘 1쪽
양념 : 멸치액젓 2$\frac{1}{2}$큰술, 고춧가루 2$\frac{1}{2}$큰술, 물엿 1$\frac{1}{2}$큰술, 통깨 1작은술

1. 오징어는 손질하여 껍질을 벗기고 깨끗이 씻어 길이로 2~3등분하고 0.5㎝ 정도의 굵기로 채 썬 다음 멸치액젓에 하루 정도 절인다.
2. 청홍고추는 어슷하게 썰고 마늘은 다듬어 씻어 채 썬다.
3. 오징어 절인 멸치액젓을 따라내어 고춧가루와 물엿, 통깨, 청홍고추, 마늘을 넣고 버무려서 오징어를 넣고 무친다.

· 낙지젓갈은 낙지 400g 분량에 오징어젓갈 양념을 그대로 사용한다.
· 낙지는 껍질을 벗기지 않는다.

밀반찬 V (황태강정, 멸치견과류볶음, 마른새우 볶음)

마른 찬은 북어나 건오징어, 멸치, 김 등의 마른 해조류 등을 볶거나 무쳐 수분이 적고 저장성이 좋아 밑반찬으로 두고 먹을 수 있는 찬품을 이른다.

황태강정

황태 2마리
양념 : 설탕 1작은술, 소금 $\frac{1}{4}$작은술, 후춧가루 $\frac{1}{8}$작은술
녹말가루 $\frac{1}{4}$컵, 달걀 1개 식용유 5컵
양념장 : 간장 $1\frac{1}{2}$큰술, 설탕 1큰술, 식용유 1큰술, 다진 파 1큰술, 마늘 3톨
건홍고추 2개, 청고추 1개, 홍고추 1개

1. 황태는 머리와 꼬리, 지느러미를 자르고 물에 살짝 적신 후 젖은 면보로 싸서 10분 정도 두었다가 뼈와 가시를 떼어낸다.
2. 황태는 가로 3cm, 세로 2cm 정도의 크기로 잘라 양념을 넣고 녹말가루를 골고루 묻히고 달걀을 풀어 달걀옷을 입힌다.
3. 건고추와 청홍고추는 가로 · 세로 0.5cm 정도로 자르고 마늘은 편으로 썬다.
4. 팬에 식용유를 넣고 북어를 넣고 2분 정도 노릇하게 튀긴다.
5. 팬을 달궈 식용유를 두르고 건고추를 볶다가 양념장을 넣고 끓으면 튀긴 황태와 청홍고추와 마늘을 넣고 섞는다.

멸치견과류볶음

잔멸치 100g, 호두 30g, 호박씨 20g, 청고추 1개, 홍그추 1개
양념장 : 간장 1큰술, 설탕 1큰술, 다진 파 2작은술, 다진 마늘 1작은술, 물 3큰술, 물엿 2큰술
식용유 1큰술, 참기름 2작은술, 통깨 1작은술

1. 멸치는 체에 밭쳐 멸치가루를 털어내고 티를 골라낸다. 달궈진 팬에 멸치를 넣고 중불에서 3분 정도 볶는다.
2. 청홍고추는 깨끗이 씻어 길이 2cm, 두께 0.3cm 정도로 어슷 썬 후 씨를 털어낸다. 견과류는 굵게 다진다.
3. 팬에 양념장을 넣고 끓으면 잔멸치를 넣고 볶다가 굵게 다진 견과류와 청홍고추에 참기름을 넣고 볶은 후 통깨를 뿌린다.

마른새우 볶음

마른새우(중) 120g, 식용유 1큰술
청고추 1개, 홍고추 1개, 통깨 1작은술
양념장 : 간장 2큰술, 설탕 2큰술, 물엿 2큰술, 물 3큰술, 참기름 2작은술

1. 마른새우는 체에 쳐서 새우가루를 털어낸다.
2. 청홍고추는 깨끗이 씻어서 길이 2cm 정도로 어슷 썬다.
3. 팬을 달궈 식용유를 두르고 새우를 살짝 볶는다.
4. 팬에 양념장을 넣고 끓으면 준비한 새우를 넣고 고루 저어 청홍고추와 통깨를 넣고 다시 섞는다.

밀반찬VI(명이, 참외, 땅두릅, 굴비, 김, 대추장아찌)

장아찌는 채소를 소금이나 간장에 절여 숙성시킨 저장식품으로, 우리나라는 사계절이 뚜렷하고 기온의 차가 심하고 농작물 생산에 제한이 있어 채소의 수시공급을 위한 필수적인 조리법이다.

명이장아찌

명이 500g
채소물 : 물 5컵, 양파 $\frac{1}{2}$개, 대파 $\frac{1}{2}$대, 마늘 3개
간장물 : 채소물 4컵, 간장 2컵, 설탕 $\frac{2}{3}$컵, 식초 $\frac{3}{4}$컵

1. 명이나물은 깨끗이 씻어 물기를 뺀다.
2. 냄비에 채소물 재료를 넣고 4컵 정도가 되게 끓인 다음 간장과 설탕, 식초를 넣고 2분 정도 끓여 간장물을 만든다.
3. 단지에 명이나물을 담고 준비한 간장물을 붓고 5일 정도 지나 간장물을 따라내어 끓여 식혀서 단지에 붓고 같은 방법으로 1회 정도 반복해서 붓는다. 2주일 정도 지나면 먹을 수 있다

참외장아찌

참외 20개, 소금 3컵, 술지게미 1kg, 쌀겨 300g, 설탕 2컵

1. 참외는 단단한 것으로 깨끗이 씻어 길이로 2등분하여 속을 긁어내고 소금에 절여서 채반에 널어 꾸덕꾸덕하게 말린다.
2. 준비한 참외에 술지게미와 쌀겨, 설탕을 넣고 함께 버무려 단지에 담고 무거운 것으로 눌러 놓는다. 1개월이 지나면 먹을 수 있다.

· 참외장아찌는 단단한 참외로 만들어야 아삭하다.

땅두릅장아찌

땅두릅 1kg, 소금 1큰술
양념장 : 국간장 2$\frac{1}{2}$컵, 설탕 1$\frac{1}{2}$컵, 식초 1$\frac{1}{2}$컵

1. 땅두릅은 깨끗이 씻어 끓는 물에 소금을 넣고 데쳐서 헹구어 꼭 짜서 채반에 널어 꾸덕꾸덕하게 말린다.
2. 단지에 준비한 땅두릅을 담고 양념장을 만들어 땅두릅 위에 붓고 두릅이 떠오르지 않도록 무거운 것으로 눌러 놓는다.
3. 일주일 지난 후 간장만 따라 내어 한소끔 끓여 식혀서 단지에 담고 같은 방법으로 2회 정도 반복하여 붓는다. 3주일 정도 지나면 먹을 수 있다.

굴비장아찌

굴비 10마리
양념 : 고추장 4컵, 물엿 2컵, 소주 6큰술

1. 굴비는 지느러미나 꼬리를 떼어내고 내장을 꺼낸 다음 비늘을 긁고 깨끗이 씻어 물기를 말린 다음 살을 크게 발라낸다.
2. 단지 밑에 고추장양념을 한 켜 담고 준비한 굴비를 넣고 고추장양념을 덮고 반복해서 켜켜로 담는다. 3개월 정도 지나면 먹을 수 있다.

김장아찌

김 30장
간장물 : 간장 $\frac{1}{2}$컵, 설탕 1큰술, 꿀 1큰술, 물 2컵
채소물 : 물 3컵, 대파 $\frac{1}{2}$대, 마늘 4쪽, 생강 10g, 마른고추 3개, 다시마 10g

1. 김은 잡티와 돌을 골라낸 다음 가로 4cm, 세로 5cm 정도로 잘라 면실로 묶는다.
2. 냄비에 채소물 재료를 넣고 끓여 2컵 정도가 되면 걸러 간장물을 만든다.
3. 단지에 준비한 김을 차곡차곡 담고 간장물을 부어 눌러 놓는다.
4. 이틀 후에 간장물을 따라내어 끓여 식혀 붓는다. 2~3일 지나면 먹을 수 있다.

대추장아찌

대추 600g, 간장 1컵, 조청 $\frac{1}{2}$컵, 고추장 1컵

1. 대추는 젖은 면보로 깨끗이 닦아 돌려 깎고 면실로 10개 정도씩 묶는다.
2. 단지에 준비한 대추를 담고 간장을 부어 일주일 정도 둔 다음 대추를 건져 간장물을 빼고 고추장과 조청을 섞어 넣고 버무려 단지에 담는다. 한 달 정도 지나면 먹을 수 있다.

· 먹을 때 파, 마늘 참기름 등의 양념을 넣고 버무려 먹는다.

밑반찬Ⅶ(표고버섯장아찌, 가자미식해, 새송이피클, 무말랭이, 오이장아찌)

장아찌는 본래 장조림이나 장아찌를 통틀어 말하는 궁중음식이다. 장아찌류의 절임음식은 삼국시대부터 먹어온 것으로 추정되며, 고려시대 이규보가 지은〈동국이상국집(東國李相國集)〉에 장아찌에 대한 기록이 처음 나온다.

표고버섯장아찌

말린 표고버섯 12개
북어육수 : 북어 $\frac{2}{3}$마리, 마늘 5개, 생강 10g, 양파 $\frac{1}{2}$개, 마른 고추 1개, 다시마 15g, 물 6컵
양념장 : 간장 $\frac{1}{2}$컵, 설탕 3큰술, 물엿 4큰술, 물 4컵
설탕 $\frac{2}{3}$작은술, 통깨 1큰술, 참기름 2작은술

1. 표고버섯은 물에 불려서 기둥을 떼어내고 물기를 짠다.
2. 냄비에 북어육수 재료를 넣고 끓여 4컵 정도 되면 다시마를 넣고 불은 끈 다음 5분 정도 두었다가 걸러 양념장을 넣고 5분 정도 더 끓인다.
3. 단지에 표고버섯을 담고 준비한 양념장을 부어 5일이 지나면 양념장을 따라내어 2분 정도 끓여 식혀서 단지에 담고 같은 방법으로 3회 정도 반복하여 붓는다. 1개월 지나면 먹을 수 있다.

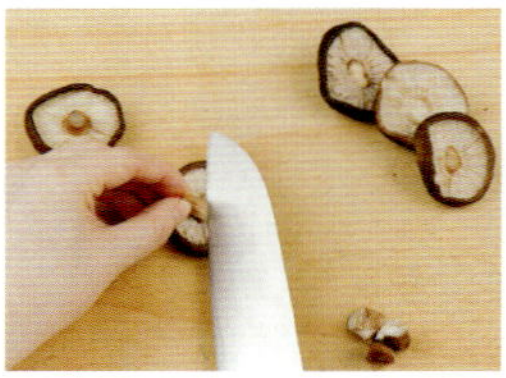

가자미식해

가자미 10마리, 소금 2$\frac{1}{2}$작은술, 무 1kg, 소금 2큰술
메조 1컵, 엿기름 50g
양념 : 고춧가루 10큰술, 다진 파 2큰술, 다진 마늘 1$\frac{1}{2}$큰술, 생강즙 1작은술

1. 참가자미는 비늘을 긁고 머리와 지느러미를 떼어 내고 내장을 꺼낸 다음, 깨끗이 씻어 소금을 뿌리고 채반에 널어서 꾸덕꾸덕하게 말린 다음 폭 2cm, 길이 3cm 정도로 썬다.
2. 무는 깨끗이 씻고 폭 2cm, 두께 0.5cm, 길이 5cm 정도로 썰어 소금에 절였다가 꼭 짠다.
3. 조밥을 지어놓고, 엿기름은 고운체에 내린다. 가자미에 조밥과 엿기름가루를 넣고 버무려 하루 정도 두었다가 고춧가루와 무, 양념을 넣고 버무려 소금으로 간을 맞춘 다음 단지에 눌러 담는다. 2주일 정도 지나면 먹을 수 있다.

새송이피클

새송이 400g, 빨강파프리카 $\frac{1}{4}$개, 노랑파프리카 $\frac{1}{4}$개, 초록파프리카 $\frac{1}{4}$개
배합초 : 식초 1컵, 물 2컵, 설탕 $\frac{1}{2}$컵, 소금 1작은술, 통후추 5알, 월계수잎 2장

1. 새송이버섯은 밑동을 잘라내고 물에 살짝 씻어 4~6 등분한다. 파프리카는 길이로 2등분하여 씨를 빼낸다.
2. 냄비에 배합초를 넣고 한소끔 끓으면 준비한 새송이 버섯을 넣고 2분 정도 더 끓인다.
3. 유리병을 소독하여 준비한 재료와 파프리카를 담고 3~4일에 한 번씩 끓여 식혀서 붓고 같은 방법으로 2회 정도 반복하여 붓는다. 1~2일 정도 지나면 먹을 수 있다.

무말랭이

무말랭이 100g, 말린 고춧잎 20g
찹쌀풀 : 물 $\frac{1}{4}$컵, 찹쌀가루 1큰술
양념장 : 간장 1큰술, 멸치액젓 1큰술, 물엿 1큰술, 고추가루 3큰술, 다진 파 2큰술, 다진 마늘 1큰술, 물 $\frac{1}{2}$컵, 통깨 1큰술, 실고추 1g

1. 무말랭이와 고춧잎은 깨끗이 씻어 30분 정도 불렸다가 무말랭이는 물기를 빼고 고춧잎은 끓는 물에 3분 정도 삶아 찬물에 헹구어 물기를 짠다.
2. 준비한 무말랭이와 고춧잎에 양념장과 찹쌀풀을 넣고 고루 무쳐 단지에 담는다. 1주일 정도 지나면 먹을 수 있다.

오이장아찌

오이(백다다기) 10개, 소금 1컵, 고추장 3컵

1. 오이는 작고 통통한 것을 준비하여 소금으로 문질러 깨끗이 씻는다.
2. 냄비에 물과 소금을 넣고 끓여 오이에 붓고 떠오르지 않도록 무거운 것으로 눌러 놓는다. 하루 정도 지난 후 면보자기에 싸서 무거운 것으로 눌러 물기를 짠 다음 채반에 널어 꾸덕꾸덕 말린다.
3. 단지에 고추장을 한 켜 담고 오이를 넣고 고추장과 오이를 켜켜이 넣고 위에는 고추장을 덮는다. 2~3개월 정도 지나면 먹을 수 있다.

· 오이장아찌는 먹을 때 고추장을 훑어 낸 뒤 썰어서 다진 파, 다진 마늘, 설탕, 참기름, 깨소금을 넣어 무쳐 먹으면 맛있다.

흰떡(가래떡)

전라도지방에서는 이바지음식으로 인절미와 흰가래떡을 준비한다. 가래떡은 멥쌀가루를 쪄서 안반에 놓고 매우 쳐서 둥글고 길게 늘여 만든 떡으로 모양이 길다고 하여 '가래떡'이라 부른다. 가래떡은 흰색으로 깨끗하므로 순결과 순수함을 의미한다.

재료 및 분량

멥쌀가루 10컵, 소금 1큰술, 물 $1\frac{1}{3}$컵

만드는 방법

1. 멥쌀은 깨끗이 씻어 일어서 8~12시간 정도 담갔다가 건져서 소금을 넣고 빻아 체에 내린다.
2. 쌀가루에 수분을 주고 버무려서 찜기에 젖은 면보를 깔고 쌀가루를 넣고 찜기에 물이 끓으면 센불에서 15분 정도 찐다.
3. 쪄진 떡을 뜨거울 때 방망이로 쳐서 가래떡 모양으로 만든다.

알아두기

· 가래떡은 쪄서 치대도 된다.

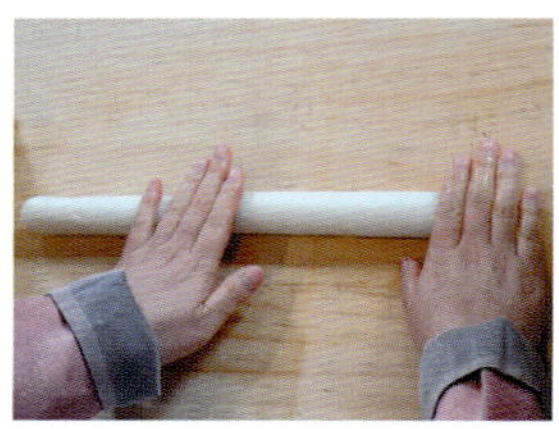

용떡

용의 형상을 한 흰떡으로 경상도 지방의 의례음식 중의 하나이다. 이 지역의 어촌에서는 음력 2월 초하루부터 보름까지 용떡을 빚어 영등제를 지낸다.

재료 및 분량

멥쌀가루 20컵, 소금 2큰술, 물 3컵
대추 2개, 밤 2개, 참기름 3큰술

만드는 방법

1. 멥쌀은 깨끗이 씻어 물에 8시간 정도 담가 두었다가 건져 소금을 넣고 빻아 체에 내린다.
2. 쌀가루에 수분을 주어 버무려서 찜기에 젖은 면보를 깔고 쌀가루를 넣고 물이 끓으면 15분간 찐다. 쪄진 반죽을 뜨거울 때 방망이로 쳐서 떡을 쫄깃하게 만든다.
3. 친 반죽은 굵기 10㎝ 정도, 길이 50㎝의 가래떡 형태로 만들어 가위집을 넣어 용틀임 형상으로 만들고 참기름을 바르고 입에 대추와 밤을 물린다.

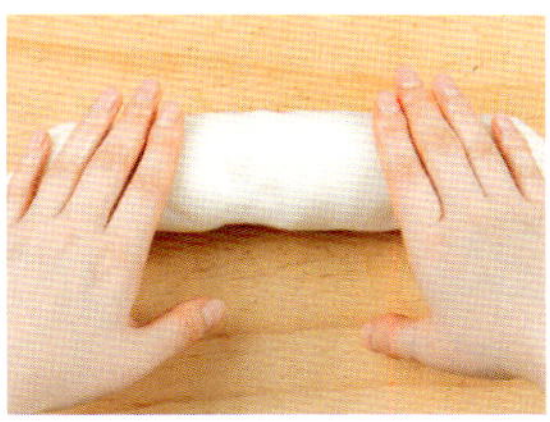

조랭이떡

개성에서는 멥쌀로 떡을 하여 가늘게 비빈 다음 나무칼로 비벼 끊어서 마치 누에고치 모양으로 만들어 떡국을 많이 끓이는데, 누에는 정월에 길(吉)한 것을 나타낸다고 하여 누에고치 모양으로 조랭이 떡국을 만들었다고 한다.

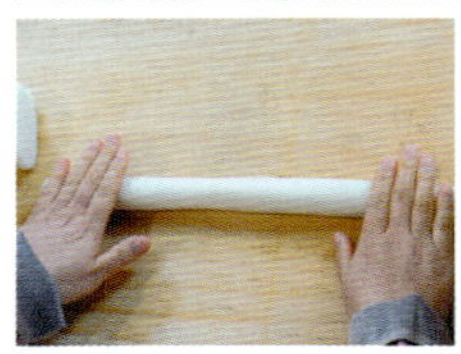

멥쌀가루 10컵, 소금 1큰술, 물 1⅓컵

1. 멥쌀은 깨끗이 씻어 일어서 물에 8~12시간 담갔다가 건져서 분량의 소금을 넣고 빻아 체에 내린다.
2. 쌀가루에 수분을 주고 버무려서 찜기에 젖은 면보를 깔고 쌀가루를 넣고 물이 끓으면 센 불에서 15분 정도 찐다.
3. 쪄진 떡은 뜨거울 때 방망이로 쳐서 직경 1.5cm 정도 굵기의 가래떡모양으로 길게 만든 다음 대나무칼로 3cm 정도의 길이로 누에고치 모양의 조랭이떡을 만든다.

· 대나무칼 대신 젓가락을 사용하기로 한다.

달떡

제주도 지방의 향토음식의 하나로 혼인이나 회갑잔치 때의 큰상에 괴는 떡으로 많이 쓰인다. 달떡은 보름달처럼 밝게 널리 비추고 둥글게 채우며 잘 살도록 하는 기원이 담겨 있는 떡이다.

멥쌀가루 20컵, 소금 2큰술, 물 3컵, 참기름 2큰술

1. 멥쌀은 깨끗이 씻어서 물에 8~12시간 정도 담갔다가 건져 분량의 소금을 넣고 가루로 빻아 체에 내린다.
2. 쌀가루에 수분을 주어 버무려서 찜기에 젖은 면보를 깔고 쌀가루를 넣고 물이 끓으면 센 불에서 15분 정도 찐다.
3. 쪄진 떡은 뜨거울 때 방망이로 쳐서 직경 10㎝, 두께 1.5㎝ 정도의 크기로 둥글게 만든다.
4. 절편을 조금씩 떼어 삼색으로 물을 들여 달떡 위에 보기 좋게 장식하고 참기름을 바른다.

· 달떡을 찍어 내는 떡본은 현재 제주대학교 박물관에 소장되어 있다.

봉치떡

봉치떡은 찹쌀가루와 통팥 고물을 켜켜로 2켜 앉히고 가운데 밤과 대추를 얹어 찐다. 신랑 집에서 신부 집으로 채단과 예장(禮狀)을 보내는 납폐일에 신랑 집과 신부 집에서 각각 봉치덕을 준비한다. 봉치떡의 찹쌀은 찰기가 있어 떨어지지 않으므로 부부의 화합을, 떡을 2켜로만 찐 것은 부부 한 쌍을 뜻한다. 붉은 팥은 양(陽)으로 생기 왕성하여 발전과 축복을 기원하고, 벽사(邪)와 제액(除厄)의 뜻이 담겨 있다. 찹쌀 3되의 3은 天 · 地 · 人을 뜻하며 대추는 무병장수와 다산을 밤은 생산과 풍요를 의미한다.

재료 및 분량

찹쌀(小) 3되(가루 30컵), 소금 3큰술
붉은 팥 1되(5컵), 소금 $1\frac{1}{3}$큰술
대추 7개, 밤 1개

만드는 방법

1. 찹쌀을 깨끗이 씻어 일어서 8~12시간 정도 담갔다가 건져서 소금을 넣고 빻아 가루를 만든다.
2. 팥에 물을 붓고 삶아 한소끔 끓으면 팥물을 버리고 다시 팥의 3배 정도의 찬물을 부어 팥이 무를 때까지 삶는다. 팥이 거의 익으면 낮은 불에서 뜸을 들인 다음 소금을 넣고 대강 찧어 고물을 만든다.
3. 시루에 시루 밑을 깔고 팥고물과 찹쌀가루를 켜켜로 앉혀 두 켜를 만든다.
4. 면보자기를 물에 적셔 꼭 짜서 시루 위에 덮고 센불에서 김이 오르면 25분 정도 더 찐다.

알아두기

· 팥고물을 질지않게 고슬고슬 만든다.
· 붉은 팥 : 붉은 빛깔은 양(陽)이며 생기왕성함과 발전, 축복, 벽사와 제액 등의 뜻이 있다.
· 찹쌀 3되 : 3은 天 · 地 · 人을 뜻하여 완전하다는 슷자에서 비롯하였으며, 찹쌀에는 찰기가 있어 떨어지지 않으므로 부부의 이별이 없음을 의미한다.
· 밤과 대추는 풍요와 자손번창을 의미하며 지방에 따라 대추를 7개 또는 9개를 올리고, 아들 7형제 또는 9형제를 낳기를 기원했다.

혼인인절미

혼인인절미는 연안(延安) 백천 지방에서 생산되는 기름지고 찰진 찹쌀로 만든 인절미를 가리키는 말로 연안인절미라고도 부른다. 우리 풍속에 혼례 때 인절미를 상에 놓는 것이나 사돈댁에 인절미를 이바지로 보내는 풍습은 찰기가 강한 찹쌀을 사용함으로써 남녀관계에서의 동질화 의식을 반영한 것이다.

재료 및 분량

찹쌀 10컵(가루 20컵), 물 1컵, 소금 2큰술
고물 : 흑임자가루 1컵, 노란 콩가루 1컵, 푸른 콩가루 1컵, 밤 20개, 대추 20개
고명 : 밤 1개, 대추 1개, 행인 10개

만드는 방법

1. 찹쌀은 씻어 일어서 8~12시간 정도 불린 다음 소금을 넣고 가루로 빻아 물을 주어 버무려서 김이 오른 찜기에 넣고 20분 정도 찐 다음 꽈리가 일도록 친다.
2. 밤은 속껍질을 벗겨 곱게 채 썰고 대추는 돌려깎아 씨를 버리고 곱게 채 썬 다음 찜기에 물이 끓으면 밤과 대추를 각각 넣고 3분 정도 쪄서 식힌다.
3. 고명용 밤을 0.2㎝ 두께로 썰어 대나무 모양을 만들고 대추는 꽃모양 틀로 찍는다. 행인은 씻어 설탕물에 2분 정도 졸인다.
4. 안반에 소금물을 묻혀 떡을 네모지게 반대기를 만든다. 넓은 그릇에 각각의 고물을 깔고 떡을 올려놓고 오색고물을 골고루 묻힌다. 목기 길이에 맞추어 썰어 담고 밤과 대추, 행인으로 고명을 얹는다.

알아두기

· 인절미는 소금간이 맞아야 고소하며, 쑥이나 대추 또는 수리취 등을 넣기도 한다.
· 예전에는 찹쌀을 쪄서 떡안반에 놓고 힘센 장정들이 오래 쳐서 만들어 더 쫄깃하고 맛이 있었다.

구름떡

재료 및 분량

찹쌀 8컵, 소금 1½큰술
대추 15개, 밤 10개, 불린 서리태 ½컵, 설탕 ½컵
호두 5컵, 잣 1큰술
팥가루 : 붉은 팥 6컵, 설탕 1½컵, 진간장 1큰술,
계피 1큰술, 설탕시럽 ½컵

만드는 방법

1. 찹쌀은 깨끗이 씻어 일어 8~12시간 물에 담갔다가 건져서 소금을 넣고 가루로 빻아 체에 내린 다음 물을 준다.
2. 불린 서리태는 설탕의 ½량을 넣고 살짝 졸이고, 대추와 밤은 3~4등분하여 남은 설탕으로 졸이고, 호두는 속껍질을 벗겨 4~6등분으로 자른다.
3. 붉은 팥은 푹 삶아서 고운체로 걸러 면 자루에 넣고 꼭 짜서 설탕과 진간장, 계피가루를 넣고 볶는다.
4. 찹쌀가루에 위의 준비한 재료를 넣고 골고루 섞는다. 찜기에 물이 끓으면 준비한 찹쌀가루를 넣고 20분 정도 찐다. 팥가루를 펴 놓고 쪄낸 떡을 얹은 다음 편편하게 하고 떡 위에 다시 팥가루를 뿌리고 시럽을 뿌려가며 돌돌 만다.

구름떡은 썰어서 그릇에 담으면 떡의 단면이 구름의 형상과 같다 하여 붙여진 이름이다.

부편

부편은 밀양에서 즐겨 먹으며 각색편의 웃기로도 쓰인다. 〈한국민속종합조사보고서〉 '향토음식편'에 "떡을 여러 켜로 높이 고일 때 주악, 화전, 부꾸미 등을 위에 고이는데, 경상도에서 부편이라고 한다"고 기록되어 있다.

재료 및 분량

찹쌀가루 14컵, 소금 $1\frac{1}{2}$큰술
고물 : 거피팥 4컵, 소금 1큰술
소 : 거피팥 고물 4컵, 꿀 4큰술, 설탕 $\frac{1}{2}$컵, 계피가루 1작은술
고명 : 대추 5개

만드는 방법

1. 찹쌀은 깨끗이 씻어 물에 8~12시간 정도 담갔다가 건져서 소금을 넣고 빻아 체에 내린다.
2. 거피팥은 8시간 정도 불려 거피하여 깨끗이 씻어 일어서 찜기의 물이 끓으면 젖은 면보를 깔고 거피팥은 넣어 40분 정도 쪄낸다. 한 김 나가면 소금을 넣고 찧어 체에 내린다.
3. 거피팥 고물에 꿀, 설탕, 계피가루를 섞어 뭉쳐 대추알 만하게 소를 준비한다. 대추는 돌려 깎기 하여 폭 0.5cm, 길이 1.5~2cm 정도로 썰어 놓는다.
4. 찹쌀가루는 익반죽한 다음 소를 넣어 폭 3cm, 길이 5cm 정도의 타원형으로 빚어서 떡 위에 채 썰어 놓은 대추를 2개씩 박아 김이 오른 찜기에 넣고 5~6분 정도 쪄낸 다음 준비한 거피팥 고물을 묻힌다.

알아두기

· 부편을 찔 때는 서로 달라붙지 않도록 떡과 떡 사이에 간격을 둔다.
· 밀양 지방에서는 떡소로 콩고물을 넣었으나 식감이 퍽퍽하여 거피팥 고물을 사용하였다.

모듬찰떡(흑임자구름편, 두텁편, 호박찰편, 커피찰편, 흑미찰편)

이바지떡으로는 메시루떡보다는 찰떡을 쓰는데 이는 부부애를 더욱 끈끈히 하도록 염원하는데서 유래하였으며 맛과 영양 면에서도 훌륭하다. 정성이 듬뿍 담긴 떡으로 잔치에 빠지지 않으며 양도 많이 하여 대부분 석작이나 목기에 담아 보자기로 예쁘게 쌓아 보내는 것이 예의이다.

흑임자구름편

찹쌀가루 10컵, 소금 1큰술, 설탕물 $\frac{1}{2}$컵(설탕 $\frac{1}{2}$컵 : 물 $\frac{1}{2}$컵), 대추 10개, 밤 10개, 호두 5개, 잣 2큰술
고물 : 흑임자 $1\frac{1}{2}$컵

1. 찹쌀가루에 소금과 설탕물을 넣고 고루 섞어 비벼 체에 내린다.
2. 대추는 젖은 면보로 닦고 돌려깎아 3~4등분하고 밤은 대추와 같은 크기로 썬다.
3. 준비한 찹쌀가루에 대추, 밤, 호두, 잣을 넣고 고루 섞는다.
4. 찜기에 물이 끓으면 젖은 면보를 깔고 준비한 재료를 넣고 15분 정도 찐다.
5. 찐 떡은 뜨거울 때 달걀 크기 만큼 떼어 흑임자 고물을 묻히고 스테인리스 떡틀에 차곡차곡 담아 수평으로 꼭꼭 눌러 랩으로 싸서 냉동시킨다.

두텁편

찹쌀가루 10컵, 진간장 3큰술, 꿀 $\frac{1}{2}$컵, 밤 5개, 대추 7개, 호두 5개, 유자차건지 2큰술
볶은 거피팥고물 : 찐 거피팥 4컵, 진간장 1.5큰술, 황설탕 $\frac{1}{3}$컵, 흰설탕 3큰술, 계피가루 2작은술

1. 찹쌀가루에 진간장과 꿀을 넣고 고루 섞어 비벼 체에 내린다.
2. 찐 거피팥에 진간장과 흰설탕, 황설탕을 넣고 잘 섞어 팬에 볶는다.
3. 밤, 대추, 호두는 손질하여 4~6등분하고 유자청 건지는 다져서 찹쌀가루에 넣고 버무려서 찜기에 물이 끓으면 젖은 면보를 깔고 준비한 재료를 넣고 15분 정도 찐다.
4. 찐 떡이 뜨거울 때 스테인리스 떡틀에 볶은 거피팥고물을 깔고 찹쌀떡을 수평으로 담아 꼭꼭 누르고 랩으로 싸서 냉동시킨다.

호박찰편

찹쌀가루 10컵, 소금 1큰술, 찐 단호박 500g
밤 10개, 대추 10개, 호두 5개, 불린 서리태 $\frac{1}{2}$컵

1. 찹쌀가루에 소금과 찐 단호박을 넣고 고루 버무려 체에 내린다.
2. 밤과 대추, 호두, 서리태를 손질하여 설탕과 물을 넣고 불에 살짝 졸인다.
3. 찹쌀가루에 준비한 재료를 넣고 버무려서 찜기에 물이 끓으면 젖은 면보를 깔고 15분 정도 찐다.
4. 찐 떡이 뜨거울 때 스테인리스 떡틀에 담아 수평으로 꼭꼭 누르고 랩으로 싸서 냉동시킨다.

커피찰편

찹쌀가루 10컵, 소금 1큰술, 오리지널커피가루 7g, 헤이즐넛 커피가루 7g,
우유 3큰술, 물 2큰술, 아몬드 80g, 건포도 60g, 호두 4개

1. 우유와 물에 오리지널커피와 헤이즐넛향 커피가루를 넣고 잘 섞는다. 찹쌀가루에 소금을 넣고 섞어 놓은 우유와 커피, 물을 넣어 고루 섞어 비벼 체에 내린다.
2. 아몬드와 건포도, 호두를 손질하여 굵게 다져 준비한 찹쌀가루에 넣는다.
3. 찜기에 물이 끓으면 젖은 면보를 깔고 준비한 재료를 넣어 15분 정도 찐다.
4. 찐 떡이 뜨거울 때 스테인리스 떡틀에 담아 수평으로 꼭꼭 누르고 랩으로 싸서 냉동시킨다.

흑미찰편

찹쌀가루 9컵, 찰흑미가루 1컵, 소금 1큰술
밤 10개, 호두 5개, 대추 10개, 불린 서리태 $\frac{1}{2}$컵, 물 2큰술, 설탕 2큰술

1. 찹쌀가루와 흑미가루에 소금과 물을 넣고 고루 섞어 비벼 체에 내린다.
2. 밤과 대추, 서리태는 손질하여 물과 설탕을 넣고 살짝 조린다.
3. 찹쌀가루와 흑미가루에 준비한 재료를 넣고 버무려 찜기에 물이 끓으면 젖은 면보를 깔고 15분 정도 찐다.
4. 찐 떡이 뜨거울 때 스테인리스 떡틀에 수평으로 꼭꼭 눌러 담고 랩으로 싸서 냉동시킨다.

약식

〈삼국유사(三國遺事)〉에 나오는 고사에 신라 21대 소지왕이 정월 대보름날(上元日)에 재앙을 미리 알려줘, 목숨을 살려 준 까마귀에 대한 보은으로 찰밥을 지어 까마귀에게 먹였다고 하며, 이 풍습이 지금까지 내려와 정월 대보름의 절식이 되었다.

찹쌀 5컵, 소금물 : 소금 $\frac{1}{2}$작은술, 물 $\frac{1}{2}$컵
밤 10개, 대추 10개, 잣 2큰술, 간장 3큰술, 황설탕 1컵, 흰설탕 $\frac{1}{4}$컵, 계피가루 $\frac{1}{2}$작은술
대추씨 거른물 2큰술, 캐러멜소스 3큰술, 꿀 4큰술, 참기름 3큰술
캐러멜소스 3큰술 : 흰설탕 4큰술, 녹말 $\frac{2}{3}$큰술, 미지근한 물 4큰술, 식용유 1큰술

1. 찹쌀을 깨끗이 씻어 일어서 3시간 정도 불린 다음 건져 물기를 빼고, 찜기에 젖은 면보를 깔고 찌다가 20분 정도 지나면 소금물을 훌훌 끼얹은 다음 나무주걱으로 위, 아래를 고루 섞어 40분 정도 더 찐다.
2. 밤은 속껍질을 깨끗이 벗기고 작은 것은 2등분, 큰 것은 4등분 한다. 대추는 젖은 면보로 닦고 돌려깎아 2~4등분 한다. 대추씨는 물을 조금 붓고 끓여서 거른다. 잣은 고깔을 떼어낸다.
3. 냄비에 설탕과 식용유를 넣고 중불에 올려 설탕이 녹아 갈색으로 변하면 녹말물을 넣고 잘 저어 끓여 약식 소스를 만든다.
4. 찐 찹쌀이 뜨거울 때 큰 그릇에 쏟아 황설탕과 계피가루, 진간장, 대추씨 거른 물, 캐러멜소스, 흰설탕, 꿀, 참기름을 넣어 고루 섞는다.
5. 찜기에 물이 끓으면 준비한 약식재료 담은 그릇을 넣고 중탕으로 찐다. 처음에는 센불에서 물이 끓기 시작하면 중불에서 2시간 정도 중탕으로 쪄낸다.

· 약식이 맛있으려면 찹쌀이 좋아야 하며, 밥알을 푹 두르면서도 질지 않고 고슬고슬하게 쪄내야 한다. 간장과 양념이 한쪽에 치우쳐서 얼룩지지 않게 골고루 버무려야 한다.
· 약식은 칼로 썰어 담지 않고 합에 담아낸다.

삼색단자(대추단자, 은행단자, 쑥단자)

단자는 인절미와는 달리 크기가 작으며 찹쌀가루를 쪄서 만드는데 원래 단독으로 쓰는 떡이 아니고 각색편의 웃기로 쓰였다. 경단보다 부재료를 여러 가지 쓰면서 고물도 매우 호화롭다. 은행단자는 주로 궁중에서 먹은 음식이었다.

대추단자

찹쌀가루 6컵, 소금 $\frac{1}{2}$큰술, 대추 10개, 꿀 2큰술
고물 : 밤 7개, 대추 10개

1. 대추는 젖은 면보로 닦고 돌려깎아 10개는 다지고 10개는 채 썬다. 밤은 속껍질을 벗겨 곱게 채 썰고 석이버섯은 물에 불려 돌기를 떼어내고 깨끗이 씻어 곱게 채 썬다.
2. 찜기에 물이 끓으면 젖은 면보를 깔고 밤과 대추를 넣고 1분 정도 쪄서 숨을 죽인다.
3. 찹쌀가루에 소금과 물을 넣고 비벼서 다져놓은 대추를 넣고 고루 섞어 찜기에 물이 끓으면 젖은 면보를 깔고 준비한 찹쌀가루를 넣어 15분 정도 찐 다음 꽈리가 일도록 방망이로 쳐서 가로 3cm, 세로 2.5cm, 두께 1.5cm 정도의 크기로 모양을 만들어 꿀을 바르고 밤채, 대추채, 석이채를 함께 섞어 묻힌다.

은행단자

찹쌀가루 6컵, 소금 $\frac{1}{2}$큰술, 은행 $\frac{1}{3}$컵, 꿀 2큰술
고물 : 잣가루

1. 은행은 끓는 물에 살짝 데쳐 껍질을 벗기고 믹서에 곱게 간다.
2. 찹쌀가루에 소금과 준비한 은행을 넣고 잘 비비고, 부족한 수분은 물을 주어 버무린다.
3. 찜기에 물이 끓으면 젖은 면보를 깔고 준비한 찹쌀가루를 넣고 15분 정도 찐 다음 꽈리가 일도록 방망이로 쳐서 가로 3cm, 세로 2.5cm, 두께 1.5cm 정도의 크기로 모양을 만들어 꿀을 바르고 잣가루를 묻힌다.

쑥단자

찹쌀가루 6컵, 소금 $\frac{1}{2}$큰술, 삶은쑥(다진것) 100g
소 : 대추 10개, 유자청건지 2큰술
꿀 2큰술
고물 : 거피팥고물 1컵, 소금 $\frac{1}{4}$작은술

1. 찹쌀가루에 소금과 물을 넣고 잘 비벼서 찜기의 물이 끓으면 젖은 면보를 깔고 찹쌀가루를 넣어 15분 정도 찐 다음 준비한 쑥을 넣고 잘 섞어 꽈리가 일도록 방망이로 친다.
2. 대추는 유자청건지와 함께 곱게 다져 꿀을 넣고 은행알 만하게 소를 만든다.
3. 팬에 거피팥고물은 넣고 중불에서 고슬고슬하게 볶는다.
4. 찐떡을 떼어 소를 넣고 가로 3cm, 세로 2.5cm, 두께 1.5cm의 모양을 만들어 꿀을 바르고 거피팥고물을 묻힌다.

두텁떡

두텁떡은 봉우리떡 이라고도 하며, 소를 넣고 뚜껑을 덮어 안쳐 그 모양이 그릇 등의 합과 같다는 뜻으로 합병(盒餠), 두터울 후(厚)자가 붙은 후병(厚餠)으로도 불리었다.

찹쌀가루 5컵, 진간장 1½큰술, 꿀 ¼컵
고물 : 거피팥 4컵, 진간장 3큰술, 흰설탕 ¾컵, 황설탕 ½컵, 계피가루 ¾큰술
소 : 볶은 팥고물 1컵, 꿀 2큰술, 유자청건지 1큰술, 계피가루 ½작은술, 밤 2개, 대추 3개, 잣 ½큰술, 호두 2개
고명 : 밤 1개, 대추 1개

1. 찹쌀을 깨끗이 씻어 일어서 8~12시간 정도 담갔다가 건져 빻아 진간장과 꿀을 넣고 비벼 체에 내린다.
2. 거피팥은 물에 8시간 정도 불려 거피하고 깨끗이 씻어서 찜기에 물이 끓으면 40분 정도 쪄서 어레미에 내리고 진간장과 흰설탕, 황설탕을 넣고 잘 섞어서 팬에 보슬보슬하게 볶는다.
3. 밤과 대추, 호두를 손질하여 0.5㎝ 정도로 썰고, 유자청건지는 다지고, 잣은 고깔을 뗀다. 볶은 팥고물에 준비한 재료와 계피가루, 꿀을 넣고 섞어서 두께 1㎝, 직경 2㎝ 정도로 납작하게 빚어 소를 만든다. 고명용 밤과 대추는 2㎝ 길이, 0.5㎝ 굵기로 채 썬다.
4. 찜기에 젖은 면보를 깔고 팥고물을 한 켜 놓고 그 위에 찹쌀가루를 한 수저씩 서로 붙지 않게 떠 놓고, 준비한 소를 하나씩 얹고 찹쌀가루를 봉우리처럼 덮은 다음 채 썬 밤, 대추를 꽂아 팥고물을 충분히 덮는다. 봉우리 낮은 사이로 2~3켜 안쳐서 찜기에 물이 끓으면 15분 정도 찐다.

· 양념한 팥고물을 볶을 때 너무 오래 볶으면 수분이 없어 떡이 빨리 굳으므로 적당하게 볶는다.
· 두텁떡이 다 쪄지면 숟가락으로 떡을 하나씩 떠낸다.

두텁단자

두텁단자는 삶는 떡으로 단자병류(團子餠類)이다.

찹쌀 5컵(가루 10컵), 소금 1큰술, 설탕물(설탕 : 물 = $\frac{2}{3}$컵 : 1컵)
팥고물 : 붉은 팥 2컵, 데치는 물 2컵, 소금 1큰술, 설탕 $\frac{1}{2}$컵, 물 6컵
소 : 밤 5개, 대추 5개, 호두 4개, 잣 2큰술, 유자청건지 5큰술
고명 : 대추 1개, 호박씨 1큰술

1. 찹쌀은 깨끗이 씻어 일어서 물에 8~12시간 정도 담갔다가 건져 소금을 넣고 빻아 체에 내려 설탕물로 익반죽한다.
2. 팥은 깨끗이 씻어 일어서 데치는 물을 붓고 한소끔 끓으면 팥물을 따라 버리고 다시 팥의 3배의 물을 붓고 팥이 푹 익을 때까지 삶는다. 팥이 거의 익으면 낮은 불에서 뜸을 들인 다음 소금을 넣고 빻아 체에 내려 팥고물을 만든다.
3. 밤은 속껍질을 벗기고, 대추는 돌려깎고 호두는 뜨거운 물에 담가 껍질을 벗긴다. 잣은 고깔을 떼고 유자청 건지와 함께 0.5㎝ 크기로 다져 함께 섞어 소를 만든다.
4. 준비한 떡반죽은 떼어서 소를 넣고 직경 4cm 정도의 크기로 동그랗게 빚어 끓는 물에 넣고, 삶아 떠오르면 건져 찬물에 담갔다가 물기를 뺀 다음 대추와 호박씨로 장식하고 팥고물을 묻힌다.

· 팥앙금을 볶아서 고물로 사용할 수 있다.
· 고물을 묻힐 때에는 쟁반에 팥가루를 펼쳐 놓고 사용한다.

오색경단

오색경단은 찹쌀을 익반죽하여 동그랗게 만들어 물에 삶아 오색고물을 묻힌다. 찹쌀경단은 〈요록(要錄)〉(1680년경)에 경단병으로 처음 등장하는데, "쌀가루로 떡을 만들어 삶아서 익힌 후에 꿀물에 담갔다가, 꺼내어서 정함(丁含)을 발라 그릇에 담고 다시 꿀을 더한다."고 기록되어 있다.

재료 및 분량

찹쌀 5컵(가루 10컵), 소금 1큰술

고물 : 노란 콩가루 $\frac{1}{2}$컵, 파란 콩가루 $\frac{1}{2}$컵,
흑임자 가루 $\frac{1}{2}$컵, 거피팥 가루 $\frac{1}{2}$컵,
붉은 팥가루 $\frac{1}{2}$컵, 소금 1큰술, 설탕 $\frac{1}{2}$컵

만드는 방법

1. 찹쌀은 깨끗이 씻어 일어서 물에 8~12시간 정도 담갔다가 건져 소금을 넣고 가루로 빻아 체에 내린다.
2. 찹쌀가루를 익반죽하여 직경 2cm 정도의 크기로 동그랗게 빚어 끓는 물에 삶는다. 경단이 익어서 떠오르면 건져 찬물에 담갔다가 식으면 건져 물기를 뺀다.
3. 각색의 고물을 쟁반에 각각 담아 놓는다.
4. 삶아낸 경단을 5등분으로 나누어 오색고물을 각각 묻혀 그릇에 담아낸다.

알아두기

· 경단은 끓는 물로 익반죽한다.
· 고물로 팥, 대추, 밤, 녹두, 흑임자 등을 사용하기도 한다.
· 경단은 너무 삶으면 늘어져서 모양과 질감이 좋지않다.
· 여름에는 붉은팥이나 거피팥고물이 빨리 쉬므로 사용하지 않고 콩고물이나 깨고물을 이용한다.

증편

증편은 복중(伏中)의 떡으로 쌀가루를 술로 반죽하여 부풀게 한 다음 둥근 증편틀에 담고 대추, 밤, 실백, 석이버섯 등으로 고명을 얹어 찐 떡이다. 기주떡, 기중병, 기지떡, 술떡, 벙거지떡 등 지방마다 이름이 다르며 술을 사용하므로 빨리 쉬지 않아서 여름에 만들어 먹기 좋은 떡이다.

재료 및 분량

멥쌀가루 500g, 소금 $\frac{1}{2}$큰술
막걸리 $\frac{1}{2}$컵
미지근한 물 1컵, 생이스트 10g 설탕 $\frac{1}{2}$컵
고명 : 대추 4개, 석이버섯 1g, 잣 1작은술, 호박씨 1큰술
식용유 1큰술

만드는 방법

1. 멥쌀가루에 소금을 넣고, 고운체에 2회 정도 내린 다음 막걸리와 미지근한 물, 생이스트, 설탕을 넣고 나무주걱으로 고루 저어 그릇에 담고 랩으로 덮어 온도가 40~45℃ 유지되도록 전기장판으로 감싸고 두툼한 보를 덮는다.
2. 반죽을 2시간 정도 발효시켜 2배 정도 부풀어 오르면 고루 저어서 공기를 뺀 다음 다시 1시간 정도 2차 발효를 시킨다.
3. 대추는 젖은 면보로 닦아 돌려깎아 꽃모양을 만들고, 석이버섯은 물에 불려, 비벼 씻어서 돌기를 떼어내고 곱게 채 썬다. 잣은 고깔을 떼고 호박씨와 함께 면보로 닦는다.
4. 2차 발효가 끝난 반죽을 증편틀에 $\frac{2}{3}$정도 담고 위에 대추와 석이채, 잣, 호박씨를 올려 장식한다.
5. 찜기에 물을 붓고 불에 올려 80℃ 정도가 되면 증편틀에 담은 반죽을 넣고 10분 정도 3차 발효를 시킨다
6. 3차 발효가 끝나면 센불에서 20분 정도 찐 후, 약불에서 10분 정도 뜸을 들인다.

꽃송편

재료 및 분량

멥쌀가루 10컵, 소금 1큰술, 끓는 물 2컵
송편색 : 쑥가루 1큰술, 치자우린 물 ½큰술,
딸기가루 물 1큰술, 계피가루 1작은술
소 : 풋콩 1컵, 소금 ½작은술,
찐거피팥 ½컵, 소금 ½작은술, 꿀 1큰술,
통깨 ½컵, 꿀 1큰술, 설탕 2큰술, 소금 ¼작은술
참기름 2큰술

만드는 방법

1. 멥쌀가루에 소금을 넣고 체에 내려서 5등분을 하여 각각의 송편색을 넣고 물을 들여 익반죽한 후 젖은 면보에 싸 놓는다.
2. 풋콩은 소금과 설탕을 넣고, 찐 거피팥은 소금과 꿀, 계피가루를 넣고 섞는다. 통깨는 방망이로 빻고 소금과 설탕, 꿀을 넣고 섞어 소를 만든다.
3. 송편반죽을 떼어 각각의 소를 넣고 오므려 송편을 빚는다.
4. 딸기가루 반죽과 쑥 반죽을 떼어 직경 0.4㎝ 정도로 둥글게 만들어 송편 위에 붙여 꽃을 만든다.
5. 찜기에 솔잎을 깔고 물이 끓으면 빚어 놓은 떡을 넣고 15분 정도 찐 다음 참기름을 바른다.

전라도 지방의 향토떡이다. 송편은 송병(松餠)이라고도 부르며 〈요록〉에는 백미가루로 떡을 만들어 솔잎과 켜켜로 쪄서 물에 씻어낸다고 기록되어있다.

알아두기

· 떡 반죽은 오래 치대야 떡의 표면이 매끈하다. 송편색은 진하지 않게 한다.

산 자

산자는 강정과 같이 의례상이나 잔치음식으로 널리 쓰였고, 혼례 때 신행에 따른 이바지음식으로도 큰 몫을 차지하고 있는데, 분홍색의 물을 들인 고물을 묻힌 것은 흰색의 산자류와 함께 축하음식으로 쓰이고, 제례음식으로는 흰색만을 사용한다.

재료 및 분량

찹쌀 5컵
소주 3큰술, 설탕 3큰술, 콩물(불린 흰콩 1컵, 물 1컵)
식용유 5컵
집청 : 물엿 2컵, 조청 2컵, 생강즙 3큰술
고물 : 승검초가루 $\frac{1}{2}$컵, 송화가루 $\frac{1}{2}$컵,
계피가루 $\frac{1}{2}$컵, 세반(흰색) 1컵, 파래가루 $\frac{1}{2}$컵

알아두기

· 강정은 산자바탕이 덜 말랐을 때 폭 0.6cm, 길이 3cm 정도의 크기로 썰어 말려 산자와 같은 방법으로 튀긴다.
· 여름철에는 집청이 녹아서 흐르므로, 물엿에 설탕과 꿀을 넣어 되직하게 끓여 식혀 바르면 고물이 잘 떨어지지 않는다.
· 강정 바탕은 비닐봉지에 넣고 봉해서 냉동고에 두고 사용해야 수분이 증발되지 않아 갈라지지 않는다.

만드는 방법

1. 찹쌀은 깨끗이 씻어 2주일 정도 물에 담가 골마지가 끼고 삭았으면, 맑은 물이 나오도록 깨끗이 씻은 다음 빻아 체에 내려 고운 가루를 만든다.
2. 믹서에 물과 불린 콩을 넣고 곱게 간다.
3. 찹쌀가루에 소주와 설탕, 콩물을 넣고 주걱으로 골고루 섞어 덩어리로 뭉쳐지도록 버무린다.
4. 찜기에 물이 끓으면 젖은 면보를 깔고 반죽을 넣어 15분 정도 쪄서 방망이로 꽈리가 일도록 치댄다.
3. 안반에 녹말가루를 뿌리고, 찐 떡을 0.5cm 정도의 두께로 판판하게 밀어 위에 녹말가루를 뿌리고 반 정도 마르면 폭 2.5cm, 길이 3cm 정도의 크기로 썰어 한지를 깔고 산자 바탕을 옮겨 펴 널고 말린다.
4. 팬에 식용유를 넣고 불에 올려 90℃ 정도 되면 바탕을 넣고 몸 불리기를 한 다음, 온도를 180℃ 정도로 올려 네 귀를 눌러 모양을 반듯하게 만들고, 산자가 잘 튀겨져 부풀어 오르면 건져서 기름을 빼 놓는다.
5. 냄비에 물엿과 조청, 생강즙을 넣고 끓여 집청을 만든다. 튀겨낸 산자에 집청을 묻히고 승검초가루와 송화가루, 흰깨, 검정깨, 계피가루, 파래가루, 세반을 각각 고물로 묻힌다.

개성우메기

찹쌀가루에 멥쌀가루를 넣고 막걸리로 반죽하여 튀겨서 집청한다. 우메기는 개성지방의 향토음식으로 개성주악으로도 불린다. 개성에서는 "우메기 빠진 잔치는 없다"하여 잔칫상에 많이 올랐다.

재료 및 분량

찹쌀가루 3컵, 멥쌀가루 1컵, 소금 1작은술
막걸리 $\frac{1}{2}$컵, 설탕 1큰술
고명 : 대추 2개
집청 : 설탕 1컵, 물 1컵
식용유 2컵

만드는 방법

1. 찹쌀가루와 멥쌀가루에 소금을 넣고 고루 섞어 체에 내린다.
2. 준비한 쌀가루에 설탕과 막걸리를 넣고 반죽한 다음 직경 5㎝ 정도로 동글게 빚어 모양을 만든다.
3. 냄비에 설탕과 물을 넣고 센불에서 끓으면 중불로 줄여 $\frac{2}{3}$ 양이 되도록 졸여 집청을 만든다.
4. 대추는 젖은 면보로 닦고 돌려깎아 0.5㎝ 정도의 마름모 모양으로 썰어 우메기 위에 붙인다.
5. 팬에 식용유를 넣고 90℃ 기름에서 우메기 반죽을 넣고 튀기다가 겉 표면이 단단해지면, 150℃로 온도를 올려 연한 갈색이 날 때까지 튀긴 다음 기름을 빼고 집청한다.

알아두기

· 우메기 반죽을 한꺼번에 너무 많이 넣고 튀기면 서르 붙으므로 적당히 넣는다.
· 우메기를 너무 낮은 온도에서 오래 튀기면 단단하다.
· 시럽대신 조청이나 꿀에 집청해도 된다.
· 반죽이 질면 우메기 모양이 납작하게 된다.

섭산삼병

더덕에 찹쌀가루를 묻혀 식용유에 튀긴다. 1670년 조선조 숙종 초 장지영이 쓴〈음식디미방(飮食知味方)〉에 섭산삼병이 처음 나온다. 가을이 제철이며 좋은 더덕은 뿌리가 희고 굵다. 곧게 뻗은 것일수록 영양이 풍부하고 약효가 좋다.

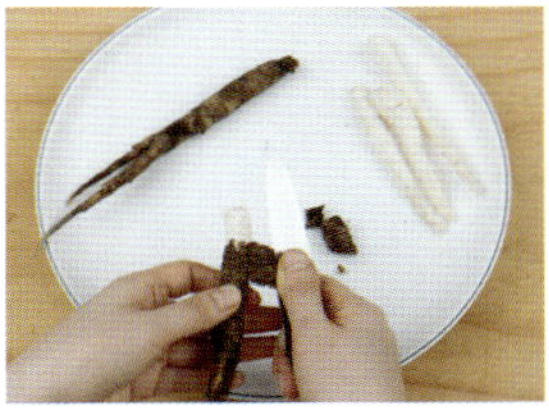

재료 및 분량

더덕 200g
찹쌀가루 $\frac{1}{3}$컵, 소금 $\frac{1}{2}$작은술, 튀김기름 3컵
설탕 $\frac{1}{2}$컵

만드는 방법

1. 더덕은 깨끗이 씻어 껍질을 벗기고 길이로 2등분 하여 소금물에 5분 정도 담가둔 다음 헹궈 물기를 닦고 밀대로 민다.
2. 더덕에 찹쌀가루를 떨어지지 않게 골고루 잘 묻힌다.
3. 둥근 팬에 식용유를 넣고 150℃ 온도에서 튀겨 체에 밭쳐 기름을 뺀다.
4. 더덕에 기름이 빠지면 설탕을 뿌린다.

알아두기

· 더덕잎이 너무 굵은것은 심이 있어 좋지않다.
· 더덕은 껍질을 벗겼을 때 속이 하얀 것이 좋다.
· 너무 강한 기름에 튀기면 색이 너무 진하므로 온도에 주의한다.

엿

엿은 엿기름 물에 밥을 삭혀 꼭 짜서 불에 졸인다. 예부터 엿은 세찬을 만드는데 필수적인 음식이었다. 엿은 근친 갔던 새색시가 시가로 돌아올 때 함지박이나 석작, 동고리에 담아 이타지 음식으로 가져갔다. 엿은 시어머니나 시누이의 입을 붙여주려는(잔말이 적도록 한다는 뜻) 의미로 쓴다는 말이 있다.

재료 및 분량

멥쌀 5kg, 엿기름 500g, 물 7ℓ
노란콩가루 1컵

만드는 방법

1. 엿기름은 면주머니에 넣어 미지근한 물에 30분 정도 불린 다음 주물러 짜서 1시간 정도 가라앉힌다.
2. 멥쌀은 깨끗이 씻어 일어 30분 정도 불렸다가 밥을 짓는다.
3. 전기밥솥에 엿기름 맑은 윗물을 붓고 밥을 넣어 잘 섞어서 온도를 60~65℃ 정도 유지시키면서 8시간 정도 삭혀 밥알이 10알 정도 떠오르면 샤주머니에 넣고 주물러 짜서 삭힌 밥물을 준비한다.
4. 두꺼운 솥에 준비한 밥물을 넣고 센불에서 국물이 넘지 않도록 끓인 다음 약한 불에서 잔거품이 나고 누르스름하게 조청이 될 때까지 졸인다. 조청상태에서 더 졸이면 거품이 크게 생기고 걸쭉하게 갱엿이 되면 불을 끈다.

알아두기

· 갱엿을 녹여서 튀긴 콩, 땅콩, 들깨, 흰깨, 검정깨, 잣 등을 섞어 졸여서 콩가루를 묻히면 강정이 된다.
· 백당엿은 갱엿에 더운 김을 쏘여가며 계속 늘이고 뭉치는 과정을 반복하면 공기가 들어가 엿이 점차 하얗게 된 것이다.

오색쌀엿강정

오색쌀엿강정은 멥쌀을 삶아 말려 식용유에 튀겨서 시럽을 넣고 오색으로 만든다. 오색쌀엿강정은 지방에 따라 일명 '밥풀강정'이라고도 한다. 쌀엿강정을 만드는 쌀은 당질, 단백질, 무기질, 비타민 등이 풍부하며 혈중콜레스테롤을 낮추고 설사를 치료하고 신장결석을 방지해 준다.

재료 및 분량

멥쌀 5컵, 물 2.5ℓ

시럽 : 설탕 $1\frac{1}{2}$컵, 물 $\frac{1}{2}$컵, 무가당 물엿 $4\frac{1}{2}$컵

흰 색 쌀강정 : 튀긴 쌀 $4\frac{1}{2}$컵, 땅콩(다진 것) $\frac{1}{2}$컵, 시럽 $\frac{1}{2}$컵

초록색 쌀강정 : 튀긴 쌀 $4\frac{1}{2}$컵, 호박씨(다진 것) $\frac{1}{2}$컵, 시럽 $\frac{1}{2}$컵

노란색 쌀강정 : 튀긴 쌀 5컵, 유자청(다진 것) 2큰술, 치자물 $\frac{1}{2}$컵, 시럽 $\frac{1}{2}$컵

검정색 쌀강정 : 튀긴 쌀 5컵, 검정깨 2큰술, 시럽 $\frac{1}{2}$컵

분홍색 쌀강정 : 튀긴 쌀 5컵, 백년초가루 $\frac{1}{2}$작은술, 시럽 $\frac{1}{2}$컵, 대추 3개, 고명용대추 7개 (대추꽃 4개, 대추채 3개)

식용유 4컵, 강정틀(말린 쌀 5컵 기준)

알아두기

· 강정이 굳기 전에 칼을 앞으로 당겨 썰어야 한다.

만드는 방법

1. 멥쌀은 깨끗이 씻어 30분 정도 불린 다음 분량의 물을 넣고 끓인다. 쌀알이 퍼지기 직전에 꺼내어 찬물에 3번 정도 헹군다. 마지막 헹구는 물에 소금을 넣고 5분 정도 담갔다가 건져 소쿠리에 담고, 2시간 정도 물기를 뺀 다음 바닥에 망을 깔고 펼쳐 널어 바짝 말린다.
2. 말린 쌀알을 200℃의 기름에 2초간 튀긴다. 쌀알이 하얗게 튀겨지면 채반에 건져 기름을 빼 놓는다.
3. 냄비에 물과 설탕을 넣고 은근한 불에서 끓이다가 설탕이 녹으면 물엿을 넣고, 시럽을 떠 보았을 때에 삼각뿔이 생길 정도의 농도로 끓인다.
4. 대추는 젖은 면보로 닦고 돌려깎아 3개는 다지고, 4개는 꽃 몰드로 찍어 대추꽃을 만들고, 3개는 채 썬다. 강정틀 밑에 비닐을 놓고 식용유를 바르고 대추채와 대추꽃을 펴 놓는다. 팬에 시럽을 넣고 딸기가루와 대추 다진 것을 넣고 졸이다 튀긴 쌀을 넣어 뭉쳐지도록 볶아지면 강정틀에 쏟아 밀대로 밀어 한 김 나가면 두께 1.5cm, 가로 4cm, 세로 2cm 정도의 크기로 썬다.
5. 팬에 각각 시럽을 넣고 중불에서 끓이다가 튀긴 쌀과 각각의 색과 부재료를 넣어 뭉쳐지도록 볶아지면 강정틀에 비닐을 깔고 각각 쏟아 밀대로 밀어 한 김 나가면 두께 1.5cm, 가로 4cm, 세로 1.5~2cm 정도의 크기로 썰어낸다.

깨엿강정

엿강정은〈조선요리제법(朝鮮料理製法)〉(1913년)과〈이조궁정요리통고(李朝宮廷料理通攷)〉(1957년) 등에 소개되어 있다. 오늘날에 와서도 명절이나 잔치 때 별식으로 만들어 먹고, 선물로 많이 사용한다.

재료 및 분량

태극말이 : 볶은 흰깨 1컵, 시럽 $\frac{1}{4}$컵,
볶은 검정깨 $\frac{1}{3}$컵, 시럽 $\frac{1}{5}$컵

모자이크 : 볶은 흰깨 1컵, 시럽 $\frac{1}{4}$컵, 볶은 흰깨 $\frac{1}{4}$컵, 딸기물 $\frac{1}{3}$작은술, 시럽 1큰술, 볶은 흰깨 $\frac{1}{4}$컵, 파래가루 $\frac{1}{3}$작은술, 시럽 1큰술

땅콩깨엿강정 : 볶은 흰깨 1컵, 시럽 $\frac{1}{4}$컵,
딸기물 $\frac{2}{3}$작은술, 볶은 분태땅콩 $\frac{1}{2}$컵,
시럽 $\frac{1}{5}$컵

시럽 : 물엿 $4\frac{1}{2}$컵, 설탕 $1\frac{1}{2}$컵, 물 $\frac{1}{2}$컵

*재료 밑준비

1. 냄비에 물과 설탕을 넣고 불에 올려 설탕이 녹으면 물엿과 소금을 넣고 끓이다가 마지막에 주걱으로 떠 보았을 때 삼각뿔 모양이 될 정도로 끓인다.
2. 흰깨는 물에 2시간 정도 담갔다가 비벼 씻어 껍질을 버리고 깨끗이 씻어 일어 물기를 뺀다. 검정깨는 재빨리 씻어 일어서 물기를 뺀 다음 각각 볶는다.

만드는 방법

태극말이강정

1. 팬에 각각 분량의 시럽을 넣고 졸이다가 흰깨와 흑임자를 넣고 나무주걱으로 뭉쳐지도록 볶아지면 강정틀을 놓고 흰깨는 0.5cm, 흑임자는 0.3cm 두께로 민다. 흰깨 위에 검정깨를 올려놓고 돌돌 말아 굳으면 0.5cm두께로 썬다.

모자이크

1. 팬에 각각 분량의 시럽을 넣고 파래가루와 딸기물을 넣고 졸이다가 흰깨를 넣어 뭉쳐지도록 볶아지면 강정틀을 놓고 1cm 정도의 두께로 밀고 굳으면, 다시 1cm 폭으로 썰어 녹색과 분홍색의 막대 모양의 강정을 만든 다음 색깔이 엇갈리도록 붙인다.
2. 팬에 시럽을 넣고 흰깨를 넣어 졸이다가 뭉쳐지도록 볶아지면 0.5cm 정도의 두께로 민 다음 준비한 재료를 놓고 말아서 굳으면 0.5cm 두께로 썬다.

땅콩깨엿강정

1. 팬에 시럽을 넣고 땅콩을 넣어 뭉쳐지도록 볶아지면 가로 · 세로 2cm 크기로 길게 만든다.
2. 팬에 시럽과 딸기물을 넣고 졸이다가 흰깨를 넣고 뭉쳐지도록 볶아지면 강정틀을 놓고 0.5cm 두께로 민 다음 준비한 땅콩을 놓고 돌돌 말아 굳으면 0.5cm 두께로 썬다.

개성식강정

개성지방의 한과로 조청에 생강을 다져 넣고 시럽을 만들어 깨, 검정깨 등 견과류를 넣고 볶아 밀어서 만든다.

재료 및 분량

흰깨 5컵, 시럽 $1\frac{1}{2}$컵
검정깨 5컵, 시럽 $1\frac{1}{2}$컵
들깨 5컵, 시럽 $1\frac{1}{2}$컵
볶은 땅콩 5컵, 시럽 $1\frac{1}{2}$컵
잣 5컵, 시럽 $1\frac{1}{2}$컵
콩가루 5컵
시럽 : 설탕 3컵, 물 1컵, 조청 9컵, 생강 500g

만드는 방법

1. 흰깨는 1시간 정도 물에 불려 문질러 씻어서 껍질을 벗긴 다음 깨끗이 씻어 볶는다.
2. 들깨는 깨끗이 씻어 일어 볶는다.
3. 땅콩은 껍질을 벗겨 굵게 다지고, 잣은 고깔을 떼어 놓는다.
4. 생강은 굵게 다져 놓는다.
5. 냄비에 설탕과 물을 넣고 끓여서 설탕이 녹으면 조청과 생강을 넣고 불을 낮추어 중불에서 30분 정도 더 끓여 시럽을 만든다.
6. 팬에 시럽을 넣고 나무주걱으로 저으면서 시럽에서 실이 나면, 흰깨와 검정깨를 각각 넣고 뭉처지도록 볶아지면 도마에 강정틀을 놓고 비닐을 깔고 콩가루를 뿌리고 엿강정을 쏟아 0.5㎝ 두께로 재빨리 민 다음, 강정 윗면에도 콩가루를 뿌리고 굳으면 가로 · 세로 3㎝ 정도의 정사각형이나 마름모 모양으로 자른다.

알아두기

· 개성한과의 특징은 시럽에 생강이 넉넉히 들어가고 마지막에 강정 표면에 콩가루를 뿌려 만들어 맛과 향이 좋다.

인삼·더덕·도라지정과

〈시의전서(是議全書)〉에 인삼정과에 대한 기록이 있다. "도라지와 같은 법으로 한다."라고 하였는데 "도라지정과는 좋은 도랒을 오래 우려 저며서 한번 삶아 버리고 조린다. 연근정과와 같이 한다."고 하였다. 〈조선요리(朝鮮料理)〉에 인삼정과는 "인삼을 적당한 길이로 잘라서 물을 붓고 한참 삶아서 물을 따르고 설탕을 치고 타지 않을 정도로 고아서 끈끈하고 졸깃졸깃하게 되거든 꺼내느니라"고 하였다.

재료 및 분량

수삼 750g, 더덕 400g, 도라지 400g
물엿 3kg, 설탕 300g, 꿀 150g, 물 3컵
소금 $\frac{1}{4}$작은술

만드는 방법

1. 인삼은 뇌두는 그냥 두고 부드러운 솔로 깨끗이 씻어 닦고 잔뿌리도 다듬어 씻는다. 더덕과 도라지는 씻어 껍질을 벗기고 씻는다.
2. 냄비에 인삼과 더덕, 도라지를 넣고 잠길 정도의 물을 붓고 5분 정도 삶아낸 다음 삶은 물은 받아 놓는다.
3. 냄비에 인삼과 더덕, 도라지가 잠길 정도의 물엿을 넣고, $1\frac{1}{2}$컵의 인삼 삶은 물과 분량의 소금을 넣어 약한 불에서 20분 정도 끓여 식힌다. 이러한 과정을 하루에 1~2번씩 반복하면서 시럽이 묽어지면 설탕을 넣고 2일 정도 지나 도라지가 색이 잘 나고 투명해 지면 건져 채반에 널어 말리고, 더덕은 3일 후에 건져 말린다.
4. 시럽이 걸쭉하게 되면 남은 인삼 삶은 물을 조금 넣고 다시 졸인다. 5일 후에 꿀을 넣고 2분 정도 끓인 다음 인삼을 건져 채반에 널어 말린다.

알아두기

· 전통적인 방법은 물에 데쳐서 꿀에 조린다.
· 수삼과 더덕, 도라지를 삶을 때 심이 터지지 않도록 중불에서 삶는다.
· 수삼과 더덕, 도라지의 색이 너무 진하지 않게 졸인다.

모듬진정과

연근정과는〈우리나라 음식만드는 법〉(1958년)에 "연근을 깨끗이 씻어 그대로 한 푼 두께로 썰어서 물을 많이 붓고 오래 끓여서 연근이 잘 무르거든 물을 따라 버리고, 다시 꿀 세 홉을 붓고 설탕을 넣어 숯불에 세 시간 동안 졸이면 알맞게 되나니, 빛이 검붉고 윤택이 나고 졸깃졸깃하게 되면 잘된 것이다."고 소개되어 있다.

재료 및 분량

자색고구마 200g, 금귤 200g
도라지 200g, 연근 200g
무 200g, 당근 200g, 인삼 200g
단호박 200g, 박오가리 200g
설탕 900g, 물엿 450g, 꿀 9큰술, 소금 1작은술
색(박오가리, 연근) : 치자그린

알아두기

· 당근정과는 너무 오래 졸이면 색이 갈색으로 변하므로 시간에 주의 한다.
· 자색고구마는 물에 담가 전분을 빼야 정과가 맑고 윤기가 난다.

만드는 방법

1. 자색고구마는 깨끗이 씻어 껍질을 벗기고 0.2㎝ 두께로 썰어 물에 담가 전분을 뺀다.
2. 금귤은 깨끗이 씻어 길이로 2등분하고 씨를 뺀다.
3. 껍질 벗긴 도라지는 소금에 주물러 씻어 0.2㎝ 두께로 어슷 썬다.
4. 연근은 직경 5㎝ 정도의 크기로 준비하여 0.3㎝ 두께로 썰어 물에 씻어 전분을 뺀다.
5. 당근은 직경 3㎝ 두께, 0.2㎝ 정도로 썬다.
6. 무는 0.2㎝ 두께로 썬다.
7. 인삼은 뇌두와 잔뿌리를 떼어내고 깨끗이 씻어 1㎝ 두께로 썬다.
8. 준비한 적고구마와 금귤, 도라지, 연근, 무, 당근, 인삼을 각각 끓는 물에 소금을 넣고 데친다.
9. 박오가리는 깨끗이 씻어 끓는 물에 소금을 넣고 20분 정도 삶는다.
10. 단호박은 깨끗이 씻어 0.2㎝ 두께로 돌려가며 깎은 다음 체에 널어 꾸덕꾸덕하게 말린다.
11. 냄비에 각각의 준비된 재료를 담고 재료가 잠길 정도로 물을 붓고 설탕은 재료 무게의 50% 정도를 넣고 졸인다. 도라지에는 적포도주, 박오가리와 무는 치자그린을 넣고 색을 내어 졸인다.
12. 설탕물이 $\frac{1}{2}$ 정도 졸면 설탕양의 50% 분량의 물엿을 넣고 졸이다 재료가 맑아지고 윤기가 나면 꿀을 넣고 졸여서 체에 밭쳐 식으면 고명을 얹는다.

모듬건정과

정과(正果)는 설탕이나 전화당(轉化糖)을 넣어 저장하는 당장법(糖臟法)의 저장식품으로 오늘날에도 많이 이용되고 있는데,〈조선무쌍신식요리제법(朝鮮無雙新式料理製法〉에 정과를 "무릇 이름난 나무 열매와 아름다운 풋열매를 꿀에 달여서 볶은 즉, 가히 신 것도 없어지고 오래 두나니, 중국에서는 밀전과(密正果)라 하고 여기서는 정과라 하여, 집(汁)까지 아울러 쓰는 것을 수정과라 하나니라." 고 하였다.

재료 및 분량

당근 200g, 무 200g, 생강 200g, 연근 200g
사과 200g, 키위 200g, 금귤 200g
블루베리 200g, 딸기 200g
색(연근, 무) : 치자물 2작은술
설탕 3컵, 소금 $\frac{1}{2}$작은술

만드는 방법

1. 당근은 직경 3㎝, 두께 0.2㎝ 정도로 썰고 생강은 껍질을 벗기고 깨끗이 씻어 0.2㎝ 두께로 썬 다음 끓는 물에 소금을 넣고 각각의 재료를 데쳐 물기를 뺀다.
2. 연근은 씻어 껍질을 벗기고 직경 5㎝ 두께 0.3㎝ 정도로 썰고, 무는 깨끗이 씻어 0.2㎝ 두께로 썰고 끓는 물에 소금을 넣고 각각 10분 정도 삶아 치자물을 들인다.
3. 사과는 깨끗이 씻어 씨를 빼고 0.3㎝ 정도의 두께로 둥글게 썰어 찜기에 3분 정도 찐다.
4. 키위와 금귤은 깨끗이 씻어 키위는 껍질을 벗기고 0.3㎝ 두께로 썰고, 블루베리도 깨끗이 씻는다. 딸기는 단단한 것으로 꼭지를 떼어내고 0.3㎝ 두께로 썬다.
5. 접시에 설탕을 뿌리고 준비한 각각의 재료를 올려놓은 다음 그 위에 설탕을 뿌린다.
6. 재료에서 수분이 나오면 다른 접시에 설탕을 뿌리고 재료를 옮겨 놓은 뒤 재료 위에 설탕을 뿌린다. 재료에서 수분이 나오지 않을 때까지 이 과정을 반복하면서 말린다.

알아두기

· 건정과를 만드는 재료는 너무 익어 농익은 것 보다 단단하고 신선한 것이 좋다.
· 말릴 때 너무 오래 말리면 색이 변하므로 단시간에 말린다.

동아정과

동아는 동과(冬瓜)라고도하며 박과 비슷하게 생겼으며 모양이 타원형으로 길며 서리 맞은 것 같이 하얀 분으로 덮여있다. 〈음식디미방(飮食知味方)〉에 "동아는 쉬 썩어 겨울 지내기가 어려워 9~10월 사이에 껍질을 벗기고 오려서 독에다 소금을 많이 넣고 절였다 이듬해 봄에 토렴해서 쓴다."고 하였다.

동아 2kg, 사화(꼬막껍질)가루 200g, 조청 1.5kg, 물

1. 동아는 껍질을 벗긴 뒤 속을 긁어내고 가로 3㎝, 세로 5㎝ 크기로 자른다.
2. 껍질을 벗긴 동아에 가볍게 물을 뿌린 다음 사화가루를 넉넉히 넣고 버무려 하루 정도 재워둔다.
3. 사화가루를 솔로 문질러 털어낸 다음 깨끗이 씻어 물을 갈아 주면서 10~15시간 정도 담가둔다.
4. 동아를 끓는 물에 10분 정도 삶아서 붉은 물이 나오지 않을 때까지 충분히 우려낸다.
5. 큰 그릇에 동아가 잠길 정도의 조청을 넣고 하루 정도 재운다. 조청에서 물이 나와 묽어지면 그 물을 따라내고 다시 조청을 넣고 약불에서 5시간 정도 졸인다.

· 동아는 사화가루(꼬막 껍질)에 재웠다가 써야 아삭아삭하고 무르지 않는다.
· 동아는 서리를 맞아 흰가루가 뽀얗게 핀 것이 잘 영근 것이다.
· 쌀뜨물에 하루 종일 담가 우리기도 한다.

대추징조

대추정과의 일종으로 경상도 향토음식이자 세찬음식이다. 경상도의 혼인, 회갑 등 큰 잔치 및 제사에 사용되는 음식이다.

대추 50개
시럽 : 물 1큰술, 설탕 3큰술, 꿀 6큰술
볶은 참깨 1컵

1. 대추는 젖은 면보로 닦고 찜기에 물이 끓으면 넣어 5분 정도 쪄서 식힌다.
2. 냄비에 물과 설탕, 꿀을 넣고 3분 정도 끓여 식혀 시럽을 만든다.
3. 준비한 대추에 시럽을 넣고 잘 버무려 10분 정도 재웠다가 채에 건져 시럽을 뺀 다음 볶은 통깨를 뿌려 골고루 잘 묻힌다.

· 시럽 대신에 조청을 사용할 수도 있다.

오색매작과

매작과(梅雀果)는 모양이 마치 매화나무에 참새가 앉은 모습과 같다고 하여 한자로 '매화 매(梅)', '참새 작(雀)' 자(字)를 써서 매작과(梅雀果)라고 하는데, 높이 고이는 고배상에는 대약과를 놓고, 반과상이나 다과상에는 다식과와 약과, 매작과를 쓴다.

흰색반죽 : 밀가루 $\frac{1}{2}$컵, 소금 $\frac{1}{8}$작은술, 생강즙 1큰술
분홍색반죽 : 밀가루 $\frac{1}{2}$컵, 소금 $\frac{1}{8}$작은술, 딸기가루 $\frac{2}{3}$작은술, 생강즙 1큰술
쑥색반죽 : 밀가루 $\frac{1}{2}$컵, 소금$\frac{1}{8}$작은술, 쑥가루 $\frac{2}{3}$작은술, 생강즙 1큰술
노란색반죽 : 밀가루 $\frac{1}{2}$컵, 소금 $\frac{1}{8}$작은술, 치자물 1작은술, 생강즙 $\frac{2}{3}$큰술
갈색반죽 : 밀가루 $\frac{1}{2}$컵, 소금 $\frac{1}{8}$작은술, 계피가루 1작은술, 생강즙 1큰술
시럽 : 설탕 1컵, 물 1컵
잣가루 1큰술

1. 밀가루에 소금을 넣고 체에 내린 다음 5등분하여 각각의 색과 생강즙을 넣고 반죽한 다음 면보에 싸서 20분 정도 숙성시킨다.
2. 각각의 반죽을 0.2cm 두께로 민 다음 반죽을 가로 2cm, 세로 4cm 크기로 자르고 중심에 칼집을 내천(川)자 모양으로 넣고 가운데 칼집사이로 한쪽을 집어넣고 뒤집는다.
3. 냄비에 설탕과 물을 넣고 시럽을 끓여 만든다.
4. 팬에 식용유를 넣고 130℃가 되면 매작과를 넣고 튀겨 기름기를 뺀다.
5. 매작과를 시럽에 넣고 집청한 후 건져서 그릇에 담고 가운데 잣가루를 뿌린다.

약과(모약과)

약과(藥果)는 밀가루에 꿀을 섞어 반죽한 것을 기름에 튀긴 유밀과(油蜜果)의 하나로,〈오주연문장전산고(五洲衍文章箋散稿)〉와〈지봉유설(芝峯類說)〉에 "그 재료인 밀은 춘하추동을 거쳐서 익기 때문에 사시(四時)의 기운을 받아 널리 정(精)이 되고, 꿀은 백약(百藥)의 으뜸이며, 기름은 살충(殺蟲)하고 해독(解毒)하기 때문이다."고 약과 재료의 특징을 잘 설명하고 있다.

밀가루(박력분) 4컵(360g), 참기름 6큰술

양념 : 꿀 6큰술, 청주 4큰술, 소금 $\frac{1}{2}$작은술, 생강즙 2큰술,
흰후춧가루 $\frac{1}{2}$작은술, 계피가루 $\frac{1}{2}$작은술

잣 4큰술, 식용유 10컵

집청 : 꿀 1컵, 물엿 2.5㎏, 통계피 50g, 저민 생강 100g, 믈 3컵, 설탕 1큰술, 유자청 $\frac{1}{2}$컵

1. 밀가루는 체에 내려 참기름을 넣고 고루 비벼 체에 내린다.
2. 꿀에 청주와 소금, 생강즙, 흰후춧가루, 계피가루를 섞어 밀가루에 넣고 뭉치듯이 가볍게 반죽한다.
3. 냄비에 집청재료를 넣고 10분 정도 끓인다.
4. 반죽은 1.5cm 두께로 밀어서 가로 10cm, 세로 7cm 정도의 크기로 자르고 가운데 열십(十) 자로 칼집을 넣는다.
5. 반죽한 약과를 90℃ 정도의 기름에 넣고 천천히 튀기다가 약과가 떠오르면 140℃ 온도로 올려 갈색이 나도록 튀긴다. 약과의 기름을 뺀 다음 집청에 넣고 2시간 정도 두었다가 건진다.

· 반죽할 때 너무 치대지 말고 가볍게 반죽해야 끈기가 성기지 않는다.

수박문양오림

조각할 때 갈라지지 않는 단단한 것이 좋고, 수박의 속이 붉어야 문양을 내었을 때 꽃이 화려하고 아름답다. 수박에는 이뇨작용과 관련이 있는 시트룰린이라는 특수성분이 있는데, 이는 단백질의 대사산물이 요소로 변하여 배출되는 과정을 도와주므로 신장병에 유효하며 해열, 해독 작용이 있는 것으로 알려져 있다.

수박 1통

준비물 : 조각도

1. 수박은 겉껍질을 벗겨 흰 부분이 나오게 일정한 두께로 벗긴다.
2. 중앙에 동전만큼의 크기로 칼로 원을 그리고 원에 맞추어 문양을 낸다.
3. 문양을 낸 부분에 조각도로 꽃잎모양을 만들고 꽃잎 사이사이로 다시 큰 꽃잎을 만들어 나간다.

· 수박은 단단해야 조각할 때 갈라지지 않는다.
· 수박의 속이 붉어야 문양을 냈을 때 화려하다.

과일바구니

제철에 나오는 싱싱한 과일로 크고 흠이 없는 것을 선택한다. 과일을 담을 때는 단단하고 무거운 과일은 밑에 담아주고 물렁물렁한 과일은 위쪽에 담는다. 배는 껍질이 누렇기 때문에 황인종을 뜻하며 오행에서 황색은 우주의 중심을 뜻하여 민족의 긍지를 나타내며, 배의 속살이 하얀 것은 백의 민족에 빗대어 순수함과 밝음을 나타낸다.

사과, 참외, 감, 키위, 멜론, 파인애플, 망고, 자몽, 한라봉, 방울토마토, 아보카도 등 제철과일
준비물 : 대바구니 1개, 한지, 리본, 셀로판지, 가위

1. 제철에 나는 싱싱한 과일 중에 크고 색이 고우며, 흠이 없는 것을 고른다.
2. 한지를 대바구니 밑에 깔고 바구니 안쪽에 맞게 고정시킨다.
3. 각각의 과일은 한지로 크기에 꼭 맞게 두르고 리본으로 묶어 포장한다.
4. 바구니 안쪽에는 투명 셀로판지를 깔고 부피가 큰 멜론, 파인애플, 자몽 등을 놓아 균형을 잡고 사이마다 빈틈없이 색을 맞춰 담는다. 방울토마토나 키위 등은 터지기 쉬우므로 위에 얹는다.
5. 마지막에 바구니 위를 셀로판지로 덮어서 바구니 속으로 끼워 넣고 리본으로 장식한다.

삼해주(三亥酒)

쌀과 누룩으로 해일(亥日)만을 골라 삼양주 기법으로 빚은 술로 기간만 100여일이 걸린다.
술맛이 좋으며 사과향이 나는 술이다.

재료 및 분량

밑술 : 멥쌀 1kg, 누룩 400g, 끓는 물 1.2ℓ
중밑술 : 멥쌀 2kg, 밀가루 200g
덧술 : 멥쌀 3kg, 끓여 식힌 물 4ℓ

알아두기

· 밑술을 너무 낮은 온도에서 담그면 냉패를 입을 수 있다.
· 높은 온도에서 밑술을 발효하면 삼양주이더라도 맛이 거칠어 지니 주의한다.

만드는 방법

밑술

1. 찹쌀을 깨끗이 씻어 물에 5시간 담갔다 건져 1시간 물을 빼고 빻은 가루에 끓는 물을 넣어 범벅을 만든다.
2. 식힌 범벅에 누룩을 넣어 잘 버무려 빚어서 항아리에 넣어 15℃에서 2~4주간 발효시킨다.

중밑술

1. 멥쌀을 깨끗이 씻어 물에 5시간 담갔다 건져 1시간 물을 빼고 빻아 가루로 만든다.
2. 밀가루를 넣고 끓는 물로 익반죽하여 여러 개의 덩어리를 만든다.
3. 끓는 물에 넣고 삶아 건져 내어 식히면서 여러 조각으로 나누어 식힌다.
4. 3에 밑술을 부어 버무려 차게 식으면 항아리에 넣어 15℃에서 2~4주간 발효시킨다.

덧술

1. 멥쌀과 찹쌀을 깨끗이 씻어 물에 하루 동안 담갔다 건져 1시간 물기를 빼고 김 오른 찜기에 1시간 정도 찐 고두밥을 채반에 펼쳐서 식힌다.
2. 식힌 고두밥에 중밑술과 끓여 식힌 물을 넣어 버무려 빚어서 항아리에 담아 23~25℃에서 20~30일 동안 발효시킨다.
3. 발효가 끝나 맑은 술이 고이면 용수를 박아서 청주를 떠낸다.

연화주

여름에 피는 연꽃은 피로회복에 좋으며 혈관을 튼튼하게 하여 고혈압에 효험이 있다. 은은한 연꽃의 향이 나는 술이다.

재료 및 분량

밑술: 멥쌀 1kg, 누룩 300g, 끓여 식힌 물 1.5ℓ
덧술: 찹쌀 2kg, 백연화 1개, 끓여 식힌 물 3ℓ

만드는 방법

밑술

1. 멥쌀은 깨끗이 씻어 물에 5시간 담갔다 건져 1시간 물을 빼고 빻아 가루를 만든다.
2. 쌀가루를 김 오른 찜기에 넣고 15분간 쪄서 백설기를 만들어 차게 식힌다.
3. 식힌 백설기에 누룩과 끓여 식힌 물을 넣어 잘 버무려 빚어서 항아리에 넣어 23~25℃에 서 3일간 발효시킨다.

덧술

1. 찹쌀을 깨끗이 씻어 물에 5시간 담갔다 건져 1시간 정도 물을 빼고 김이 오른 찜기에 40분 정도 고두밥을 찐 다음 채반에 펼쳐서 식힌다.
2. 식힌 고두밥에 끓여 식힌 물, 밑술, 잘게 썬 백연화를 넣어 잘 버무려 빚어서 항아리에 넣어 23~25℃에서 20일간 발효시킨다.
3. 발효가 끝나 맑은 술이 고이면 용수를 박아서 청주를 떠낸다. 남은 술은 고운체에 걸러서 막걸리로 마신다.

오감주

산수유, 오미자, 지초, 감초가 들어 간 술로 아름다운 분홍빛을 띄며 상큼한 맛이 좋은 술이다.

재료 및 분량

찹쌀 1kg, 누룩 200g
오미자 50g, 지초 35g, 감초10g
오미자, 지초, 감초, 우린 물 1.5ℓ

만드는 방법

1. 쌀을 깨끗이 씻어 찬물에 8시간 정도 불린다.
2. 찹쌀은 1시간 정도 물을 빼고 끓는 찜기에 40분 정도 고두밥을 찐 다음 미지근하게 식힌다.
3. 오미자, 지초, 감초를 물 2ℓ 에 넣고 센불에서 끓으면 중불로 낮추어 오미자, 지초, 감초를 넣은 물의 양이 1.5ℓ 가 되도록 은근한 불에서 끓인다.
4. 3을 우린 물에 누룩과 고두밥을 넣어 섞이도록 잘 버무린 다음 항아리에 담는다.
5. 23~25℃ 정도의 온도에서 7일간 숙성시킨다. 숙성시키는 동안 술이 발효가 잘될 수 있도록 아침, 저녁으로 위아래 고루 섞어 준다.
6. 위에 밥알이 동동 떠오르면 맑은 술은 떠서 청주로 마실 수 있고, 나머지는 막 걸러 물과 희석하여 막걸리로 마실 수 있다.

알아두기

· 한약재를 오랜 시간 끓이면 오미자의 색이 바래고, 향이 약해지며 쓴맛이 많이 난다.

버들주

더위에 술맛이 더욱 좋고 한 해를 두어도 맛이 변하지 않는 술이다.

재료 및 분량

밑술 : 찹쌀 1kg, 누룩 300g, 끓여 식힌 물 1.2ℓ
덧술 : 찹쌀 2kg, 끓여 식힌 물 2ℓ

만드는 방법

밑술

1. 찹쌀은 깨끗이 씻어 물에 5시간 담갔다 건져 1시간 물을 빼고 빻아 가루를 만든다.
2. 가루를 체에 내려 반죽해 구멍떡을 만들어 끓는 물에 삶아 낸 후 차게 식힌다.
3. 식힌 구멍떡에 누룩과 끓여 식힌 물을 넣어 잘 버무려 빚어서 항아리에 넣어 23~25℃에 서 3일간 발효시킨다.

덧술

1. 찹쌀을 깨끗이 씻어 물에 5시간 담갔다 건져 1시간 정도 물을 빼고 김이 오른 찜기에 40분 정도 고두밥을 찐 다음 채반에 펼쳐서 식힌다.
2. 식힌 고두밥에 끓여 식힌 물, 밑술을 넣어 잘 버무려 빚어서 항아리에 넣어 23~25℃에서 20일간 발효시킨다.
3. 발효가 끝나 맑은 술이 고이면 용수를 박아서 청주를 떠낸다. 남은 술은 고운체에 걸러서 막걸리로 마신다.

알아두기

· 버들주는 수양버들이 피는 봄이 술 담그기에 최적의 시기이며, 술맛이 부드럽고 색이 맑은 것이 특징이다.

인삼백일주

인삼은 몸의 기운을 보하며 강장작용, 혈압 조절에 효과가 좋으며 특히 금산지방의 인삼이 유명하다

재료 및 분량

밑술 : 멥쌀1kg, 생미삼(5년근) 50g, 누룩 200g, 끓여 식힌 물 1.2ℓ

덧술 : 찹쌀 2kg, 생미삼(5년근) 100g, 솔잎 50g, 끓여 식힌 물 2.4ℓ

만드는 방법

밑술

1. 멥쌀을 깨끗이 씻어 5시간 담갔다 건져 5시간 담갔다 건져 1시간정도 물을 빼고 김이 오른 찜기에 1시간 정도 고두밥을 찐 다음 채반에 펼쳐서 식힌다.
2. 식힌 고두밥에 누룩 미삼을 파쇄 하여 버무려 빚어서 물을 붓고 항아리에 담아 23~25℃ 정도에서 3일간 발효한다.

덧술

1. 찹쌀과 멥쌀을 깨끗이 씻어 물에 5시간 담갔다 건져 1시간 정도 물을 빼고 김이 오른 찜기에 40분 정도 고두밥을 찌고(여기에 솔잎을 넣고 찐다), 채반에 펼쳐서 식힌다.
2. 식힌 고두밥에 파쇄한 미삼, 끓여 식힌 물, 밑술을 넣어 잘 버무려 빚어서 항아리에 넣어23~25℃에서 20일간 발효시킨다.
3. 발효가 끝나 맑은 술이 고이면 용수를 박아서 청주를 떠낸다. 남은 술은 고운체에 걸러서 막걸리로 마신다.

알아두기

· 인삼주를 담글때 냉동된 미삼을 사용하면 인삼향이 강하게 나며, 빛깔이 연한 금빛이 된다.

보리순주

보리순은 황산화 물질이 풍부하여 암을 예방하고 동맥경화 및 만성퇴행성질환의 예방, 치료에 매우 효과적이다.

재료 및 분량

밑술 : 멥쌀 1kg, 누룩 300g, 끓여 식힌 물 1.5ℓ
덧술 : 찹쌀 2kg, 보리순 5g, 끓여 식힌 물 3ℓ

알아두기

· 보리순을 이용하면 보리의 구수한 맛이 술 특유의 쓴맛을 억제하여 맛을 부드럽게 해준다.
· 청보리를 사용하면 향이 약하고 덖은 보리순차를 이용하면 향이 더 좋다.

만드는 방법

밑술

1. 멥쌀은 깨끗이 씻어 물에 5시간 담갔다 건져 1시간 물을 빼고 빻아 가루를 만든다.
2. 가루를 체에 내려 반죽해 구멍떡을 만들어 끓는 물에 삶아 낸 후 차게 식힌다.
3. 식힌 구멍떡에 누룩과 끓여 식힌 물을 넣어 잘 버무려 빚어서 항아리에 넣어 23~25℃에 서 3일간 발효시킨다.

덧술

1. 찹쌀을 깨끗이 씻어 물에 5시간 담갔다 건져 1시간 정도 물을 빼고 김이 오른 찜기에 40분 정도 고두밥을 찐 다음 채반에 펼쳐서 식힌다.
2. 식힌 고두밥에 끓여 식힌 물, 밑술, 보리순을 넣어 잘 버무려 빚어서 항아리에 넣어 23~25℃에서 20일간 발효시킨다.
3. 발효가 끝나 맑은 술이 고이면 용수를 박아서 청주를 떠낸다. 남은 술은 고운체에 걸러서 막걸리로 마신다.

참고문헌

허균,〈도문대작(屠門大嚼)〉, 1611
안동장씨,〈음식디미방(飮食知味方)〉, 1670
홍만선,〈산림경제(山林經濟)〉, 1715
유중림,〈증보산림경제(增補山林經濟)〉, 1766
저자미상,〈옹희잡지(雍熙雜誌)〉, 1800년대 초
서유구,〈임원십육지(林園十六志)〉, 1827
이재,〈사례편람(四禮便覽)〉, 1844
홍석모,〈동국세시기(東國歲時記)〉, 1849
저자미상,〈시의전서(是議全書)〉, 1800년대 말
황필수,〈증보사례편람(增補四禮便覽)〉, 1900
이능화,〈조선여속고(朝鮮女俗考)〉, 동문선, 1926
이원규,〈조선요리(朝鮮料理)〉, 1940
이용기,〈조선무쌍신식요리제법(朝鮮無雙新式料理製法)〉, 영창서관, 1943
김두헌,〈조선가족제도연구〉, 을유문화사, 1949
한희순 외 2인,〈이조궁정요리통고(李朝宮廷料理通攷)〉, 학총사, 1957
문화공보부 문화재관리국,〈한국민속종합조사보고서〉, 1969~1984
문화재관리국,〈한국민속종합조사보고서-충청북도편〉, 1976
청주시,〈청주시지〉, 1976
황혜성,〈황혜성교수의 한국요리백과사전〉, 삼중당, 1978
문화공보부 문화재관리국,〈한국민속종합조사보고서-경기도편〉, 1978
최재석,〈제주도의 친족조직〉, 일직사, 1979
고려대학교 민족문화연구소,〈한국민속대관1〉, 고려대학교, 1980
고려대학교 민족문화연구소,〈한국민속대관〉, 고려대학교, 1982
진천문화원,〈내고장 전통가꾸기〉, 1982
청주시,〈내고장 전통가꾸기〉, 1982
충청북도,〈민속지〉, 1982
장철수,〈한국 전통사회의 관혼상제〉, 한국정신문화연구원, 1984
고부자,〈제주도민의 상례에 나타난 복식〉, 《제주도연구 2-12》, 제주도연구회, 1985
이성우,〈한국요리문화사〉, 교문사, 1985
이성우,〈한국식품사회사〉, 교문사, 1985
문화공보부,〈한국민속종합조사보고서-의생활편〉, 1986
빙허각이씨 원저(1815),〈규합총서(閨閤叢書)〉 보진재, 1986
충청북도,〈민속지〉, 1987

김득중 외 2인,〈우리의 전통예절〉, 한국문화재보호협회, 1988
박혜인,〈한국의 전통혼례 연구〉, 고려대학교, 1988
박호준,〈한국문화재보호협회〉, 계문사, 1988
김도문,〈가정의례대백과〉, 교육도서, 1989
금릉군 영남대학교 민족문화연구소,〈금릉민속지〉, 1991
유태종,〈식품보감〉, 문운당, 1991
이두현 외,〈한국민속학개설〉, 일조각, 1991
조효순,〈한국복식풍속사연구〉, 일지사, 1989
충청북도 교육연구원,〈우리고장의 전통과 풍속〉, 1991
한국정신문화연구원,〈한국민족문화대백과사전〉, 1991
우봉이씨대종회 편역,〈국역 사례편람〉, 이화문화출판사, 1992
진파고지,〈제주도의 통혼〉,《제주도언어민속논총》, 현용준박사회갑기념논총간행위원회, 1992
충청북도지편찬위원회,〈충청북도지〉, 1992
광명시지편찬위원회,〈광명시지〉, 1993
김혜숙,〈제주도 가족과 당〉, 제주대학교출판부, 1993
김혜숙,〈제주도 가정의 혼인 연구〉, 성신여자대학교, 1993
서울특별시,〈서울민속대관〉, 1993
한국문화원연합회 경상남도지부편찬위원회,〈경남민속자료집〉, 1993
권광욱,〈육례이야기〉, 도서출판 해돋이, 1994
민속학회,〈한국민속학의 이해〉, 문학아카데미, 1994
진천군지편찬위원회,〈진천군지〉, 1994
하종갑,〈진양민속지〉, 진양문화원, 1994
한국정신문화연구원,〈한국민족문화대백과사전〉, 1994
조강희,〈영남지방 양반가문의 혼인에 관한 연구〉, 영남대학교 대학원, 1995
국립문화재연구소,〈종가의 제례와 음식〉, 1995
남상민,〈예절학-이론과 실제〉, 박영사, 1996
안동대학교박물관,〈안동지역전통복식〉, 1996
제주도,〈제주문화자료총서4-제주의 민속Ⅳ 의생활, 식생활, 주생활〉, 1996
서원대학교 호서문화연구소,〈진천의 민속〉, 1997
윤숙자,〈한국의 저장·발효음식-이론과 실제〉 신광출판사, 1997
윤숙경,〈혼례음식 규범의 의미와 모형제시〉, 한국식생활문화학회, 1997
이광규·염초애·김천호·이효지·윤숙경·김인숙·김지순,〈우리나라의 혼례음식문화〉, 한국식생활문화학회, 1997
전례연구위원회,〈우리의 생활예절〉, 성균관 출판부, 1997
정혜경,〈우리나라 혼례음식 인지도에 관한 연구〉, 한국식생활문화학회, 1997
충북대학교 인문과학연구소·청주시,〈청주시지〉, 1997
한경희외 3인,〈忠淸北道地域의 幣帛飮食의 理用實態와 認識度에 關한 硏究〉, 서원대학교 호서문화연구소, 1997
석주선,〈우리 옷 나라〉, 현암사, 1998
용인문화원 향토문화연구소,〈구성면지〉, 1998

충북대학교 박물관 · 진천문화원,〈진천군의 문화유적〉, 1998
고재환,〈제주도 속담 사전〉, 제주도, 1999
국립민속박물관,〈민속학연구〉, 1999
김재선 외 2인,〈한글 동이전〉, 서문문화사, 1999
김천시,〈김천시사〉, 1999
김혜선 · 박혜인,〈한국가정생활사〉, 한국방송대학교출판부, 1999
도암 이재선생 원저,〈국역 사례편람〉, 이화문화출판사, 1999
문옥표 외 3인,〈조선후기 관혼상제〉 한국정신문화연구원, 1999
안산시사편찬위원회,〈안산시사〉, 1999
윤숙자 외,〈한국음식〉, 효일문화사, 1999
윤옥현,〈김천향토음식〉, 김천시 농업기술센터, 1999
정종수,〈혼례의 절차 및 의미에 대한 고찰〉, 국립민속박물관, 1999
김미영,〈안동양반의 가족과 친족생활〉,《안동양반의 생활문화》, 안동대학교민속학연구소, 2000
김정자,〈20세기 중엽 충청지역의 혼례복과 혼례 풍속에 관한 민속학적 연구〉, 2000
박규수(조효순 옮김),〈거가잡복고(居家雜服攷)〉, 2000
용인문화원 향토문화연구소,〈기흥읍지〉, 2000
윤숙자,〈한국의 시절음식〉, 지구문화사, 2000
주희(임민혁 옮김),〈주자가례〉, 예문서원, 2000
정현(오강원 옮김),〈의례〉, 청계출판사, 2000
팽구송 · 김재선,〈원문 동이전〉, 서문문화사, 2000
한국전통생활문화학회,〈조선시대 서울 반가의 혼례〉, 거목문화사, 2000
권영한,〈사진으로 배우는 관혼상제〉, 전원문화사, 2001
양산문화원,〈양산역사문화관광선집〉, 2001
용인문화원 향토문화연구소,〈양지면지〉, 2001
울진군지편찬위원회,〈울진군지〉, 2001
윤숙자,〈한국의 떡 · 한과 · 음청류〉, 지구문화사, 2001
제주도,〈제주문화자료총서8-제주여성문화〉, 2001
경기도박물관,〈경기민속지〉, 2002
공주시지편찬위원회,〈공주시지〉, 2002
국립문화재연구소,〈경상남도 세시풍속〉, 2002
부천시사편찬위원회,〈부천시사〉, 2002
안혜숙 · 주영애 · 김인옥,〈한국가정의 의례와 세시풍속〉, 신정, 2002
용인문화원 향토문화연구소,〈수지읍지〉, 2002
윤숙자 외,〈통과의례와 우리음식〉, 한림출판사, 2002
김소미 외 3인,〈우리생선 이야기〉, 도서출판 효일, 2002
김규석,〈전통음식 · 떡살〉, 오성출판사, 2002
생활예절연구회,〈가정의례백과〉, 2003
용인문화원 향토문화연구소,〈모현면지〉, 2003

조희진,〈선비와 피어싱〉, 동아시아, 2003
고려대학교 민족문화원 한국사상연구소,〈여헌 장현광의 학문세계-우주와 인간〉, 예문서원, 2004
관동대학교 박물관,〈관동대학교 박물관 소장품 도록〉, 2004
문순덕,〈제주 여성속담으로 바라본 통과의례〉, 제주대출판부, 2004
문순덕,〈통과의례 속의 제주여성풍속 전승양상〉, 《제주여성전승문화》, 제주도, 2004
박록담,〈전통주〉, 대원사, 2004
양산시지편찬위원회,〈양산시지〉, 2004
용인문화원 향토문화연구소,〈포곡면지〉, 2004
이효지 외 엮음,〈시의전서〉, 신광출판사, 2004
경기도 박물관,〈경기민속지8〉, 2005
문순덕 외,〈제주여성전승문화〉, 제주도, 2005
용인문화원 향토문화연구소,〈원삼면지〉, 2005
장정옥 외,〈식생활 문화의 이해〉, 보문각, 2005
국사편찬위원회,〈옷차림과 치장의 변천〉, 두산동아, 2006
김진영,〈청양지방의 혼속에서 나타나는 옥녀각시 속신에 관한 연구〉, 민속학연구 제 18호, 2006
박동철,〈청운마을 혼례문화의 지속과 변화에 관한 연구〉, 안동대학교, 2006
용인문화원 향토문화연구소,〈백암면지〉, 2006
김재호,〈현지조사〉, 2007
정낙원 외,〈향토음식〉, (주)교문사, 2007
한양명 외,〈남자는 그물 치고 여자는 모를 심고〉, 민속원, 2007
김매순 외,〈혼례음식〉, (주)대원사, 2008
박동철,〈마을사람들의 혼례문화〉, 《중대바위가 지켜주는 서미마을》, 민속원, 2008
국립문화재연구소 무형문화재 연구실,〈한국인의 일생의례〉, 충청도편, 2009
한복려,〈혼례〉, 나녹, 2009
윤옥현,〈한식조리실습〉, 효일, 2010
남산골 한옥마을,〈전통혼례자료집〉
충남역사문화연구소,〈충청학과 충청문화〉
농업진흥청 농업과학기술원,〈충청문화〉, 교문사
김영호,〈婚禮, 폐백 · 이바지 : 남기고 싶은 民俗遺産〉, 영출판사

*인터뷰

학온동 능촌마을 주민 송정옥, 여, 75세
학온동 능촌마을 주민 이순우, 여, 80세
김천향토사연구회장 이근구, 남, 90세, 2010

*웹사이트

브리태니커 사전-결혼풍속 http://100.daum.net/encyclopedia/view.do?docid=b11s0766a

함께 한 사람들

오랜 시간, 정성을 들여 '아름다운 혼례음식' 이라는 한 권의 책을 펴내게 되었습니다. 이 책이 나오기까지 정성과 열정으로 함께 해주신 한국전통음식연구소 이명숙원장님과 사랑하는 제자들에게 진심으로 고마운 마음을 전합니다.

(사)한국전통음식연구소장
윤 숙 자

경기도혼례음식 / 신말숙
반가빈 대표

제1회 전국떡만들기대회 농림부장관상
2010 전국떡명장대회 금상

서울시 강남구 청담동 120-13번지 1층
TEL : 02-517-3989 / Mobile : 010-4252-2774
http://www.bangabin.co.kr / E-mail : bangabin@naver.com

강원도혼례음식 / 김정미
한국향토음식문화연구원장

2012 한국음식관광박람회 국무총리상
2011 한국음식세계경연대회
농림부장관상

충북 청원군 부용면 부강리 119-1번지
Mobile : 011-9840-7811 / cook753@naver.com

충청도혼례음식 / 이연순
이연순향토음식개발연구원장

2011 전국한방음식경연대회 주관
2007 서울국제요리경연대회 대상

충북 제천시 창천동 153-9
TEL : 043-645-3050 / Mobile : 010-4658-3050
http:// blog.naver.com/leeys3050
leeys3050@naver.com

경상도혼례음식 / 정화숙
정화숙전통김치연구원장

2010 한국국제요리경연대회
문화체육관광부장관상
2009 미국 뉴욕, LA 한식연구원

서울시 관악구 삼성동
삼성산아파트 307동 802호
Mobile : 010-3685-2414 / dyfltk0529@naver.com

전라도혼례음식 / 박수분
박수분딸기한과 대표

2007 인삼요리경진대회 은상
2006 서울국제요리경연대회 금상
2002 전국고구마요리경진대회 금상

충남 논산시 관촉로 86번지
Mobile : 010-3481-8403 / foodparks@naver.com

오림폐백 / 윤순천
윤순천 한차림 대표

2005 SIFE 궁중음식부문 문화부장관상
2010 전국약초요리경연대회 금상

서울시 영등포구 여의도동 61번지
금호리첸시아 B동 2202호
TEL : 02-782-8755 / Mobile : 010-8643-3421
www.윤순천한차림.kr / ysc206@naver.com

· 찾아보기 ·

아름다운 혼례음식

2013년 7월 1일 개정초판 인쇄

2013년 7월 6일 개정초판 발행

지은이 : 윤 숙 자

펴낸이 : 주 병 오

펴낸곳 : 지구문화

등록 : 1979년 7월 13일 제 9-57호

주소 : 경기도 파주시 회동길 209

파주출판문화정보산업단지

영업부 (031) 955-7566 · 7577

편집부 (031) 955-7731

FAX (031) 955-7730

홈페이지 : www.ji-gu.co.kr

전자우편 : jigupub@hanmail.net

값 33,000원

ISBN : 978-89-7006-641-7